Generation Österreich

Gerhard Jelinek, Birgit Mosser-Schuöcker

Generation Österreich

Prägende Momente der Zweiten Republik.
Von Zeitzeugen packend erzählt.

Fotos von Esther Pruckner

edition a

Gerhard Jelinek, Birgit Mosser-Schuöcker: Generation Österreich

Alle Rechte vorbehalten
© 2012 edition a, Wien
www.edition-a.at

Lektorat: Raphaela Brandner, Johannes Epple

Cover: Emilia Hager, Hidsch
Titelbild: Erich Lessing
Fotos: Esther Pruckner
Fotos Seite 104 und Seite 304: privat
Gestaltung: Raphaela Brandner
Druck: Theiss (www.theiss.at)

Schriften: *Premiéra, Ingeborg*

2   3   4   5   6   —   15   14   13   12

ISBN 978-3-99001-041-9

Inhalt

Vorwort

»Man lebt und arbeitet so vor sich hin und plötzlich merkt man, dass das Geschichte geworden ist«, sagte Benita Ferrero-Waldner in einem unserer drei Dutzend Zeitzeugen - Gespräche. Dieses Buch erzählt Geschichten, die österreichische Geschichte geschrieben haben. Ganz bewusst haben wir dabei den persönlichen Blickwinkel unserer Zeitzeugen gewählt, der spannende und teilweise neue Einblicke in die (Zeit-)Geschichte eröffnet. Im dritten Teil des jeweiligen Kapitels haben wir das subjektiv Erlebte in einen objektiven Kontext gerückt und die Hintergründe beleuchtet.

»Die ›Generation Österreich‹ ist eine glückliche!« Hannes Androsch steuerte diesen Satz zu unserem Buch bei. Der frühere Finanzminister, Vizekanzler, »Kronprinz« des »Sonnenkönigs« Bruno Kreisky, heutige Industrielle und früherer Vorstadt-Sozialdemokrat kann dieses Urteil fällen: Geboren 1938, aufgewachsen im »Deutschen Reich« des ausgebürgerten Österreichs Adolf Hitler, groß geworden in der Nachkriegszeit, politisch geprägt durch den schwarz-roten Proporz, politisch erfolgreich in den Kreisky-Jahren, danach Aufstieg zu einem der führenden Industriellen des Landes.

Die »Generation Österreich« durfte Einmaliges erleben. Altkanzler Wolfgang Schüssel, Geburtsjahr 1945 ist diesbezüglich eines Sinnes mit dem Sozialdemokraten Androsch: »Wir sind in eine Zeit hineingeboren, bei der man wirklich von der Gnade der Geburt sprechen kann.« Keine Generation zuvor lebte (bisher) so gut, lebt so lang, lebt so sicher – und raunzt so viel.

Österreich ist nach 1945 das geworden, was es heute ist: selbstverständlich. Für die achteinhalb Millionen (vielleicht ein paar wenige ausgenommen), die heute in den Grenzen des Staatsvertrags von St. Germain aus dem September 1919 leben, ist die Frage nach der »österreichischen Identität« beantwortet. Die Suche nach einer Antwort auf diese Frage hat das halbe 20. Jahrhundert beschäftigt und die Menschen in diesem Land in die Katastrophe ideologischer Irrwege geführt. Die Österreicher fühlen sich im dritten

Jahrtausend als eigenständige Nation, oder sie wissen gar nicht mehr, was eine Nation ist. Wir haben heute andere Probleme, andere Sorgen. Fast ein Viertel der Bevölkerung ist erst in den vergangenen Jahrzehnten zugewandert. Sie sind die neuen Österreicher, sie stellen neue Fragen, sie stellen die Gesellschaft vor neue Probleme, aber bieten auch neue Chancen.

Wie wurden wir Österreicher, welche Ereignisse haben uns geprägt, welche Meilensteine haben wir hinter uns gelassen? Was formt die kollektive Erinnerung, was gehört zum gemeinsamen Erfahrungsschatz der »Generation Österreich«? Es sind die »prägenden Momente«. Im Englischen gibt es dafür das Wort »defining moments«: Siege und Niederlagen, Freudentage und Katastrophen, Euphorie und Trauer, Zorn und Jubel, Stolz und Scham. Es sind kollektive Gefühle, die eine gemeinsame Identität schaffen.

Welche Ereignisse haben sich tief ins Gedächtnis der Österreicherinnen und Österreicher eingegraben? Was wird als prägend erlebt? Das Meinungsforschungsinstitut OGM fragte für dieses Buch nach und lieferte einen überraschenden Befund: Der Unfalltod Jörg Haiders im Oktober 2008 wird als stärkster in Erinnerung verbliebener Moment erlebt. Unter den »Top Ten« der für Österreich wichtigsten Ereignisse sind acht Unglücks- und Kriminalfälle, nur die beiden einzigen bundesweiten Volksabstimmungen zum Atomkraftwerk Zwentendorf und über den Beitritt zur Europäischen Union haben es auf die vorderen Plätzen geschafft. Jüngere Ereignisse rücken prägende Momente der Geschichte in den Hintergrund. Mit den Jahrzehnten verblasst Bedeutendes.

Deshalb lässt dieses Buch Meilensteine der Zweiten Republik wieder lebendig werden:

Wir hören die Stimme von Leopold Figls Weihnachtsansprache 1945. Und sind heute noch gerührt.

Wir fühlen das Glück und die Freude nachschwingen, als im Wiener Belvedere der Staatsvertrag unterzeichnet wurde. Und rufen: »Österreich ist frei!«

Wir versinken in der Habsburger-Verklärung der Sissi-Filme mit Romy Schneider. Und schauen immer wieder zu.

Wir feiern die Eröffnung der Staatsoper, den ersten Opernball, die Salzburger Festspiele. Und wir sind stolz auf geliehenen Glanz.

Wir erinnern uns an den Augusttag, als die Reichsbrücke frühmorgens in die Donau sank. Und glauben es immer noch nicht.

Wir finden am Meeresgrund des Indischen Ozeans das versenkte Frachtschiff »Lucona«. Und denken, Demel-Besitzer Udo Proksch war bloß Darsteller in einem schlechten Film.

Wir staunen, wie die Wiener Schickeria einen ehemaligen Zuhälter umwirbt. Und schaudern, weil er ein dutzendfacher Frauenmörder ist.

Wir frieren in der besetzten Donau-Au bei Hainburg. Und verbrauchen mehr Strom denn je.

Wir bejubeln den einen Sieg über Deutschland in Córdoba. Und verdrängen Dutzende Niederlagen.

Wir bangen um das Leben eingeschlossener Bergleute in Lassing. Und wir feiern ein Wunder der Rettung.

Wir stimmen mit großem Jubel für den Beitritt zur Europäischen Union. Und verraten bald das Wesentliche eines gemeinsamen Europas.

Wir leiden mit den Opfern der Katastrophen von Galtür und Kaprun. Und fragen zu spät nach der Verantwortung.

Große Momente unserer gemeinsamen Vergangenheit formten die »Generation Österreich«. In diesem Buch erzählen Zeugen der Zeit, wie sie diese Geschichten erlebt haben, wie ihre Geschichten zu unserer Geschichte wurden. Ihre persönlichen Erlebnisse werden zu einem bunten historischen Teppich verwebt, auf dem wir alle weitergehen.

Wir waren dabei. Wir haben es erlebt. 37 Zeitzeugen erinnern sich.

Leopold Figl, Weihnachtsansprache 1945

»Leopold Figl selbst war zu Tränen gerührt.«

Die berühmte Radio-Weihnachtsansprache von Bundeskanzler Leopold Figl konnte am 24. Dezember 1945 nicht aufgezeichnet werden. Sie blieb den Österreichern trotzdem als Tondokument erhalten: Der Wiener Journalist Hans Magenschab textete im April 1965 die Rede anhand von Aufzeichnungen nach und der Altkanzler sprach sie auf Band.

Eine laute Detonation lässt mich zusammenfahren. Ein Lichtkegel erhellt den abendlichen Himmel. Mit mir erschrecken Zehntausende Wiener, die sich am und um den Stephansplatz eingefunden haben. Es ist ein besonderer Tag, dieser 26. April 1965. Zwanzig Jahre Kriegsende, zwanzig Jahre Wiedererstehen der österreichischen Republik, zehn Jahre Staatsvertrag. Ich habe den Auftrag erhalten, eine Gedenkveranstaltung zu organisieren. Gemeinsam mit Ernst Wolfram Marboe habe ich mich bemüht, einen Abend zu gestalten, der die Menschen berührt. Es scheint zu funktionieren. Mein Blick wandert über den Stephansplatz. Die Menschen stehen dicht an dicht, über den Platz hinaus, bis auf den Graben. Sie sind gekommen, um sich zu erinnern. Obwohl alle wissen, dass die Kriegsgeräusche aus Lautsprechern kommen, sehe ich immer wieder Menschen zusammenzucken. Für viele Wiener sind die Kriegserfahrungen noch ganz nah. Auch nach zwanzig Jahren sind die Schrecknisse nicht vergessen. Unvergessen ist auch jener Mann, der Österreich in den schweren Anfangsjahren regierte: Alt-Kanzler Leopold Figl. Heute sitzt er als Ehrengast, in eine Wolldecke gehüllt, in der ersten Reihe. Der Mann, der Österreich den Staatsvertrag verschafft hat, ist alt und gebrechlich geworden. Und doch hat er meinem Kollegen Ernst Wolfram Marboe und mir vor we-

nigen Wochen einen großen Gefallen getan: Er hat seine legendäre Weihnachtsansprache aus dem Jahr 1945 im Funkhaus auf Band gesprochen. Ich ahne, diese Sätze werden sich in das kollektive Gedächtnis der Österreicher einbrennen. Ein kurzes Knacken in den Lautsprechern, und dann tönt Figls Stimme über den Stephansplatz: »Ich kann euch zu Weihnachten nichts geben, ich kann euch für den Christbaum, wenn ihr überhaupt einen habt, keine Kerzen geben, kein Stück Brot, keine Kohle, kein Glas zum Einschneiden. Wir haben nichts. Ich kann euch nur bitten, glaubt an dieses Österreich!«

Hans Magenschab berichtet im Interview, wie er die Aufzeichnung der legendären Figl-Rede zwei Jahrzehnte nach ihrer ersten Ausstrahlung organisiert hat:

»Wir haben Leopold Figl auf den Stiegen zum Funkhaus in der Argentinierstraße empfangen und den alten Herren dann hinaufgeführt. Er hat sich schon etwas schwergetan beim Stiegensteigen. Nach der im Radio übertragenen Rede des Landeshauptmanns haben wir in einem kleinen Studio diese Aufnahme gemacht. Die Technik war 1965 noch immer antik. Es gab ja den neuen ORF noch nicht.

Ich habe für diese Rede recherchiert, welche Zeitungsmeldungen es im Jahr 1945 darüber gegeben hat. Die politischen Parteien haben damals viel publiziert. Leopold Figl hat wenige Wochen vor Weihnachten die ersten freien Wahlen nach 1945 für seine Volkspartei gewonnen. Ich suchte in der Nationalbibliothek nach ergreifenden Texten – und stieß auf diverse verstreute Sätze Figls aus dem Jahre 1945, in denen er den Österreichern Patriotismus verordnete. So beispielsweise Worte über das erste christliche Weihnachtsfest nach den Jahren der Barbarei. Ich hielt – und halte – es für legitim, sinngemäße Worte Figls collageartig zusammenzustellen, nachdem mir übereinstimmend von den ORF-Leuten versichert worden war, es wäre 1945 leider nichts Authentisches aufgezeichnet worden.

Die Idee zu dieser nachträglichen Aufzeichnung hatte ich gemeinsam mit Ernst Wolfram Marboe. Ich war 1965 Generalsekretär der ›Arbeitsgemeinschaft katholischer Verbände‹. Wir hatten den Auftrag bekommen, eine Gedenkveranstaltung zu organisieren: Zwanzig Jahre Ende des Krieges, zwanzig Jahre Wiedererstehen der Republik Österreich und zehn Jahre Staatsvertrag. Ich trat nun an den damaligen Jungregisseur Ernst Wolfram Marboe, den späteren Fernsehintendanten, heran. Das Drehbuch stammte von mir. Marboe sollte mit Kriegslärm und Lichtspielen am Dom eine tolle Multimediashow daraus machen.

Marboe war von der Idee gleich begeistert. Nun ging es darum, dass wir diese Figl-Rede in irgendeiner Form rekonstruieren wollten. Figl war aber schon schwer krank. Marboe und ich überzeugten den damaligen Landeshauptmann von Niederösterreich davon, dass er diese Weihnachtsrede noch einmal sprechen sollte. Das war relativ einfach, weil Ernst Marboe der Neffe Leopold Figls war. Mit seinem ›Onkel Bundeskanzler‹ gelang es, die ganze Geschichte zu arrangieren.

Außer ein paar schriftlichen Aufzeichnungen, die aber nirgendwo als ›Weihnachtsrede‹ archiviert waren, gab es nichts. Also bin ich daran gegangen und habe die Reden Figls, die um diese Weihnachtszeit 1945 herum in den Zeitungen erschienen waren, zusammengetragen. Ich habe auch mit einigen Leuten gesprochen, die sich erinnern konnten. So haben wir einen Text in ›Schönschrift‹ verfasst und sind zu Figl gegangen. Er hat sich das durchgelesen und gesagt: ›Ja, ja, so war es. So ist es g'wesn.‹

Bei der Aufnahme im Funkhaus musste er gar nicht schauspielern, es ging ihm wirklich nicht mehr gut. Es war der authentische Leopold Figl, dessen Stimmlage allgemein bekannt war. Er war ja in jeder Hinsicht eine Stimmungskanone. Er konnte Menschen zum Lachen und auch zum Weinen bringen.

Am Abend des 26. April 1965 ist die Rede am Stephansplatz abgespielt worden. Ernst Wolfram Marboe hatte Dutzende Lautsprecher auf dem Stephansplatz bis zum Graben hin aufstellen las-

sen. Es waren an die 50.000 Menschen am Platz versammelt. Die Leute standen vom Stephansdom bis zur Pestsäule und waren tief erschüttert, als die ›Weihnachtsrede‹ ertönte. Die Leute waren ungeheuer beeindruckt, und Leopold Figl selbst war zu Tränen gerührt. Er schluchzte heftig.

Es war sein letzter öffentlicher Auftritt. *Wenige Tage später ist er gestorben.«*

Der historische Hintergrund: Die Weihnachtsansprache des ersten österreichischen Bundeskanzlers nach 1945 ist eine der bedeutendsten österreichischen Legenden. Sie wird immer wieder als Beleg für den ungebrochenen Lebens- und Überlebenswillen der Österreicher nach dem Zusammenbruch des Dritten Reichs und nach der Wiedererlangung der Eigenstaatlichkeit am 27. April 1945 zitiert.

Doch Leopold Figl hat die Rede so nicht gehalten, jedenfalls nicht am 24. Dezember 1945. Zwar sprach der Bundeskanzler am Heiligen Abend im Radio zu den Österreichern, und kaum ein Zeitgenosse würde bestreiten, diese Rede gehört zu haben. Die historische Wahrheit ist es freilich nicht. Der im Jahr 2012 verstorbene Theater- und Fernsehmann Ernst Wolfram Marboe bestätigte die von Hans Magenschab überlieferte Geschichte. »Ich bekam den Text der Figl-Rede aus dem Jahr 1945 von Hans Magenschab. Von der originalen Radioansprache gibt es keine Magnetaufzeichnung. Aber er hat sie 1945 gehalten, dafür gibt es Ohrenzeugen. Ich bitte also die Tante Hilli (Ernst Wolfram Marboes Mutter war eine Cousine von Leopold Figls Frau, eben der ›Tante Hilli‹): ›Wenn der Onkel Schwips – Schwips war Figls Verbindungs- oder Couleurname in der CV-Studentenverbindung ›Norica‹ – nächstes Mal ins Funkhaus kommt, sag ihm, dass wir seine Weihnachtsrede historisch aufnehmen wollen.‹ Er hat dann im Studio, vom Krebs gezeichnet, die Rede gelesen. Das ist die authentische Version. Die Aufnahme ist ein Remake der Rede, aber keine Fälschung. Er hat das autorisiert und gesprochen.«

Mit dieser »nachempfundenen« Rede wurde Leopold Figl zur historischen Legende.

Auch sein kurzer Satz »Österreich ist frei«, im Marmorsaal des Schlosses Belvedere nach der Unterzeichnung des Staatsvertrages am 15. Mai 1955 gerufen, hat den niederösterreichischen Bauernpolitiker in die Geschichtsbücher der Alpenrepublik eingeschrieben. Am Staatsvertrag hatte Figl in der Funktion als Außenminister maßgeblich mitgewirkt. Unsterblich machte ihn eine Karikatur des Wiener Zeichners Hanns Erich Köhler. Dieser ließ den kleinen Mann mit Steirerhut vor Molotow und Chruschtschow mit der Zither, eine Anspielung auf den Film »Der dritte Mann«, aufwarten und schrieb dazu: »Einmal noch die Reblaus, dann sind sie weich!« Figl, dem als Sohn von Weinbauern durchaus Trinkfestigkeit nachgesagt wurde, zeichnete der Karikaturist damit eine weitere österreichische Nachkriegslegende auf den Leib.

Ein Mythos, nicht mehr. Immerhin fand der ebenfalls »bäurische« Sowjetchef Nikita Chruschtschow in dem kleinen Bauern aus dem Tullnerfeld einen kongenialen Gesprächspartner. Legendär, aber wahr ist die Kukuruz-Wette Figls mit dem Sowjetmachthaber, der den damaligen Außenminister 1962 auf seinem Bauernhof in Rust besucht und über die Qualität des Maises diskutiert hatte. Chruschtschow wettete, der ideologisch korrekte Sowjetmais wachse höher als der österreichische Kukuruz. Er verlor. Als Wetteinsatz hatten die beiden Herren ein Schwein vereinbart. Das russische Ferkel wurde angeblich nie geliefert: ein kleiner Preis für die staatliche Unabhängigkeit. Auch diese Anekdote gehört, wie die Karikatur, zum Schatz der österreichischen Anekdoten. Wie die Rede von 1945 beschreibt sie den Optimismus des Nachkriegsösterreichs, das nach dem Ende Hitlerdeutschlands und der Wiedererlangung der Freiheit keine Zweifel mehr an der Überlebensfähigkeit der Republik hatte, obwohl das Land in Trümmern lag, mehr als 300.000 Österreicher auf den Schlachtfeldern gefallen, 110.000, meist jüdische Bürger, vertrieben oder ermordet und 30.000 Opfer der alliierten Bomben geworden waren.

Leopold Figl konnte den Menschen zu Weihnachten tatsächlich kein Brot zum Essen, kein Glas zum Einschneiden und keine Kerzen für den Christbaum bieten. Aber er konnte den Österreichern im Jahr 1945 ein neues Ziel und zugleich den Mut, die Kraft, die Hoffnung und das Selbstbewusstsein geben, die großen Schwierigkeiten des Wiederaufbaus zu überwinden.

Entstehung der Bundeshymne 1947

»Land der Erbsen, Land der Bohnen, Land der vier alliierten Zonen.«

Fritz Molden erinnert sich an den Abend, an dem seine Mutter, Paula von Molden-Preradović, die neue österreichische Bundeshymne am Klavier ihrer Döblinger Wohnung das erste Mal gespielt und gesungen hat.

Es ist Winter und ich bin auf dem Weg nach Hause. Nach Hause in die Osterleitengasse in Wien Döbling. Nach sieben langen Jahren der erzwungenen Trennungen genießen Papa, Mama, mein Bruder Otto und ich unsere gemeinsamen Abende ganz besonders. Verhaftungen, Krieg und die Zeit im Untergrund haben unsere Familie immer wieder auseinandergerissen. Jeder Abschied konnte der letzte sein. Endlich gibt es wieder ein unbeschwertes Familienleben.

Als ich unser Haus sehe, gehe ich schneller. Im Dach klafft immer noch ein großes Bombenloch, und die zersprungenen Fensterscheiben wurden durch Pappkarton ersetzt. Fensterglas ist, wie so vieles andere auch, fast nicht zu haben im Wien des Jahres 1947. Ich sehe zu dem Fenster auf, aus dem meine Mutter mir bei meiner Heimkehr im August 1945 zugewinkt hat. Nie zuvor habe ich sie glücklicher gesehen als an diesem Sommertag, als Otto und ich unerwartet nach Hause kamen. Mama lachte und weinte durcheinander und wollte uns gar nicht mehr loslassen.

Seitdem sind eineinhalb Jahre vergangen, aber immer noch ist das Leben weit davon entfernt, normal zu sein. Immerhin habe ich jetzt ein geregeltes Berufsleben. Als Sekretär von Außenminister Karl Gruber habe ich am Ballhausplatz einen interessanten Aufgabenbereich. Gruber, den ich seit meiner Zeit im Widerstand kenne, war der erste Tiroler Landeshauptmann nach dem Zweiten Weltkrieg.

Schon im Herbst 1945 übernahm er das Amt des Außenministers in der Regierung von Bundeskanzler Leopold Figl. Als Gruber mir den Posten seines persönlichen Sekretärs anbot, war ich natürlich begeistert. Eine tolle Aufgabe für einen Einundzwanzigjährigen.
Ich habe unser Haus erreicht. Im Vorzimmer ist es kaum wärmer als auf der Straße. In diesem Winter ist es schwierig, Heizmaterial für die Wohnräume aufzutreiben. So schleppt mein Vater Zeitungen in rauen Mengen nach Hause, damit wir sie verheizen können. Als Herausgeber und Chefredakteur der nur als Wochenzeitung geführten »Presse« sitzt er an der Quelle. Auch was die Versorgung mit Lebensmitteln betrifft, können wir uns glücklich schätzen: Mein Bruder Otto bekommt von Collegefreunden Pakete aus der Schweiz, meine Mutter erhält vom PEN-Club Päckchen mit schwedischen Lebensmitteln, und ich kann mich über amerikanische CARE-Pakete freuen. So müssen wir, im Gegensatz zu vielen anderen Wienern, nicht hungern. Während Otto und ich den Krieg und die Untergrundtätigkeit relativ gut überstanden haben, war Mama nach ihrer Gestapohaft sehr mitgenommen. Bei meiner Heimkehr kam sie mir so zart und klein vor, nur ihr Gesicht war unverändert geblieben. Papa war ganz grau geworden und sehr schmal. Ich frage mich, ob diese Wunden je wirklich verheilen können.

Fritz Molden beschreibt jenen Abend, an dem seine Familie den Erfolg seiner Mutter im Wettbewerb um die neue österreichische Bundeshymne feierte:

»Aus dem Wohnzimmer hörte ich Stimmen. Die Familie war schon vollzählig versammelt. Große Begrüßung. ›Stell dir vor, Fritz, ich habe heute Besuch von Unterrichtsminister Felix Hurdes und einigen anderen Herren, alle feierlich im schwarzen Anzug, bekommen. Die Jury hat meinen Text für die Bundeshymne ausgewählt!‹, berichtete Mama.
Vor einigen Monaten hatte Unterrichtsminister Hurdes fünfzig prominente österreichische Schriftsteller und Schriftstellerinnen

brieflich aufgefordert, sich an einem Wettbewerb für den Text der neuen österreichischen Bundeshymne zu beteiligen und Texte einzuschicken. Eine Jury hatte bereits eine Mozart-Melodie ausgewählt, nun sollten Österreichs Dichter und Dichterinnen dazu passende Worte finden. Anfänglich war Mama von der Idee, eine Hymne zu schreiben, nicht sehr begeistert, weil sie mit ihrem Romanzyklus ohnehin genug beschäftigt war. Nach mehrmaligen Urgenzen durch Felix Hurdes hat sie sich aber zu einer Teilnahme überreden lassen und den siegreichen Text verfasst.

Das Preisgeld betrug 10.000 Schilling. Wir freuten uns alle wahnsinnig. Papa holte die letzte Flasche Wein aus dem Keller. Wir stießen mit klingenden Gläsern an und haben Mama zu ihrem Sieg gratuliert. Obwohl sie etwas verlegen war, spürte ich, wie sehr sie sich freute. Dann setzte sie sich zum Klavier und sang uns die erste Strophe vor:

Land der Berge, Land am Strome,
Land der Äcker, Land der Dome,
Land der Hämmer zukunftsreich!
Heimat bist du großer Söhne,
Volk begnadet für das Schöne,
Vielgerühmtes Österreich.

Otto und ich blödelten ein bisschen und neckten Mama: ›Der Text ist sehr schön, aber das hätten wir auch noch zusammengebracht.‹ Mama lachte: ›Na, dann probiert es doch.‹ Nach dem Abendessen traten Otto und ich in einen brüderlichen Dichterwettstreit. Wir beschlossen die brandneue Hymne zu persiflieren. Während mein großer Bruder an einem Werk mit vielen Strophen bastelte, war ich schon nach zehn Minuten fertig:

Land der Erbsen, Land der Bohnen,
Land der vier alliierten Zonen,
Wir verkaufen dich im Schleich,
Vielgeliebtes Österreich!
Und droben überm Hermannskogel
Flattert froh der Bundesvogel.

Trotz meiner Spottverse haben die Österreicher den Hymnentext meiner Mutter angenommen. Nach dem Krieg war ich ja oft bei einem Ländermatch im Stadion. Ich hab' mich immer gefreut, wenn sie die Hymne von Mama gespielt haben und das Stadion inbrünstig mitgesungen hat. Das war für mich der Beweis einer allgemeinen Zustimmung. Aber ich war natürlich auch nicht ganz objektiv.«

Die Deutschen trauten sich etwas. Sie sangen auch nach dem Zusammenbruch des nationalsozialistischen Regimes das alte »Deutschlandlied« als Hymne weiter. Mit einem entscheidenden Unterschied: Intonierten die Nationalsozialisten ausschließlich die erste Strophe (»Deutschland, Deutschland, über alles ...«), einigte sich das demokratische Nachkriegsdeutschland auf die dritte Strophe (»Einigkeit und Recht und Freiheit für das deutsche Vaterland!«). Mit dem Nationalsozialismus hatte das »Lied der Deutschen« in seiner Entstehungsgeschichte ohnehin nichts zu tun. Der Text zur Hymne wurde bereits im August 1841 von August Heinrich Hoffmann von Fallersleben auf der – seinerzeit englischen – Insel Helgoland gedichtet. Und die Melodie lieh sich der deutsche Poet von Joseph Haydn, der 1797 das Kaiserlied für den damaligen Habsburger-Kaiser Franz II. geschrieben hatte. Seine Textzeile »Gott erhalte Franz, den Kaiser« wurde in der k. u. k. Monarchie jeweils passend zum Herrscher abgewandelt. Hoffmann von Fallersleben stellte durch die Verwendung der bekannten Melodie für den Kaiser eine Verbindung zum alten »Deutschen Reich« her, das ja mit Napoleon untergegangen war. Im Mittelpunkt seines Liedes stand jedoch nicht mehr ein Monarch, sondern die deutsche Nation.

Gerade diese ideengeschichtliche Verknüpfung von deutscher Nation und österreichischer Eigenstaatlichkeit lehnte der damalige Unterrichtsminister Felix Hurdes entschieden ab. Österreich wollte gar den Deutschen die Haydn-Hymne verbieten lassen. Bei den Staatsvertragsverhandlungen sollte die alte »Kaiserhymne« als österreichisches Kulturgut geschützt werden. 1955 hatten Julius Raab und Leopold Figl in den Verhandlungen mit der Sowjetunion dann aber andere Prioritäten.

Eine neue Hymne musste her. 1946 schrieb die Regierung einen Wettbewerb aus. Die Melodie war mit dem »Bundeslied« aus der »Freimaurerkantate« von Wolfgang Amadeus Mozart rasch gefunden. Es sollte ein »Lied hymnischen Charakters, das den neuen Österreichischen Bundesstaat und seine Menschen im In- und Ausland sowohl textlich als auch musikalisch würdig zu repräsentieren vermag« gefunden werden. Mehr als 1.500 Österreicher, darunter die Elite der heimischen Dichter, so sie nicht im KZ ermordet worden war, reichte Vorschläge ein. Ausgewählt wurde das Gedicht von Paula von Preradović, das jedoch nicht in der Originalversion per Ministerratsbeschluss zur offiziellen Hymne wurde. Es war ein Beamter, der im Gespräch mit der Dichterin nicht unwesentliche Korrekturen am Text anbrachte. Peter Lafite wandelte unter anderem Preradović's »Großer Väter freie Söhne« im Einvernehmen mit der Dichterin in »Heimat bist du großer Söhne« um. Dies immerhin erleichterte 2011 die umstrittene »geschlechtergerechte« Neutextierung in »Heimat bist du großer Töchter, Söhne«, wogegen die Erben von Paula Preradović vergeblich protestierten. Klagen des Verlags wurden abgewiesen. Die ursprüngliche Textzeile hätte eine »Genderung« kaum ausgehalten. »Großer Mütter, Väter, freie Töchter, Söhne« wäre ja nun wirklich reimtechnisch ein wenig sperrig gewesen. Vor der Entscheidung des Ministerrats im Jahr 1947 trat im Kanzleramt am Ballhausplatz ein kleiner Chor der Wiener Sängerknaben auf und trug die Liedtexte der beiden Finalisten vor. Die ministerielle Jury entschied sich schließlich für die Preradović-Version.

Schon im Vorfeld hatte ein hymnischer Song-Contest im Wiener Musikverein eine Mehrheit für die Melodie des Freimaurer-Bundeslieds gebracht. Im Wettbewerb der Dichter lag allerdings Ottokar Kernstocks »Sei gesegnet ohne Ende ...« klar in Führung. Es war der Text der Bundeshymne des Ständestaats bis zum März 1938. Kernstock hatte sich freilich durch seine deutschnationale Gesinnung unmöglich gemacht und war dadurch ausgeschieden. So galt es nur noch die Freimaurer-Melodie von Wolfgang Amadeus Mozart politisch korrekt zu interpretieren. Die katholische Wochenzeitung »Furche« polemisierte heftig gegen die vermeintliche Mozart-Komposition, deren Verwendung als Hymne das Wochenblatt als »geschmacklose Idee« brandmarkte. Auch etliche Bundesländerzeitungen äußerten ideologische Vorbehalte gegen den Schlusschoral der »Freimaurer-Kantate«. Ausgerechnet ein christlich-sozialer Unterrichtsminister setzte sich für ein Freimaurer-Lied als Bundeshymne ein. Minister Felix Hurdes behauptete kühn, Mozart sei zwar Freimaurer, aber auch glühender Katholik gewesen. Schließlich habe der geborene Salzburger ja auch ergreifende Sakralwerke komponiert.

Die Aufregung verebbte erst nach Jahren. Dabei dürfte die Melodie zur Bundeshymne zwar von einem Freimaurer in Töne gesetzt worden sein, aber nicht von Mozart. Im Zuge der musikwissenschaftlichen Diskussion um die Hymne rückte ein anderer Tonsetzer in den Mittelpunkt. Zu Mozarts Zeiten war der in Korneuburg geborenen Komponist Johann Baptist Holzer ein bekannter Mann und eine Art Hauskomponist der Freimaurerloge »Zur wahren Eintracht«, in der Mozart häufig zu Gast war. Das erhebende »Bundeslied« wurde am Ende einer Logensitzung gesungen. Die Herren Freimaurer nahmen einander bei den Händen (daher auch die Bezeichnung »Kettenlied«) und stimmten ein: »Lasst uns mit geschwungnen Händen, Brüder, diese Arbeit enden, unter frohem Jubelschall!« Holzers Ruhm überdauerte allerdings die Jahrhunderte nicht, und so wurde das »Kettenlied« stattdessen Mozart zugeschrieben.

»Herr Doktor, wir sollten weitermachen.«

Der junge Außenamtsbeamte Franz Matscher diktierte in der Nacht vor dem 15. Mai 1955 den Text des österreichischen Staatsvertrages.

Die schwere Holztür fällt mit einem dumpfen Geräusch ins Schloss. Botschafter Schöner hat gerade den Raum verlassen. Er lässt mich mit einem ungewöhnlichen Arbeitsauftrag zurück. Ich soll den österreichischen Staatsvertrag diktieren. »Du hast ja mitgeschrieben, mach du die Reinschrift«, *hat er gesagt, ganz so, als sei das für einen jungen Juristen im Außenministerium eine Selbstverständlichkeit. Vor weniger als einer Stunde sind die Verhandlungen zu Ende gegangen.* »Volle Einigung, wir haben volle Einigung erzielt!«, *hat Außenminister Leopold Figl den wartenden Reportern zugerufen. Die Genugtuung, endlich eine Lösung für Österreich herbeigeführt zu haben, war ihm deutlich anzumerken. Ich zünde mir eine Zigarette an. Es war ein hektischer Tag. Heute stand der positive Abschluss der Verhandlungen noch einmal auf der Kippe. Es war bereits in allen Fragen Übereinstimmung erzielt worden, als sich Leopold Figl zu Wort meldete. Der österreichische Außenminister verlangte von den Siegermächten nicht weniger als die Streichung der sogenannten Mitschuldklausel aus der Präambel des Vertrages. Es sei paradox, wenn in der Moskauer Deklaration von 1943 Österreich als das erste von Hitler vergewaltigte Land bezeichnet und gleichzeitig von einer Mitschuld dieses vergewaltigten Landes am Zweiten Weltkrieg gesprochen werde. Als Figl geendet hatte, herrschte betretene Stille. Die Österreicher warfen sich nervöse Blicke zu. Hat der ehemalige Bundeskanzler zu hoch gepokert? Hat er mit seiner Äußerung den sicher scheinenden Abschluss des Staatsvertrages in Gefahr gebracht? Die Spannung im Saal war mit Händen zu greifen. Doch* der sowjetische Außenminister Molotow stimmte zu und die westlichen Außenminister folgten seinem Beispiel. Die Österreicher werden den Vertrag, auf den sie seit zehn Jahren warten, bekommen. Ich dämpfe meine Zigarette aus und schaue auf die Uhr. Es ist sechs Uhr abends. Höchste Zeit, mich an die Arbeit zu machen. Morgen um diese Uhrzeit wird Österreich wieder ein souveräner Staat sein. Endlich.

Mittlerweile ist es dunkel geworden. Das Haus der Industrie am Stalinplatz, wie der Schwarzenbergplatz seit 1945 heißt, ist hell erleuchtet. Die Mitarbeiter des Botschafters haben mir hier, im Sitz des Alliierten Rates, einen Raum überlassen, um in Ruhe diktieren zu können. Das deutschsprachige, von der Staatsdruckerei produzierte, Exemplar einer früheren Vertragsfassung liegt vor mir. Es ist mit meinen während der Konferenz hastig hingekritzelten Anmerkungen und Streichungen übersät. Ich bin froh über dieses Verhandlungsexemplar zu verfügen, denn es gibt kein österreichisches Protokoll der Sitzungen.

Schön langsam macht sich die Anspannung des langen Sitzungstages bemerkbar. Ich gehe zu einem der hohen Fenster und öffne es. Milde Mailuft strömt ins Zimmer. Mein Blick wandert zum beleuchteten Siegesdenkmal der Roten Armee. Gerade habe ich Artikel 19 des Staatsvertrages diktiert, mit dem sich Österreich verpflichtet, dieses und ähnliche Denkmäler zu erhalten. Das »Russendenkmal«, wie die Wiener sagen, erinnert an die 17.000 Rotarmisten, die im Kampf um Wien gefallen sind. Bei der Enthüllung waren auch Staatskanzler Renner und der damalige Staatssekretär Leopold Figl anwesend. Wie auch in den kommenden Besatzungsjahren hatten die österreichischen Politiker eine Gratwanderung zu vollziehen. Sie mussten den Alliierten Respekt erweisen, ohne sich anzubiedern oder einschüchtern zu lassen. »Ich habe Hitlers KZ überstanden, ich werde auch in Sibirien nicht weich werden, wenn ich für Österreich dorthin muss«, hat Figl einmal auf die unverhohlene Drohung eines sowjetischen Generals geantwortet. In einer Zeit, in der immer wieder Menschen aus der russischen Besatzungszone verschleppt wurden, war auch der Bundeskanzler vor einem solchen Schicksal nicht gefeit.

»Herr Doktor, wir sollten weitermachen!«, reißt mich meine Sekretärin aus den Gedanken. In wenigen Monaten wird die Besatzungszeit endgültig der Vergangenheit angehören. Ich ordne den mittlerweile stark abgegriffenen Text und nehme den Lippenstift meiner Sekretärin wieder zur Hand, den wir in Ermangelung eines Rotstiftes zweckentfremdet haben. Wir haben noch einige Stunden Arbeit vor uns. Gegen ein Uhr morgens sind wir fertig. Die Sowjets monieren noch zwei Tippfehler, obwohl wir den Text bestimmt zehn Mal gegengelesen haben. Also wieder zurück an die Schreibmaschine, die ganze Seite muss neu getippt werden. Endlich können wir das »Haus der Industrie« verlassen. Wir nehmen die große Stiege, der Paternoster ist längst außer Betrieb. Ich bin todmüde, aber glücklich und zufrieden. Heute Nacht habe ich im wahrsten Sinne des Wortes Geschichte geschrieben.

Nach ein paar Stunden Schlaf bin ich früh wieder auf den Beinen. Ich gehe zum Schloss Belvedere. Im Gartenpalais des Prinzen Eugen soll in wenigen Stunden die feierliche Unterzeichnung des Staatsvertrags erfolgen. Aber schon jetzt, gegen neun Uhr früh, hat sich auf beiden Gehsteigen der Prinz-Eugen-Straße ein dichtes Menschenspalier gebildet. Überall fröhliche, erwartungsvolle Gesichter. Ich muss mich durch die Wartenden drängen, um voranzukommen. Die Leute machen bereitwillig Platz. Vom sprichwörtlichen Grant der Wiener, den ich als Tiroler schon oft zu spüren bekam, ist heute nichts zu bemerken. Vor dem Schloss sind die großen schmiedeeisernen Tore geschlossen. Die beiden österreichischen Wachposten davor tragen Stahlhelme, die mit grünem Eichenlaub geschmückt sind.

Über einen Seiteneingang gelange ich ins Schloss. Die letzten Vorbereitungen sind im Gange. Das Bundesmobiliendepot hat drei kostbare Teetische zur Verfügung gestellt, die einst Feldmarschall Radetzky gehört haben. Sie sollen eine würdige Unterlage für den großen Moment der Unterzeichnung bilden. Putzfrauen reinigen mit

Staubsaugern den roten Filz auf den Tischen. Kollegen von der Protokollabteilung messen mit einem Maßband den Sitzabstand zwischen den Ministern nach. Dann legen sie die goldenen Füllfedern, Marke Parker, bereit. Sie tragen die Gravur »Wien 15. V. 1955« und dürfen von den Außenministern als Souvenir mit nach Hause genommen werden. Plötzlich ein Schrei. Ein Teppich ist auf dem glatten Marmorboden weggerutscht, ein Fotoreporter ist gestürzt. Die Vorstellung, dass einem der hohen Gäste das Gleiche hätte passieren können, treibt dem Verantwortlichen den Angstschweiß auf die Stirn. Irgendjemand organisiert Gummimatten, die unter die Teppiche gelegt werden.

Ich blicke aus dem Fenster. Die Tore sind geöffnet. Die Wiener drängen in den Belvederegarten. Ein Kollege aus dem Ministerium tippt mich an. »Schau, da ist er!« Er meint das in grünes Saffianleder gebundene Buch, das ein Beamter gerade in den Saal bringt. 38 Artikel, neun Siegel für die Unterschriften der vier Botschafter und fünf Außenminister, getippt in vier Sprachen auf Büttenpapier. Gebunden wurde das Vertragswerk von derselben Wiener Firma, die schon die Schlussakte des Wiener Kongresses vor 1815 verlegt hatte.

Ein Blick auf die Uhr. Ich habe die ehrenvolle Aufgabe, den amerikanischen Außenminister John Foster Dulles zu empfangen und in den Marmorsaal im ersten Stock zu geleiten. Neben der Auffahrtsrampe haben die Journalisten Stellung bezogen. Der Kampf um die besten Fotos hat schon begonnen. 10.40 Uhr. Außenminister Leopold Figl und Staatssekretär Bruno Kreisky kommen an und werden von den Wienern mit stürmischem Beifall empfangen. 11 Uhr. Der russische Tross biegt in den Schlosspark, der ersten ZIS-Limousine entsteigt ein lächelnder Wjatscheslaw M. Molotow. Kurz darauf fahren die Briten im Rolls-Royce vor. 11.14 Uhr. Der Chrysler der amerikanischen Delegation fährt auf die Rampe. Im Gegensatz zu seinen dunkel gekleideten Amtskollegen trägt Außenminister Dulles einen leuchtend blauen Anzug mit einem rot-weiß-roten Nelkensträußchen im Knopfloch. Eine nette

Geste. Während wir die Stiegen zum ersten Stock hinaufsteigen, kommt mir die Szenerie seltsam unwirklich vor. Mit siebenundzwanzig Jahren bin ich einer der jüngsten Beamten des diplomatischen Dienstes, neben mir geht der Außenminister des mächtigsten Staates der Welt und erkundigt sich höflich nach meinem Befinden. Über wenige Stufen erreichen wir den mit Scheinwerfern erleuchteten Marmorsaal. Ich bin von meinen Repräsentationspflichten erlöst. Als letzte Delegation betritt die französische den Saal. Ich beeile mich, auf dem mir zugewiesenen Platz Aufstellung zu nehmen. Außenminister Figl hat in der Mitte zwischen den Außenministern und Botschaftern der »großen Vier« Platz genommen. Zum ersten Mal seit dem Beginn der Staatsvertragsverhandlungen führt der österreichische Außenminister den Vorsitz.

Franz Matscher schildert jene Minuten, in denen nach sieben Jahren Naziherrschaft und zehn Jahren Besatzung der Grundstein für die Freiheit Österreichs gelegt wurde:

»Man sah Figl an, was ihm dieser Moment bedeutete. Bedächtig nahm er die goldene Füllfeder zur Hand und ließ seinen Blick über die Unterschriften der Alliierten gleiten. Jede Sekunde kostete er aus, ehe er schließlich seinen Namen unter jenen Vertrag setzte, für den er zehn Jahre lang gekämpft hatte. Jetzt konnte Leopold Figl endlich seine Gefühle in Worte fassen. Er sprach über den ›dornenvollen Weg der Unfreiheit‹ und ›eine neue und glückliche Epoche der österreichischen Geschichte‹ in der Zukunft. Ich sah es in den Augen Figls, ich hörte es an seiner Stimme. In diesem Moment sprach ein Mensch, der nach langen Mühen sein Lebenswerk vollenden konnte. Er sagte: ›Mit dem Dank an den Allmächtigen rufen wir aus: Österreichs Volk jubelt, alle Glocken läuten es: Österreich ist frei!‹«

Dieser Ausruf des österreichischen Außenministers Leopold Figl am 15. Mai 1955 im Marmorsaal des Schlosses Belvedere gehört zu den akustischen Denkmälern dieser Republik. Der Staatsvertrag brachte die über zehn Jahre lang erkämpfte Freiheit zurück. Die Neutralität war ein Teil des Preises dafür.

Auf die Wiederherstellung eines selbstständigen Staates Österreich hatten sich die Alliierten bereits im November 1943 geeinigt. Die Causa Österreich war auf der Außenministerkonferenz in Moskau nicht besonders wichtig. Für Österreich war nicht einmal ein eigener Tagesordnungspunkt vorgesehen. Dennoch wurde die »Moskauer Deklaration« so etwas wie die Gründungscharta der Zweiten Republik. Es ist mit Sicherheit einer der größten Erfolge österreichischer Außenpolitik, dass es in den zehnjährigen Bemühungen nach 1945 gelungen war, zuerst die wirtschaftlichen Verpflichtungen zu reduzieren und dann, buchstäblich in den letzten Stunden vor der Staatsvertragsunterzeichnung, auch den Hinweis auf eine Mitschuld am Zweiten Weltkrieg aus dem Vertrag zu entfernen. Es sollte 36 Jahre dauern, ehe Bundeskanzler Franz Vranitzky im Nationalrat eine Mitverantwortung vieler Österreicher an den Verbrechen des Nationalsozialismus einräumte.

Die Jahre der Staatsvertragsverhandlungen standen untrennbar in Zusammenhang mit den weltpolitischen Entwicklungen. Der Ost-West-Konflikt wurde zum Kalten Krieg. Österreich war ein Faustpfand für die jeweiligen politischen Interessen. Österreichs Politik bemühte sich, in diesem Spannungsfeld eine neue Positionierung für die kleine Alpenrepublik zu finden. Hilfreich war dabei die Tatsache, dass sich schon unter der NS-Herrschaft eine »österreichische Nation« herauszubilden begann. Anfangs bloß als erlebter Gegensatz zu den »Reichsdeutschen«, später in bewusster Identifikation mit dem Österreichischen.

Die Interessenlage von West und Ost wandelte sich im Lauf der Jahre. Untrennbar mit den Verhandlungen, die sich bis zum Tod Stalins nur mühsam fortschleppten, war die Frage der Neutralität verbunden. Es war Heinrich Raab, der Bruder von Bundeskanzler Julius Raab, der im Mai 1945 ein Memorandum verfasste, in dem er »die integrale Neutralität der Schweiz« als anzustrebendes Vorbild pries. Heinrich Raab lehrte damals im Kanton Uri am dortigen Kantonalgymnasium. Der Geschichtsprofessor schickte das Memorandum an seinen Bruder Julius und an Leopold Figl. In der Folge wurde dieser Gedanke von zahlreichen Politikern in unterschiedlichen Nuancen weiterverfolgt, etwa von Bundespräsident Karl Renner, der den neutralen Kleinstaat als Gegenentwurf zu den Ideen seines Parteifreundes Friedrich Adler skizzierte.

Der amerikanische Gesandte Erhardt berichtete über Gespräche mit SPÖ-Vizekanzler Adolf Schärf. Dieser habe argumentiert, »the Austrian Government must pretend to be neutral in East-West controversy«. »Pretend« ist in dem Zusammenhang ein verräterisches Wort. Österreich müsse »vortäuschen« neutral zu sein.

Im »Programm Österreich«, dem Parteiprogramm der ÖVP, tauchte der Begriff der »Neutralität« 1947 auf. Ein Parteitag der SPÖ hatte schon im November 1946 eine Resolution zur »absoluten Neutralität« beschlossen. In den Verhandlungen mit der Sowjetunion bewegte sich freilich nichts. Die politische Führung der UdSSR hatte die österreichische Frage mit der Lösung der deutschen Frage verknüpft. Der deutsche Bundeskanzler Konrad Adenauer verfolgte die Entwicklungen in Österreich mit Sorge. Er fürchtete ein freies, ungeteiltes, aber neutralisiertes Österreich könnte für Deutschland Vorbildfunktion haben. Dies widersprach aber der eindeutigen Westorientierung Adenauers. Der Kanzler schickte 1954 sogar seinen Pressechef nach Wien, um Figl seine »großen Besorgnisse« mitzuteilen.

Am 11. April flog die österreichische Regierungsdelegation vom russischen Militärflugplatz Bad Vöslau nach Moskau. Schon der feierliche Empfang in Moskau bewog Botschafter Norbert Bischoff zu einer positiven Prognose. »Wir kriegen den Staatsvertrag«, mutmaßte er.

Bei den Verhandlungen mit dem sowjetischen Außenminister Molotow war bald klar, was die zentrale Frage sein würde – Russlands Forderung nach der Neutralität Österreichs. Während sich die österreichische Delegation noch zierte, das Wort »Neutralität« zu verwenden und stattdessen auf »Paktfreiheit« setzte, wurde bald klar, dass die Sowjetunion auf dem Begriff »Neutralität« beharren würde. Bundeskanzler Julius Raab hatte dagegen nichts einzuwenden. Bruno Kreisky, als Staatssekretär im Außenministerium Figls, wollte eine »Paktfreiheit« nach schwedischem Muster und weniger eine Neutralität nach Schweizer Vorbild. Am 14. April waren die eigentlichen Verhandlungen beendet. Das »Moskauer Memorandum« wurde aufgesetzt. Darin verpflichtete sich Österreich, eine Deklaration der immerwährenden Neutralität nach dem Muster der Schweiz abzugeben.

Es gehört zu den österreichischen Mythen, im Abschluss des Staatsvertrages eine »typisch österreichische« Verhandlungsleistung zu erblicken. Tatsächlich war es nicht die Trinkfestigkeit der österreichischen Delegation, die den Staatsvertrag gesichert hat, sondern die Resultante aus den Interessen der Blockpolitik des Kalten Krieges. Am 5. Mai 1955 wurde Westdeutschland ein souveräner Staat. Der NATO-Beitritt Deutschlands wurde verhandelt, am 14. Mai wurde der Warschauer-Pakt-Vertrag unterzeichnet und am 15. Mai schließlich der österreichische Staatsvertrag. Der Abzug der Westmächte aus Österreich sollte einen mehr als tausend Kilometer tiefen Keil zwischen die NATO-Staaten Deutschland und Italien treiben und so die Nord-Süd-Achse des atlantischen Bündnisses unterbrechen.

Die Neutralität Österreichs war zum Zeitpunkt ihrer Verankerung in einem Verfassungsgesetz keineswegs unumstritten. Die FPÖ stimmte am 26. Oktober 1955 im Nationalrat gegen das Neutralitätsgesetz. Botschafter Ludwig Steiner äußerte Jahrzehnte später Zweifel, ob eine Volksabstimmung im Jahre 1955 eine Mehrheit für die Verankerung der Neutralität gebracht hätte.

Die Gründung des Bundesheeres

»Ich hab mir im Zug am Häusl die Uniform ausgezogen.«

Oberleutnant Peter Lichtner-Hoyer marschierte im Oktober 1955 an der Spitze der ersten Parade des neu gegründeten Bundesheers.

Das Mürztal zieht gemächlich am Zugfenster vorbei. Ich genieße die Fahrt, obwohl sie lange dauern wird. Für die Strecke Leoben– Wien muss ich im besetzten Österreich des Jahres 1954 gut drei Stunden einplanen. Das tut meiner guten Laune keinen Abbruch. Ich freue mich auf Wien. Heute ist ein besonderer Tag. Gemeinsam mit zwei Kameraden aus Salzburg und Tirol werde ich in der Bundeshauptstadt zum Oberleutnant der B-Gendarmerie befördert werden. Ich trage die Uniform mit Stolz. Ich weiß, dass ich damit nicht die Demarkationslinie zwischen dem britischen Sektor und der Russenzone überqueren darf. Neun Jahre nach dem Krieg dürfen wir Österreicher uns im eigenen Land noch immer nicht frei bewegen. Ich habe vorgesorgt und Zivilkleider eingepackt. Mittlerweile dampfen wir auf Mürzzuschlag zu. Ich nehme meine Tasche und gehe auf die Zugtoilette. Ich werde sie als unauffälliger Zivilist verlassen.

Der Sprungreiter, Skirennfahrer, Fechter, Sommer- und Winterfünfkämpfer, Pistolenschütze und zweifache Olympiateilnehmer Peter Lichtner-Hoyer erzählt, wie er zu einem der ersten Oberleutnants des neuen Österreichischen Bundesheers wurde:

»Ich war ein verbummelter Student, und mein Vater hat mich bei der B-Gendarmerie angemeldet. Ich musste im Juli '51 in eine Grazer Kaserne einrücken. Das war für mich als Jusstudenten schon ein

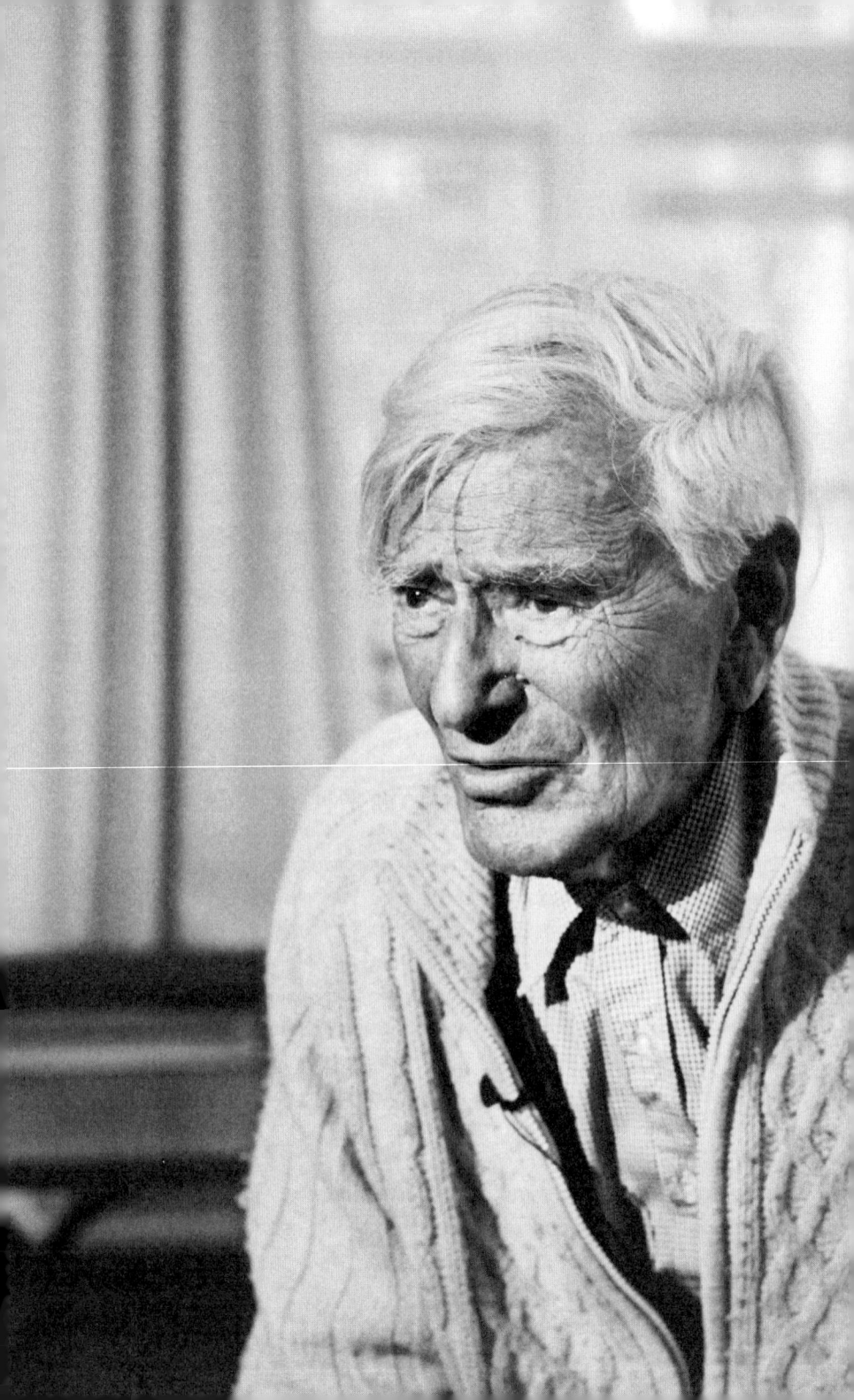

harter Sprung. Ich sollte genau das tun, was ich seinerzeit als klei-
ner Gefreiter in der Deutschen Wehrmacht tun musste, also Wache
schieben. Dabei hatte ich den Krieg als Oberleutnant in einem Reit-
erregiment beendet.

Kurz darauf wurde ich nach Leoben versetzt. Dort haben mich
die Vorgesetzten weitgehend meinen Sport ausüben lassen, weil ich
dadurch eine Art ›Repräsentationsstück‹ der B-Gendarmerie war.
Das war für mein sportliches Fortkommen sehr entscheidend.

1954 hat sich schon abgezeichnet, dass Österreich einen Staats-
vertrag bekommen würde. Die Regierung hat Vorbereitungen un-
ternommen, das Bundesheer aus der Taufe zu heben. Ich wurde
nach Wien beordert und sollte zu einem der ersten Oberleutnants
der B-Gendarmerie ernannt werden. In der Gendarmerie hat es nur
den Dienstgrad eines Oberleutnants, aber keinen Leutnant gege-
ben. Darum hat man uns den Oberleutnanttitel sofort gegeben. Im
Gegensatz zur deutschen Armee, die wieder aufgestellt wurde, durf-
ten im Bundesheer keine Soldaten Dienst tun, die im Krieg höhere
Dienstgrade als Oberst bekleidet hatten. Wir waren als Gendarmen
getarnt, weil Moskau gegen eine Militarisierung Österreichs aufge-
treten ist. Die russische Besatzungsmacht lehnte die B-Gendarmen
ab. Daher musste ich auf dem Weg nach Wien vor der Grenze be-
fehlsgemäß Zivil anziehen. Die Russen kontrollierten an der Demar-
kationslinie noch immer. Die Uniform hatte ich eingepackt, das hat
niemand kontrolliert. Nach der Grenze am Semmering bin ich noch
einmal aufs ›Häusl‹ gegangen und habe wieder meine Uniform an-
gezogen. Das Zug-WC ließ sich allerdings nicht versperren, doch
glücklicherweise bemerkte mich niemand. So bin ich als Gendarm
durch die Sowjetzone nach Wien ins Oberkommando des damals
noch nicht offiziellen Bundesheers gefahren. Auf der Rückfahrt
musste ich auf dieselbe Weise vorgehen. Vor der Grenze auszie-
hen, nach der Grenze wieder anziehen.

Im Herbst 1955, als die russischen Soldaten Wien auf der einen
Seite verlassen haben, sind wir auf der anderen Seite eingerückt.
Wir waren ein armes, kleines Bataillon und wurden von 300.000

begeisterten Wienern empfangen. Das war eigentlich die Geburts-
stunde des neuen österreichischen Bundesheers.
Begonnen hat es mit einem Aufmarsch in der Hofburg vor der
versammelten Regierung. Ich war der Richtungsoffizier in der ers-
ten Kompanie, vorne rechts außen, und habe den Festakt als Akteur
miterleben dürfen. Am nächsten Tag ist unser kleines Bataillon am
Parlament vorbeimarschiert. Wir waren vielleicht 800 bis 900 Mann
in vier Kompanien. Die Bewaffnung war sehr dürftig. Wir haben zum
Teil mit englischen Karabinern begonnen und sind dann auf das
amerikanische Gewehr umgestiegen. Später haben wir schwere
Maschinengewehre, die von der amerikanischen Armee ausrangiert
worden waren, bekommen. Auch einige Panzerspähwagen haben
uns die Amerikaner überlassen. Das waren uralte M12, Baujahr
1930. Mit denen bin ich während der Ungarnkrise an die Grenze
gefahren. Dort habe ich den Geschützturm auf den drüben fahren-
den ›Stalin 3‹ Riesenpanzer gerichtet. Ich hatte allerdings keinen
Schuss Munition, während die drüben voll bewaffnet waren. Zum
Glück hat niemand geschossen.«

Schon drei Jahre nach dem Ende des Zweiten Weltkriegs bauten
die drei westlichen Alliierten im Rahmen der Gendarmerie sogenannte »Alarmformationen« und später »Hilfskörper« auf. Sie
legten damit die ersten wackeligen Grundsteine für die »B-Gendarmerie«, die nach dem Abzug der alliierten Truppen zum »Österreichischen Bundesheer« gemacht wurde. Die USA, England und
Frankreich fürchteten mit Beginn des Kalten Krieges zwischen
den Westmächten und der kommunistischen Sowjetunion die
Entstehung eines Machtvakuums in Österreich. Eine offizielle
Militarisierung war noch ausgeschlossen. Nach den erfolgreichen
kommunistischen Umsturzversuchen in Prag und Budapest wollten die Westmächte eine stärkere österreichische Exekutive, die gegen bewaffnete Aufstände Widerstand leisten konnte. Die Motive
für die Aufstellung der militärisch organisierten und in Ansätzen
ausgebildeten B-Gendarmerie liegen also nicht in der Sorge um

eine Landesverteidigung gegen einen äußeren Feind, sondern in der Furcht vor einer gewaltsamen Ausdehnung der kommunistischen Einflusssphäre in Mitteleuropa. Insbesondere die USA drängten die österreichische Regierung, die Bewaffnung der Exekutive zu verbessern. So erlaubten die Westmächte schon im Frühjahr 1948, sogenannte »mobile Gendarmerie-Einheiten« aufzustellen. Der Ministerrat genehmigte dafür die Aufnahme von tausend Vertragsbediensteten. Nach dem Ausbruch des Koreakrieges und dem Scheitern eines kommunistischen Generalstreiks in Österreich nutzte Außenminister Karl Gruber die Stimmung und setze in Washington die Bildung einer »Feuerwehr zur Bekämpfung innerer Unruhen« durch.

Die Amerikaner planten für Österreich eine Armee von 28.000 Mann. Gleichzeitig drängten sie Wien, alle wehrfähigen Männer zu erfassen und so ein »Aufgebot« vorzubereiten. Die Österreicher hätten im Falle eines Krieges zwischen Ost und West zunächst nach Süditalien oder Nordafrika evakuiert werden sollen, um von dort bei der Rückeroberung des europäischen Kontinents gegen die Sowjets zu kämpfen. Dutzende unter strengster Geheimhaltung angelegte Waffendepots auf österreichischem Boden waren für geplante Guerilla-Einheiten vorgesehen, die im kommunistisch besetzten Europa Widerstand hätten leisten sollen. All das war in der Zeit des Kalten Krieges tatsächlich ernst gemeint. Ab 1952 wurde unter dem Deckmantel der B-Gendarmerie in den westlichen Besatzungszonen mit der Remilitarisierung begonnen, die aber aufgrund von fehlendem Personal und mangelnden Ressourcen nur schleppend voranging. Erst mit der Einstellung ehemaliger Wehrmachtsoffiziere mit niedrigem Dienstgrad konnten fünf Infanteriebataillone aufgeboten werden. Selbstverständlich blieben diese Aktivitäten in den Westsektoren dem russischen Hochkommissar nicht verborgen. Die Sowjetunion protestierte bis 1955 mehrmals gegen die Verletzung der alliierten Beschlüsse gegen die Remilitarisierung Österreichs und orchestrierte die Ablehnung durch eine Medienkampagne in den kommunistischen Zeitungen und vorgeschobenen Gremien wie dem »Friedensrat«. Der Protest verhallte ohne Wirkung. In der großkoalitionären Bundesregierung blieb das Interesse am Bundesheer gering. SPÖ und ÖVP hatten unterschiedliche Vorstellungen und stritten darüber, ehe der Staatsvertrag überhaupt unterschrieben war. Das Gründungsdokument der Republik enthielt keine Auflagen oder Vorgaben für eine neue Armee. Parallel zum Abzug der Truppen der Besatzungsmächte nach Abschluss des Staatsvertrages sollte ein österreichisches Bundesheer aufgebaut werden. Wehrpflichtige konnten noch nicht einberufen werden, die Umwandlung der B-Gendarmerie zum Bundesheer wurde durch Probleme bei der Rekrutierung von Personal gebremst. So paradierten im Oktober 1955 kurz vor Abzug des letzten ausländischen Soldaten knapp 900 Angehörige der B-Gendarmerie vor der versammelten Bundesregierung vom Michaelertor zum Heldenplatz. Am Tag darauf bejubelten Hunderttausende Wiener dieselben mit alten amerikanischen und englischen Karabinern bewaffneten Soldaten auf der Ringstraße vor dem Parlament. Selten erhielten so wenige Soldaten so viel Beifall. 1955 galt die demonstrative erste Präsenz des österreichischen Bundesheers als Zeichen der neuen Freiheit.

Erster Opernball nach dem Zweiten Weltkrieg

»Ich hoffe inständig, dass mir ›die Kinder‹ keine Schande machen werden.«

Die Wienerin Christl Schönfeldt organisierte 1956 den ersten Opernball nach dem Krieg. Sie wurde zur »Ballmutter« schlechthin und prägte über Jahrzehnte das glänzendste gesellschaftliche Ereignis Wiens.

Die dunklen Haare sitzen adrett, die zweireihige Perlenkette schimmert, das Dekolleté ist verführerisch, aber dezent. Ich bin bereit. Bereit für das Fest der Feste, den Opernball. Der erste Opernball seit sechzehn Jahren. Der erste nach Naziherrschaft, Krieg und Besatzung. Der erste im freien Österreich. Als Organisatorin, als »Ballmutter«, wie die Journalisten schreiben, werde ich besonders im Rampenlicht stehen. Noch ein letzter Blick in den Spiegel. Meine Lippen könnten noch etwas Rot vertragen. Ich krame gerade nach meinem Lippenstift, als es klopft. »Christl, bist du so weit?« Mein Mann Carl steht vor der Türe. »Ich glaube, wir sollten jetzt zur Loge gehen.« Der Frack steht ihm gut. Er unterstreicht seine stattliche Erscheinung. »Ich komme«, antworte ich und bemerke plötzlich, wie aufgeregt ich bin. In etwas weniger als einer Stunde wird die Eröffnung beginnen. 7.000 Gäste, darunter die Spitze der österreichischen Regierung, werden den Einzug des Jungdamen- und -herrenkomitees verfolgen. Ich hoffe inständig, dass mir »die Kinder« keine Schande machen werden.

Wir durchqueren das Foyer. Die Blumen aus den Bundesgärten sehen wunderbar aus. Alles ist in Rot und Weiß gehalten. Die Farben Österreichs unterstreichen die staatspolitische Bedeutung des Balles. Auf der Feststiege herrscht schon reges Gedränge. Auch Bundespräsident Theodor Körner soll in Kürze eintreffen. Er wird von Ernst Marboe, dem Chef der Bundestheaterverwaltung, in sei-

ne Loge begleitet werden. Zwischen den Gästen taucht Professor Karl Böhm auf. Seit ich das Glück habe, in der Direktion der Oper zu arbeiten, ist er mein Chef. Als Herr des Hauses, als Direktor der Staatsoper, hat er eine anstrengende Nacht vor sich. Er ist damit beschäftigt, prominente Gäste zu begrüßen. Wehe ihm, er übersieht einen wichtigen Ballbesucher. So bleibt nur ein flüchtiger Gruß für mich, und Böhm verschwindet wieder in der Menschenmenge. Auch Carl und ich schieben uns weiter die Feststiege hinauf. Überall fröhliche, erwartungsvolle Gesichter. Die Menschen sind entschlossen, jede Sekunde dieser einzigartigen Nacht zu genießen. Schließlich erreichen wir die Loge von Prinz Fürstenberg von Donaueschingen, der uns eingeladen hat. Die Damen dürfen sich um den winzigen Tisch drängen, die Herren müssen im Hintergrund stehen. Ein verstohlener Blick auf die Uhr. Noch zwanzig Minuten bis zur Eröffnung. Es fällt mir schwer, meine Nervosität zu überspielen. Wenn nur alles gut geht. Hoffentlich wird keines der jungen Mädchen vor Aufregung ohnmächtig. Das wäre ein gefundenes Fressen für die Journalisten. Diese Reporter, immer auf der Suche nach Sensationen. Thomas Chorherr von der »Presse« ist sogar auf die Idee gekommen, im Eröffnungskomitee mitzutanzen, um möglichst authentisch berichten zu können. Zuerst habe ich abgelehnt, aber dann hat sich ein Bekannter, Graf Chorinský, für ihn eingesetzt und ich habe mich überreden lassen. Ich hoffe, der junge Herr berichtet nur Gutes. Eine Flasche Henkell-Sekt wird serviert. Allgemeines Zuprosten. »Wer hätte sich vor zehn Jahren vorstellen können, dass wir wieder bei einem Opernball mit Sekt anstoßen?«, sagt eine Stimme hinter mir. Meine Gedanken schweifen in die Vergangenheit. Ich sehe mich am Ring stehen, irgendwann Ende März 1945, und verzweifelt auf die ausgebrannte Oper starren. Mir war, als gäbe es nichts Schönes mehr. Das Wien meiner Jugend, eine Welt aus Musik, Kunst und Kultur, war in einem Inferno aus Krieg und Leid untergegangen. Die Oper als rußgeschwärzte Ruine. Am 12. März 1945 fand der schwerste Luftangriff auf Wien statt. Die Albertina, das Kunsthistorische Museum, die Oper und das Burgtheater wurden schwer beschädigt. *Trotz allen Elends ringsum schämten sich viele Wiener ihrer Tränen nicht, als ihr Burgtheater und ihre Oper verwüstet wurden.*

Fanfarenklänge reißen mich aus meinen trübsinnigen Gedanken. Bundespräsident Theodor Körner betritt die Ehrenloge. Die Eröffnung beginnt mit der Bundeshymne. Alles erhebt sich. Es ist das erste Mal, dass ein Opernball zu den Klängen der neuen österreichischen Bundeshymne eröffnet wird. »*Land der Äcker, Land der Dome*« *wird mit Überzeugung gesungen.* »*Viel geliebtes Österreich*« *ist mehr als eine Textpassage, es ist ein Bekenntnis. Vor rund drei Monaten wurde die Hymne im gleichen Haus mit der gleichen Begeisterung gesungen. Seit dem 5. November 1955 ist die Oper wieder eröffnet. Ich durfte diesen herrlichen Premiereabend miterleben. Die Oper war ähnlich festlich beleuchtet und geschmückt wie heute. Endlich ertönte wieder großartige Musik von der Bühne. Nie werde ich diesen* »*Fidelio*« *vergessen. Carl hat zwei der heiß begehrten Karten ergattert. 5.000 Schilling das Stück. Sie waren jeden Groschen wert. Karl Böhm dirigierte. Wunderbar, wie immer. Doch der ergreifendste Moment hatte nur mittelbar mit Musik zu tun. Unterrichtsminister Heinrich Drimmel übergab Direktor Böhm auf offener Bühne symbolisch den Schlüssel zur Oper.* »*Gott, welch ein Augenblick!*«*, sagte Böhm mit hörbar belegter Stimme. Ein Ausspruch aus* »*Fidelio*«: *In der sogenannten Freiheitsoper sagt Leonore nach der Befreiung ihres Gatten dasselbe. Die Wahl des Stückes war kein Zufall, sondern eine dezente Anspielung an den anwesenden amerikanischen Außenminister Dulles. Jetzt, im November 1955, können wir Österreicher uns diese kleine Vorwitzigkeit leisten, haben die letzten Besatzungssoldaten Österreich doch einen Monat zuvor verlassen.*

Die Fächerpolonaise von Carl Michael Ziehrer holt mich in den heutigen Abend zurück. Der erste Teil des Jungdamen- und -herrenkomitees zieht ein. In der ersten Reihe zwei prominente Söhne. Johannes Figl, der Sohn des ehemaligen Bundeskanzlers und jetzigen Außenministers und Felix Hurdes junior, Sohn des Nationalratspräsidenten. Mehr Blicke ziehen aber die reizenden jungen

Damen auf sich. Ich gratuliere mir selbst zu der Idee mit den Krönchen. Jede Debütantin trägt eines im Haar. Zweihundert kleine Prinzessinnen im bodenlangen weißen Kleid, mit Blumen in den Händen. Ein Mädchentraum. »Meine Kinder« machen alles richtig. Kein Ohnmachtsanfall, kein Ausrutscher. Der Moment ist gekommen, für den die Mädchen und jungen Herren geübt, geübt und geübt haben. Die Musik setzt ein und rund zweihundert Paare wiegen sich im Linkswalzer. Sie machen mir keine Schande. Im Gegenteil, ich werde zur gelungenen Eröffnung beglückwünscht. »Bezaubernd«, höre ich, »einzigartig« und »wunderbar«. Ich bin glücklich. Die Mühe hat sich gelohnt. »Alles Walzer«, ruft Professor Willy Fränzel in Anlehnung an Johann Strauß, und Carl bittet mich um den ersten Tanz des Abends. Erst nach überstandener Eröffnungsaufregung und den ersten Tänzen wird mir bewusst, dass ich den ganzen Abend noch nichts gegessen habe. Wir machen uns auf den Weg zum Buffet. Als wir uns durch das Gewühl an Gästen schieben, höre ich eine bekannte Stimme: »Christl!« Ich drehe mich um, und Paula Wessely kommt auf mich zu. Sie umarmt mich. »Ich gratuliere Ihnen, Sie machen das wunderbar!« Dieses Lob bedeutet mir etwas. Seit der Buttergeschichte habe ich eine besondere Beziehung zu der großen Schauspielerin. Im Krieg hat sie mir einmal erzählt, dass es schwierig sei, ihre Kinder mit Lebensmitteln zu versorgen. Vor allem die Butter würde ihnen abgehen. Da habe ich ihr die Butterkarten meiner Eltern gebracht, weil sie die ohnehin nicht verbraucht haben. Ich erinnere mich genau, wie sie gestrahlt hat. »Danke, und ich wünsche Ihnen viele Lichterln am Weihnachtsbaum!« Ich bin selig.

Opernballmutter Christl Schönfeldt über eine der aufregendsten Nächte ihres Lebens:

»Im großen Ballsaal tanzte man dicht an dicht. Glücklich war, wer den Fleckerlwalzer beherrschte. Leider hatten nicht alle Gäste diese Gabe, und so bekam ich den einen oder anderen Ellbogen zu

spüren. Es tat meiner guten Laune keinen Abbruch. Wie alle Ballbesucher war ich froh, diese Nacht miterleben zu dürfen. Nicht nur
die Jugend wollte beim Opernball 1956 unbedingt dabei sein, auch
die älteren Generationen waren wie magnetisiert. Alle wollten wieder
in unserer Oper feiern, tanzen und lachen. Die Menschen suchten
Zerstreuung, Leichtigkeit, ja auch Luxus. Wer konnte es ihnen nach
siebzehn schweren Jahren verdenken! Einmal die Alltagssorgen
und die Mühen des Wiederaufbaus vergessen.«

Es wäre nicht die Beamtenrepublik Österreich gewesen, wenn nicht
auch der erste Opernball nach dem Krieg per Bescheid der Bundes-
polizeidirektion Wien hätte bewilligt werden müssen. Die repub-
likanische Sicherheitsbehörde berief sich dabei auf die Paragrafen
eines Hofkanzleidekrets aus dem Jahre 1827, das die Sittlichkeit bei
Tanzveranstaltungen sicherstellen wollte.

Die Tradition des Opernballs reicht bis in den Dezember 1877
zurück. Acht Jahre nach Eröffnung der neuen Hofoper am Ring
gestattete der Kaiser die Abhaltung einer »Hofopernsoiree«. Dabei
lauschte das erlauchte Publikum zuerst einigen musikalischen Dar-
bietungen, um anschließend dem Tanzvergnügen zu frönen und
sich an einem noblen Buffet zu laben. Daran hat sich bis heute wenig geändert. Der Blick vom Bühnenraum auf die Zuschauerlogen
gehört zum eindrucksvollsten Erlebnis eines Opernballs, obwohl bei der alljährlichen Fernseh-Liveübertragung die andere Perspektive gewählt wird. War schon die Opernsoiree bei einem Eintrittspreis von achtzehn Gulden für die Herren – Damen
zahlten nur zehn – eine eher elitäre Sache, so blieb der Opernball
der Hochpreistradition treu. Krethi und Plethi sehen dafür im
heimischen Wohnzimmer mehr als die anwesenden Ballgäste.
Schließlich wird die Choreografie der Balleröffnung fürs millio-
nenfache Fernsehpublikum gestaltet. In den sauteuren Logen ist
die Sicht, jedenfalls für die Herren, die ja im Hintergrund stehen
müssen, während die reich geschmückten Damen ihre Hälse über
die samtene Brüstung recken dürfen, schlecht bis nicht vorhanden.

Aber die meisten Opernballbesucher kommen ja eher, um gesehen zu werden, als um zu sehen.

Nach dem Ersten Weltkrieg dauerte es kaum zwei Jahre, ehe am 29. Jänner 1921 die Tradition der »Opernredoute« wieder aufgenommen wurde. Eine Loge im 2. Rang kostete zehntausend Kronen. Trotz des Nachkriegselends blieb keine leer. Die neuerliche Geburtsstunde des richtigen »Opernballs« war am 26. Jänner 1935. Der christliche »Ständestaat« inszenierte sich in bewusstem Rückgriff auf die k. u. k Tradition und in ebenso bewusster Abgrenzung von Nazideutschland. Der Opernball wurde zum »Staatsball«. Und schon am Neubeginn standen wirtschaftliche Interessen im Vordergrund. Ein »Wiener Festausschuss« betrieb die Veranstaltung des Opernballs. Der Tourismus sollte um eine Attraktion und die Modesalons der Stadt um lukrative Aufträge bereichert werden. Diesem ersten Opernball im alten Opernhaus folgten noch vier weitere. Am 21. Februar 1939 verklang der letzte Walzer. Das ehrwürdige Haus am Ring war da schon mit Hakenkreuzen dekoriert. Gegen dieses Zeichen hatte die Operettenseligkeit keine Chance.

Christl Schönfeldt hatte als junges Mädchen 1937 am Opernball getanzt und dort den späteren Programmdirektor des Radiosenders »Rot-Weiß-Rot«, Ernst Haeusserman, kennengelernt. Die promovierte Anglistin arbeitete nach 1945 bei dem amerikanischen Sender und wurde über Vermittlung von Ernst Marboe 1955 Mitarbeiterin von Operndirektor Karl Böhm. Der weltberühmte Dirigent hatte dieses Amt schon 1943 unter den Nationalsozialisten übernommen. Am 30. Juni 1944 fand die letzte Aufführung im alten Gebäude der Wiener Staatsoper statt. Auf dem Programm stand Wagners »Götterdämmerung«. Die letzte Regieanweisung dieser Oper lautet: »Helle Flammen scheinen in dem Saal der Götter aufzuschlagen. Als die Götter von den Flammen gänzlich verhüllt sind, fällt der Vorhang.«

Nach dem Krieg wurde Karl Böhm mit einem Auftrittsverbot belegt, aber schon 1954 abermals zum Staatsoperndirektor bestellt.

Am 12. März 1945 waren 1.667 Tonnen Bomben von amerikanischen B-17-Bombern auf Wien abgeworfen worden. Die Sprengsätze verfehlten die eigentlichen Ziele in Floridsdorf und zerstörten weite Teile der Innenstadt. Die Staatsoper brannte, im Luftschutzkeller unter dem Philipphof nahe der Albertina wurden dreihundert Menschen begraben. Mehr als 120 Opfer konnten bis heute nicht geborgen werden.

Ungarnaufstand 1956

»Ich schau jetzt einmal zur russischen Grenze, ob die Russen wirklich weg sind.«

Der Wiener Erich Lessing fotografierte im Oktober 1956 in Budapest den ungarischen Aufstand gegen die kommunistische Diktatur. Lessing konnte 1939 aus Österreich vor den Nazischergen nach Palästina flüchten. 1948 kehrte er nach Wien zurück und wurde zum wichtigsten Chronisten der Nachkriegszeit.

Der Morgen graut über Budapest. Die Straßen sind holprig und schlecht beleuchtet. Vereinzelt sind Schüsse zu hören. Wir wissen nicht, woher sie kommen. Wir wissen nur, wir nähern uns dem Zentrum der Kämpfe. Gerd Bacher und ich sind nach Budapest gefahren, um über den Aufstand der Ungarn gegen das kommunistische Regime zu berichten. Seit zwei Jahren sind die kommunistischen Staaten mein Hauptarbeitsgebiet als Fotograf. Ich habe dem amerikanischen Magazin »Life«, für das ich arbeite, vorgeschlagen, mich ein bisschen in diesen Staaten herumzutreiben, um zu sehen, wie es dort wirklich aussieht. Wie wir hierher nach Budapest gekommen sind, ist einigermaßen skurril. Ich habe Gerd in der Redaktion besucht, und wir haben uns über Ungarn unterhalten. »Fahren wir nach Budapest«, hat er vorgeschlagen. »Hast du ein Auto?« – »Nein, rufen wir Fritz Molden an.« Leider war Fritz, unser Herausgeber, gerade mit Bundeskanzler Julius Raab in Hamburg. Ich habe seine Frau am Telefon erreicht. »Du, wir brauchen ein Auto, weil wir nach Budapest fahren müssen. Kann ich das Auto vom Fritz abholen?« – »Ja, selbstverständlich.« Wir fahren die Andrássy út entlang. Vor uns taucht ein Hindernis auf der Fahrbahn auf. Langsam nähern wir uns. Vier Panzer stehen auf der Straße, ihre Kanonenrohre auf uns gerichtet. Ich will automatisch schnell

nach rechts abbiegen. »Da kannst du nicht einbiegen, das ist eine Einbahn«, will mich Gerd abhalten. Ich gebe trotzdem Gas. Die ungarische Straßenverkehrsordnung ist im Moment unser geringstes Problem.

Der Wiener Fotograf Erich Lessing wird zum Zeugen der ungarischen Revolution gegen die kommunistische Unterdrückung. Seine Bilder dokumentieren den Freiheitskampf im Herbst 1956.

»Wir haben höllisch aufpassen müssen, um nicht in einen Kugelregen zu geraten. Die Situation war unübersichtlich. Es gab nicht wie im Krieg eine Front und zwei Gegner. Gekämpft wurde da und dort. Tote lagen auf der Straße. Fahnen wurden geschwenkt, Stalinstatuen umgesägt und vom Sockel gestürzt. Überall wurden Feuer angezündet, vermutlich Siegesfeuer. Die Menschen haben sich bewaffnet, weil die Arsenale der Polizei geöffnet wurden. Überall waren Amateurschützen unterwegs.

Richtig gefährlich war es vor dem Hauptquartier der Kommunistischen Partei. Wir sind direkt vom ›Kriegsschauplatz‹ ins Hotel ›Duna‹ gefahren. Dort waren die meisten Journalisten untergebracht. Als ich den Speisesaal betrat, um zu erfahren, was die Kollegen berichteten, habe ich meinen Augen nicht getraut. Der Betrieb lief völlig normal. Der Portier verbeugte sich höflich. Die Kellner waren im Frack. Die Gäste plauderten an der Bar und warteten auf Neuigkeiten. ›Herr Lessing, schön, dass Sie da sind‹, sagte der Oberkellner. ›Heute ist das Gulasch ganz besonders gut.‹ Nebenan wurde geschossen. Oft entbehren auch tragische Ereignisse nicht einer gewissen Komik. Die wildesten Dinge passierten immer während des Mittagessens. Da kam ein Kollege in den Speisesaal und rief: ›Sie haben Kardinal József Mindszenty freigelassen.‹ Daraufhin sind wir alle aufgesprungen und losgerannt. Selbstverständlich war es eine spannende und bedrückende Situation, aber auch surreal. Während rundherum Chaos herrschte, habe ich einen Schildermaler beobachtet, der in aller Ruhe und Sorgfalt auf erbeutete Panzer das neue ungarische Wappen gepinselt hat. Kein Krieg ist so wie ein Krieg in der Stadt.

Die Situation in Budapest war natürlich auch für Menschen bedrohlich, die am Aufstand nicht beteiligt waren. An sich waren die Kämpfe auf die Universität, das Hauptquartier der Kommunistischen Partei und das Innenministerium begrenzt. Aber wenn man plötzlich in ein Maschinengewehrfeuer hineinkam, dann war das ganz schön gefährlich. Die Österreicher haben sich mit den Ungarn solidarisch gezeigt. Der damalige Botschafter in Budapest ist von der ersten Sekunde, in der er wieder auf die Straße durfte, mit seinem Dienstwagen mit der großen österreichischen Fahne durch die Stadt gefahren. Wir haben damals in Wien nicht nur Essen gesammelt, sondern vor allem Medikamente. Es war einfach, über die Grenze zu kommen. Sie war ja einige Tage offen. Auch später im Dezember ist es kein Problem gewesen, mit einem Wagen voll Medikamente und Orangen nach Ungarn zu reisen.

Mir war schon in den letzten Oktobertagen klar, dass das schiefgehen würde. Ich hab es gewusst, weil ich mit meinem kleinen englischen MG im Morgengrauen den offiziell abziehenden sowjetischen Truppen nachgefahren bin. Als Imre Nagy gesagt hat: ›Wir treten aus dem Warschauer Pakt aus‹, da war mir klar, das kann nicht gut gehen. Das war ein schwerer Irrtum. ›Ich schau jetzt einmal zur russischen Grenze, ob die Russen wirklich weg sind‹, habe ich damals zu meinen Kollegen gesagt. So bin ich nach Osten gefahren, und nach einer Weile kamen mir Militärkolonnen entgegen, die zurück nach Budapest fuhren. Ich bin rasch wieder ins Hotel ›Duna‹ gefahren. Die Kollegen waren alle versammelt. ›Ich fahr jetzt nach Wien, weil die Russen zurückkommen.‹ – ›Du bist ein solcher Pessimist, immer wieder dasselbe mit dir.‹ Die anderen sind in Budapest geblieben und mussten dann drei Wochen in der Jugoslawischen Botschaft sitzen, weil sie nicht mehr rechtzeitig vor den russischen Panzern fliehen konnten. Die Stimmung hat plötzlich umgeschlagen. Als wir alle im Radio hörten, dass die amerikanischen Truppen in Deutschland auf Urlaub geschickt worden waren, war klar, dass wir die Hoffnung auf eine amerikanische Intervention begraben mussten. Wir wussten, der Aufstand war gescheitert. Jalta hatte gehalten, Potsdam hatte gehalten, die Welt blieb zweigeteilt. Das würde wahrscheinlich so bleiben, dachten wir, wenigstens zu unseren Lebzeiten. Wir konnten nicht ahnen oder gar hoffen, dass 33 Jahre später die Früchte, die in Budapest gesät wurden, in Berlin aufgehen würden.

Später dann, im Lager in Andau, habe ich natürlich mit Flüchtlingen geredet. Die ältere ungarische Generation beherrschte damals noch die deutsche Sprache. Ich kam ja aus Budapest, also wusste ich ohnehin mehr über die aktuelle Lage als die Flüchtlinge, die über die österreichische Grenze kamen. Das waren Menschen, die alles zu Haus stehen haben lassen und Hals über Kopf aufgebrochen sind. Zum größten Teil waren das gute Kleinbürger, die ganz einfach ihre Kinder oder sich selbst in Sicherheit bringen wollten. Wer bleibt? Warum bleibt man? Wer flüchtet? Sind wir immer auf der Seite der Flüchtlinge oder sollten wir nicht manchmal auf der Seite jener sein, die bleiben?

Im Lager bei Andau waren ein paar Fotografen, die in der Nacht mit Blitzlicht fotografiert haben, worauf natürlich regimetreue ungarische Soldaten von der anderen Seite der Grenze geschossen haben. Das hat die Fotografen überhaupt nicht interessiert. ›Der Chef hat gesagt, ich brauch ein Foto.‹ Punkt. Die Spannung an der Grenze war so, dass ich die Szenen überhaupt nur peripher betrachten konnte. Ich stand neben meinem Kollegen Ernstl Haas, der fotografiert hat und plötzlich auf seine Leica schaute und sagte: ›Irgendwas stimmt da nicht. Ich hab so viele Bilder gemacht. Und der Film ist noch immer nicht aus.‹ Er machte die Kamera auf, und es war kein Film drinnen. Seine Anspannung war so groß, dass er vergessen hatte, einen Film einzulegen. Das passierte also auch einem Profi. Ich habe sehr wenig fotografiert, im Ganzen kaum zehn Bilder gemacht. Es war eine Situation, in der ich eigentlich kein Recht hatte zu fotografieren, kein Recht hatte, in die Privatsphäre dieser Menschen mit meiner Kamera einzudringen. Diese Müdigkeit, diese

Verzweiflung oder auch diese Momente der Freude, das musste ich nicht dokumentieren.

Die Ungarn sind damals in Österreich sehr gut aufgenommen worden. Es war ja doch erst ein Jahr nach dem Abzug der letzten sowjetischen Soldaten. Österreich war ein Land, das helfen wollte. Ein Land, das demselben Schicksal entgangen war. Damals war uns Ungarn vielleicht noch näher als heute. Es hatte jeder einen Bekannten, einen Freund, einen Onkel oder eine Tante in Budapest oder umgekehrt. Also diese Hilfsbereitschaft war ungeheuer. In Wien hatten viele Menschen ein Gefühl der Bedrohung. Die Bevölkerung war sich nicht sicher, ob sie hier nicht am Beginn eines dritten Weltkriegs stehen. Denn der Warschauer Pakt hätte ja gehalten. Er hat ja 1968 in Prag gehalten, als die Russen einmarschiert sind.

In Budapest 1956 hat sich aber gezeigt, dass die öffentliche Meinung keinen Einfluss hat. Ich habe gemerkt, dass Fotografie ohne Text ein extrem schwaches Medium ist. Oberflächlich betrachtet war das tägliche Leben in Budapest das einer nicht sehr reichen, aber auch nicht verarmten Stadt. In den Kaffeehäusern an der Donau gab es ›Five O'Clock Tea‹. Aber unter dieser Oberfläche brodelte es. Das, was an Unfreiheit und fehlender politischer Mitbestimmung vorhanden war, das sahen die Zeitungsleser ja nicht auf den Bildern, sondern konnte allenfalls in Texten beschrieben werden.«

Der ungarische Volksaufstand gegen die kommunistische Diktatur war kein isoliertes Ereignis. Nach Nikita Chruschtschows Abrechnung mit den Verbrechen seines Vorgängers Joseph Stalin in seiner Geheimrede am zwanzigsten Parteitag der KPdSU in Moskau begann eine Entwicklung, die zur Gründung des Warschauer Pakts, zum österreichischen Staatsvertrag, zu Massenprotesten und Rebellionen polnischer Arbeiter in Posen und im Oktober 1956 zum ungarischen Aufstand führte. Die Ereignisse in Ungarn entwickelten im Herbst eine ungeheure Dramatik, die zum Zerfall des sowjetisch kontrollierten Ostblocks hätte führen können.

Die aus Moskau ferngesteuerte kommunistische Diktatur wurde von den unterdrückten Völkern Osteuropas herausgefordert. Der Ungarnaufstand begann am 23. Oktober mit einer zunächst sehr friedlichen Demonstration. Bis zu zweihunderttausend Menschen gingen auf die Straße. Sie folgten einem Aufruf des sogenannten Petőfi-Kreises, der nach einem nationalistischen Dichter der Revolutionsjahre 1848 benannt worden war. Intellektuelle und Künstler hatten im Rahmen dieser Organisation begonnen, politische Forderungen zu stellen.

Mit der Demonstration Ende Oktober gewann die intellektuelle Bewegung an Breite. Zehntausende Arbeiter schlossen sich den Protesten an. Zunächst ging es um eine Reform der kommunistischen Partei. Die Demonstranten verlangten die Rückkehr des KP-Reformers Imre Nagy in die Regierung und die Demokratisierung der »Partei der ungarischen Werktätigen«. Sprengkraft hatte die Forderung nach Abzug der sowjetischen Truppen aus Ungarn.

Während sich die Armee neutral verhielt und weite Teile der Polizei mit den Protesten sympathisierten, lösten Agenten der stalinistischen »Staatssicherheit« ein blutiges Chaos aus. Sie feuerten auf die Demonstranten. Die Stimmung kippte. Als am nächsten Morgen russische Panzer nach Budapest rasselten und dort strategische Kreuzungen besetzten, das Hauptquartier der ungarischen KP abriegelten und so Imre Nagy isolierten, begann der Volksaufstand.

Tausende Budapester plünderten die Waffendepots der Sicherheitskräfte. Die Revolution erfasste auch Fabriken im ganzen Land. Die »werktätigen Massen« nahmen die kommunistische Botschaft ernst. Sie gründeten Arbeiterräte, übernahmen die Kontrolle über lokale Verwaltungsbehörden und vertrieben stalinistische Funktionäre.

Das Regime war auf dem Rückzug, die stalinistischen Kader gaben den Forderungen nach. Der von der Bevölkerung geschätzte Reformkommunist Imre Nagy wurde als Ministerpräsident eingesetzt, die Stalinisten in der KP aus den Führungsgremien entfernt.

Die Revolution hatte einen ersten kleinen Erfolg errungen. Jubel in Budapest, als die sowjetischen Panzer gegen Osten abzogen. Sie sollten bald wiederkehren. Mit dem angekündigten Austritt Ungarns aus dem Warschauer Pakt und der Neutralitätserklärung nach österreichischem Vorbild überschritten Imre Nagy und Ungarns Regierung die »rote Linie«. Moskau würde zurückschlagen. Schon eine Woche später besetzten drei russische Armeekorps Budapest. Die »Operation Wirbelsturm« forderte Hunderte Tote. Die Hoffnungen auf ein Eingreifen des Westens erwiesen sich als Illusion. Am Höhepunkt des Kalten Krieges respektierten die USA die 1944 vereinbarten Einflusssphären. Die UNO und der Westen waren durch die Suezkrise abgelenkt, die militärischen Kräfte gebunden. Die ungarischen Revolutionäre blieben allein. So konnten die sowjetischen Truppen den Aufstand niederkämpfen. Nach zwei Monaten war der Traum vom »Sozialismus auf der Grundlage der Demokratie« ausgeträumt. Standgerichte verurteilten dreihundert Anführer zum Tode. Zehntausende wurden verhaftet. Imre Nagy und seine engsten Mitarbeiter flohen in die jugoslawische Botschaft. Sie wurden mit dem Versprechen freien Geleits aus dem exterritorialen Gebäude gelockt, verraten, verhaftet, verschleppt und 1958 hingerichtet. Die Revolution hatte viele Märtyrer.

Rund 170.000 Ungarn flüchteten über die Grenze nach Österreich und wurden dort im kurzfristig errichteten Lager bei Andau aufgenommen. Die Solidarität der Welt endete rasch. Amerika beschränkte die Einreisequoten für Ungarnflüchtlinge. Viele blieben in Österreich.

Der jüdische Fotograf Erich Lessing hat Verfolgung und Flucht am eigenen Leib erfahren. 1939 konnte er gerade noch aus Wien nach Palästina entkommen. Nach Kriegsende kehrte er nach Wien zurück. Er arbeitete für englische und amerikanische Fotosyndikate, etwa für »Magnum« oder »Time Life«. Viele seiner Bilder wurden zu Ikonen der Zeit. Etwa sein Foto der Unterzeichnung des Staatsvertrags im Schloss Belvedere.

»Jeder hat sich als kleiner Toni Sailer gefühlt.«

Das Antreten des späteren dreifachen Olympiasiegers Toni Sailer bei den Spielen in Cortina wäre 1956 beinahe an einem Streit über Sailers Skimarke gescheitert. Sein jüngerer Bruder Rudolf Sailer erklärt, warum Toni Sailer ein Glücksfall für Österreich war.

Die Wirtsstube ist völlig verqualmt, dabei hat das Rennen noch gar nicht begonnen. Halb Kitzbühel hat sich versammelt, um Tonis Fahrt mitzuerleben. Der Raum ist berstend voll. Kein Wunder. Hier steht einer von drei Fernsehern, die es in Kitzbühel gibt. Der zweite gehört erstaunlicherweise dem Straßenkehrer. Der dritte steht in der Auslage des Elektrohändlers. Vor der Scheibe haben sich Hunderte Leute versammelt. Eigentlich müsste ich ja in der Schule sein, aber der Lehrer war so nett und hat mich gehen lassen.»Ich möchte es auch gern sehen, aber ich muss ja unterrichten«, hat er bedauert. Mein Vater, meine Mutter und meine Geschwister sind natürlich auch da, um mit dem Toni mitzufiebern.»Pst«, mahnt ein älterer Herr. Die olympische Hymne von Cortina erklingt. Mir wird ganz feierlich zumute. Mein großer Bruder wird heute Österreich vertreten. Ich weiß, dass er Favorit ist. Das wäre toll: Mein Bruder, der Olympiasieger. Die Übertragung beginnt. Leider kann ich nicht besonders viel erkennen: In Cortina herrscht dichter Schneefall, und das Bild ist schwarz-weiß. Wenigstens der Ton ist gut.

»Ich erinnere mich noch genau an die Eröffnungshymne«, beschreibt Rudi Sailer das gemeinschaftliche Olympiaerlebnis von 1956:

»Die olympische Hymne von Cortina ist später die Eurovisionshymne geworden. Die bleibt mir immer im Kopf. Da war so ein rundes Dings mit Sternderln drauf vor Beginn der Übertragung, ganz feierlich. Beim Riesenslalom war alles klar, da hat er überlegen gewonnen, und er wurde dann auch für den Slalom aufgestellt. Dort war er nicht der Top-Favorit, aber aufgrund seines Sieges beim Riesentorlauf kam er auch in die Slalommannschaft. Für den Fall, dass er nicht fahren hätte wollen, war ein Ersatzmann nominiert worden. Toni hat zu dieser Zeit eine französische Freundin gehabt und ist ein bisserl später nach Hause gekommen, weshalb er in der Früh dann verschlafen hat. Sein Mitbewerber, der auch fahren wollte, hat gesagt: ›Toni ist nicht im Zimmer.‹ Unauffindbar. Die anderen sind dann alleine zum Slalom gefahren. Als Toni aufgewacht ist, war niemand mehr da. Keine Skifahrer, keine Betreuer. Dann ist er mit den Bobfahrern zum Slalomhang gelaufen. Er ist den ganzen Hang raufgelaufen zum Start, hat aber keine Startnummer gehabt. Sie haben ihm dann die Nummer 10 umgehängt, und er ist trotzdem gefahren. Wäre er nicht rechtzeitig beim Start gewesen, wäre sein Ersatzmann gefahren, der ihn nicht aufgeweckt hat.

Bei Tonis Fahrt hat es schon ein paar gravierende Sachen gegeben, besonders beim Slalom. Da hätte es ihn bald aus dem Kurs geworfen. Trotzdem hat er mit vier Sekunden Vorsprung vor dem Japaner Chiharu Igaya gewonnen. Da blieb mir schon das Herz stehen. Beim Abfahrtslauf war es genauso. Da hat es ihm einmal die Ski auseinandergerissen, und er wäre fast auf die Papp'n gefallen. Das Rennen von der Tofana war extrem schwierig. Am Start hatte es minus 25 Grad, und Toni ist das Bindungskabel gebrochen. Hansl Senger, der italienische Betreuer aus Südtirol, hat ihm seinen Riemen geborgt, damit er starten konnte. Davon haben wir daheim natürlich nichts gewusst.

Nach den drei Siegen in Cortina ist uns avisiert worden, dass er um drei Uhr nachmittags an der italienisch-österreichischen Grenze am Brenner ankommen würde. Unsere ganze Familie ist auf den Brenner gefahren, um ihn zu begrüßen. Von der Grenze nach Kitzbühel, das war eine einzige Triumphfahrt. Die hab ich als Bub miterleben dürfen. Obwohl sich das alles nur über Mundpropaganda herumgesprochen hat, war es wie ein Autokorso. Vorne ist die Polizei gefahren und hinten ein paar Autos. Die Leute waren so begeistert, dass wir nur im Schritttempo weitergekommen sind. Wenn jemand mit einem Fahrrad gefahren wäre, wäre er schneller gewesen. Ganz Tirol war auf den Beinen. Die Euphorie der Bevölkerung war phänomenal. In Wien am Westbahnhof haben sie Absperrgitter weggerissen, da waren 50.000 Leute auf der Straße. Jedes Land will Helden, nur wenige haben welche. Toni war nach Cortina ein Held.

Wenn die Menschen, die Toni zugejubelt haben, mitbekommen hätten, was sich im Vorfeld der Olympischen Spiele alles abgespielt hat, wären sie empört gewesen. Ich war damals erst zwölf Jahre alt, aber ich habe alles verstanden. Bei uns in der Wohnung herrschte ein großer Trubel. Es waren eine Menge Leute vom Skiverband erschienen, die Toni verbieten wollten, mit einem Vorarlberger Ski zu fahren. Die Tiroler dominierten den Skiverband, Toni wollte aber einen Ski einer Vorarlberger Firma nehmen, weil deren ›Kästle‹ bedeutend besser war als sein Tiroler ›Kneissl‹. Die maßgebenden Herren wollten seinen Start verbieten, falls er nicht den Tiroler Ski wählte. Das war ein großes Dilemma. Er wollte unbedingt fahren, hat sich aber mit dem anderen Ski größere Chancen ausgerechnet. Mein Bruder glaubte, er dürfe nicht mehr fahren. Unser Vater war dann sehr böse. Die Mutter hat geweint, ebenso unser Bruder und die Schwester. Die ganze Familie war todtraurig. Nach zwei Wochen Streit ist ein Kompromiss gefunden worden. Im Abfahrtslauf sollte Toni den Tiroler Ski nehmen, weil er da hundertprozentiger Favorit war. Bei den anderen zwei Disziplinen haben die Verbandsvertreter gesagt: ›Soll er halt den ›Kästle‹ fahren. Die Wahrscheinlichkeit, dass er gewinnt, ist ohnehin nicht so groß.‹

Mein Bruder war nach den drei Olympiasiegen nicht anders als vorher. Er hatte eben gewonnen. Zu dem Zeitpunkt konnte er die Bedeutung noch gar nicht abschätzen. Toni war nicht nach Cortina gefahren, um unbedingt Olympiasieger zu werden. Er war gern

Skifahrer, und er fuhr gern Rennen. Er hat gewusst, dass er der Beste war und dass er alles gewinnen konnte. Er hatte schon vorher beim Hahnenkammrennen die Abfahrt, den Slalom und die Kombination gewonnen. Als er nach Hause gekommen ist, haben alle gratuliert. Wunderbar. Bärig.

Zu Hause in der Familie ist eigentlich nicht mehr viel über die Siege in Cortina gesprochen worden. Wir hatten sie im Fernsehen mitverfolgt. Er hatte gewonnen, das war schön. Fertig. Erst ein paar Tage später, als dann die Fotos aufgetaucht sind, speziell vom Riesenslalom, wie es ihn in die Luft katapultiert, da hat er gesagt: ›Hm, war eigentlich schon stark.‹ Die Bedeutung dieses Erfolges konnte er anfangs nicht abschätzen. Er ist immer fest mit den Beinen auf dem Boden gestanden.

Für mich als kleinen Bruder haben sich die Veränderungen erst langsam gezeigt. Zuerst haben wir in einem Zimmer geschlafen, und dann war er nicht mehr da. Von seiner Prämie hat er sich auch ein paar Sachen gekauft, zum Beispiel ein Auto. Mit seinem blauen Fiat 1100 sind wir dann rumgefahren. Aber das Interesse war bald zu groß. Er hat keine Ruhe mehr gehabt. Er ist hofiert worden und sollte bei diversen Rennen mitfahren. Nach einem Monat hat er genug vom Feiern gehabt, unter dem auch seine Leistungen stark gelitten haben. Toni hat gesagt: ›So geht's nicht. Wenn ich weiterfahren will, muss ich normal trainieren können.‹ Er hat sich ziemlich zurückgezogen. Aber dann sind die ganzen Manager vom Film gekommen. Das war teilweise schön, aber oft war es auch lästig.

Wenn ich das jetzt, fast sechs Jahrzehnte später, überlege, muss ich sagen, dass Cortina ein Glücksfall für Österreich war. 1955 hat Österreich den Staatsvertrag erreicht. Wir fühlten uns nicht mehr als Kriegsverlierer, die Besatzungsmacht war weg, wir konnten selbst entscheiden. Mit Toni Sailers Olympiasiegen konnten wir nun auch etwas vorweisen. Drei Goldmedaillen. Die ganze Bevölkerung hat sich mit dem Skisport und mit Toni Sailer identifiziert. Das Selbstwertgefühl der Österreicher ist gestiegen. Jetzt waren sie alle Gewinner. Jeder hat sich als kleiner Toni Sailer gefühlt.«

Toni Sailer ist der »Heimatmacher«. Der gelernte Spengler aus einer soliden Kitzbüheler Handwerksfamilie verkörpert den Aufstieg Österreichs aus den Trümmern der Nachkriegszeit. An seinen Erfolgen rankte sich das beginnende nationale Selbstbewusstsein der Österreicher empor. Im Jahr nach dem Abschluss des Staatsvertrages prägten seine Erfolge bei den Olympischen Spielen in Cortina die zweite Seite der Medaille. Freiheit stand auf der einen, Erfolg auf der anderen. Das jüngste Mitglied des Kitzbüheler »Skiwunderteams« – die anderen waren Christian Pravda, Ernst Hinterseer, Anderl Molterer und Hias Leitner – wedelte in Cortina zu drei Mal Gold. Die vierte »Goldene« in der Kombination zählte nur für die Skiweltmeisterschaft. Anton »Toni« Sailer hatte alles, was es zu einem Star braucht. Er hatte Erfolg, Charme und gutes Aussehen. Der dunkelhaarige Toni wurde von den Medien zum Helden stilisiert. »Der schwarze Blitz von Kitz«. Sporthelden gibt es viele, dafür sorgt die Vermarktungsindustrie. Aber zu wirklichen Legenden werden wenige. Toni Sailer ist eine Legende.

Unmittelbar nach seinen Siegen im italienischen Cortina erhielt der Kitzbüheler zehn Filmangebote. Er konnte dem Ruf der Bavaria Filmstudios nicht widerstehen. Damit schlug Toni Sailer die gut gemeinte Warnung von Bundespräsident Theodor Körner in den Wind. Körner hatte den strahlenden Olympioniken bei der Begrüßung und Belobigung vor zu großem Ruhm gewarnt. Toni Sailer versprach dem Staatsoberhaupt in der Hofburg brav, er werde allen Verlockungen widerstehen, weitertrainieren und in seinem gelernten Beruf als Spengler arbeiten. Eingefädelt.

Wenige Monate nach Cortina stand der »Tiroler Bua« schon vor der Filmkamera. Zwei Dutzend weitere Kinoproduktionen sollten folgen. Dennoch: Begnadeter Schauspieler wurde er keiner, Sänger auch nicht, obwohl der Skifahrer bei der Firma »Polydor« gut achtzehn Schallplatten besang und damit selbst im fernen Japan, wo er zum alpenländisch-exotischen Idol wurde, Hitparaden stürmte. Die Japaner verstanden die Texte seiner Lieder nicht, was als Entschuldigung gelten mag.

Toni Sailer hatte nach seinen überragenden Erfolgen von Cortina und den Ausflügen ins Filmgeschäft das Siegen nicht verlernt. Er wurde 1958 in Gastein dreifacher Weltmeister. Einzig in seiner schwächsten Disziplin, dem Slalom, musste er sich dem Teamkollegen Josl Rieder geschlagen geben. Seine Popularität hatte nach den Siegen jedes bisher bekannte Maß überstiegen. Sailer wurde zum ersten österreichischen Star der Nachkriegszeit und zur Projektionsfläche des neuen Glaubens an den Erfolg und die Lebensfähigkeit der Zweiten Republik. Er stand am Beginn des Wirtschaftswunders und personifizierte den Österreich-Patriotismus, nur elf Jahre nach dem Ende der Nazidiktatur. Er war die ideale Werbefigur für den österreichischen Wintertourismus. Mit ihm begann das Selbstverständnis vieler Österreicher als »Nation der Skifahrer«, auch wenn die meisten aus dem Flachland damals kaum über Stemmbogen hinauskamen.

Diese identitätsstiftende Wirkung des alpinen Sports ist bis heute ungebrochen. Karl Schranz, Franz Klammer und Hermann Maier stehen in direkter Nachfolge von Toni Sailer, ihre Siege und Niederlagen definieren das nationale Bewusstsein. Sie sind die Vorbilder der »Generation Österreich«. Bis heute hält Toni Sailer einen olympischen Rekord. Niemals zuvor und danach hat ein Skifahrer mit einem ähnlich großen Vorsprung gewonnen wie Toni Sailer den olympischen Riesentorlauf. Er distanzierte den Zweiten um 6,2 Sekunden, erstmals elektronisch gemessen.

Seine Karriere verlief eindrucksvoll und kurz. Weil Toni Sailer für das Leinwandopus »Der schwarze Blitz« über die Pulverhänge von St. Anton und Lech am Arlberg gewedelt war, entschied der Skiweltverband FIS, dass Toni die Amateurregeln verletzt habe, und drohte ihm mit einem Ausschluss von Weltmeisterschaften und Olympia. Sailer zog drei Jahre nach seinem Triumph in Cortina die Konsequenzen und erklärte mit 22 Jahren seinen Rücktritt vom aktiven Sport. Zwei Jahrzehnte später scheiterte der in St. Anton geborene Karl Schranz an eben diesen Amateurregeln und wurde in Sapporo aus der olympischen Familie ausgeschlossen.

Rudolf »Rudi« Sailer blieb skifahrerisch in der Spur seines großen Bruders, fuhr aber dessen Erfolgen hinterher. Ein guter siebenter Platz bei der Weltmeisterschaft im Jahr 1970 war sein bestes Resultat. Rudi Sailer löste das Versprechen seines Bruders an Theodor Körner ein. Er führte den elterlichen Spenglerbetrieb weiter und leitete die Kitzbüheler Skischule »Rote Teufel«.

»In Österreich zu leben ist immer herrlich.«

Senta Wengraf spielte an der Seite Romy Schneiders in zwei der drei Sissi-Filme und tröstete den späteren Weltstar über Liebeskummer hinweg.

Die Sonne scheint hell auf die Küste von Amalfi. Das Meer schimmert tatsächlich azurblau. Die auf den grünen Hängen verstreuten Häuser leuchten weiß. Palmen und bunte Blumen komplettieren das mediterrane Farbenspiel. Von unserem Drehort bietet sich ein kitschig schöner Ausblick, fast wie auf einer kolorierten Ansichtskarte. Doch heute hasse ich die Sonne. Sie scheint und scheint und verbrennt mir erbarmungslos die Haut. Die gestrigen Dreharbeiten haben mir einen üblen Sonnenbrand im Gesicht eingebracht. Er wurde unter einer dicken Schicht Schminke versteckt, doch das ändert nichts an meinen Schmerzen. Unter dem Make-up brennen meine Wagen wie Feuer. Hier am Set spielt das selbstverständlich keine Rolle. Nur eines zählt: Der Film muss möglichst perfekt und möglichst rasch in den Kasten, schließlich verursachen die Dreharbeiten hohe Kosten. Was zählt da schon der Sonnenbrand einer Schauspielerin? Ob es wohl etwas anderes wäre, wenn Romy Beschwerden hätte? Als Hauptdarstellerin und Star des ersten Sissi-Films ist sie natürlich etwas Besonderes. Seit »Mädchenjahre einer Kaiserin« erlebt die Neunzehnjährige einen kometenhaften Aufstieg, den Traum jeder jungen Schauspielerin.

Romy alias Sissi liegt malerisch hingegossen in einem mit weißer Seide bespannten Fauteuil. Sie ist laut Drehbuch sehr krank und weilt zur Genesung auf Korfu. Als Gräfin Bellegarde bin ich zur persönlichen Betreuung der Kaiserin abgestellt. Ich darf Majestät ein riesiges rot-weißes Blumengesteck überbringen. Die Kaiserin

muss immer wieder husten. Sie ist bleich und von der Krankheit ge-
zeichnet. Nur ein hellblauer Tüllschal verleiht Sissi ein wenig Farbe.
Apropos Farbe. Wenigstens etwas Positives hat die mediterrane
Sonne für mich: Endlich darf auch ich bei den Dreharbeiten hüb-
sche, duftige Kleider tragen. In Wien hat Regisseur Ernst Marischka
streng darauf geachtet, dass die Gräfin Bellegarde die Kaiserin im
Aussehen nicht übertrumpft. Sissi musste die Schönste sein. Ich
wurde absichtlich nicht so gut geschminkt und durfte nur graue
oder dunkle Kleider tragen. Die Kostümbildnerin und ich haben ge-
gen diese Ungerechtigkeit ein kleines Komplott geschmiedet. Sie
hat mir extra hübsche Kleider in Blau- und Rosatönen mitgegeben
und verschwörerisch gesagt:»Die ziehen Sie an. *Vor Ort kann es*
der Regisseur nicht mehr ändern, weil keine anderen Kostüme mit
sind.« *Und sie hat Recht behalten, die Gute. Ernst Marischka hat*
am ersten Tag uncharmant gegrantelt:»Wie schaut denn die aus?«
Vergeblich. So trage ich heute ein sommerliches, helles Kleid mit
kleinen Blümchen. Es steht mir gut, finde ich.

Senta Wengraf, die im ersten österreichischen Film nach 1945 mitgespielt hat, beschreibt die Dreharbeiten zu den Sissi-Filmen und
den Aufstieg ihrer jungen Kollegin Romy Schneider zum Weltruhm:

»*Sie war ein bildschönes Mädchen. Ganz reizend, zart und zierlich.*
Sie hatte ja eine ganz schmale Taille. Wie für den Film geboren,
noch dazu, wenn man die Kaiserin spielt. Sie hat ganz bezaubernd
ausgesehen, aber in Wirklichkeit war sie nicht so ein braves, sü-
ßes Mädchen. Sie hat gewusst, was sie wollte. Romy war von ihren
Eltern nicht beeinflussbar. Beim zweiten und dritten Film war sie
dann an den Einnahmen beteiligt und hat viel Geld verdient.
Romy Schneider war nicht unkompliziert. Sie war immer wieder
in einen anderen Schauspielkollegen verschossen. Dann brauchte
sie dringend jemanden, dem sie ihr Herz ausschütten konnte. Ihre
strenge Mutter, Magda Schneider, war dazu weniger geeignet, ob-
wohl Romy sie liebevoll ›Mamili‹ *nannte. Solche Themen bespricht*

*man lieber mit Freundinnen. So sind Romy und ich einander bei
den Dreharbeiten nahe gekommen. In stundenlangen Plaudereien
haben wir ihren Liebeskummer besprochen. Daraus ist eine Freundschaft entstanden, die auch noch hielt, als Romy längst in Paris zum
Weltstar geworden war. Der Erfolg der Sissi-Filme blieb auch für sie
unübertroffen. Eigentlich waren es ja Heimatfilme, aber die Leute
haben daraus Kultfilme gemacht. Es ist ja herrlich, dass sie einen
solchen Erfolg hatten, aber während wir gedreht haben, war uns das
nicht bewusst. Wir glaubten, das wäre ein Heimatfilm. Natürlich war
das auch ein bisschen eine Flucht vor dem Alltag.
Die Menschen liebten dieses Thema, Sissi und die Kaiserzeit im
Allgemeinen. Die Sissi-Filme haben das Bild der Österreicher von
der Monarchie geprägt. Es war das Schöne, das sie begeistert und
glücklich gemacht hat. Es waren Märchenfilme, die mit der Wirklichkeit nichts zu tun hatten.*«

Der erste der drei Sissi-Filme ist bis heute der meist gesehene österreichische Film. Etwa 25 Millionen haben die Geschichte der bayerischen Prinzessin, die zur Kaiserin von Österreich wird, im Kino
gesehen. Allein in Frankreich kauften sechseinhalb Millionen eine
Kinokarte. Noch immer zählt »Sissi« zu den hundert erfolgreichs-
ten Filmen in Frankreich.

Am 21. Dezember 1955 wurde »Sissi« im Wiener Apollo-Theater
uraufgeführt. Die deutsche Erstaufführung fand einen Tag später im Münchner Stachus-Theater statt. Keine sechs Wochen nach
Kinostart verzeichnete der Herzog-Filmverleih in 33 Städten Zu-
schauerrekorde, die alle Erwartungen übertrafen.

Der zweite Teil der Trilogie wurde von einer ähnlich großen Zu-
schauerzahl gesehen. Der Autor und Filmregisseur Ernst Marischka
hatte mit dem Stoff und der opulenten Verfilmung den Geist der
Zeit getroffen. Elf Jahre nach Ende des Zweiten Weltkriegs sehn-
ten sich die Menschen nach großem Kino, großen Gefühlen, opulenten Kostümen und prachtvoller Landschaft. Die Idee zum Film
hatten die Brüder Marischka schon in den Dreißigerjahren. 1931

kaufte Hubert Marischka die Rechte zum Theaterstück »Sissys Brautfahrt«. Mit seinem Bruder Ernst schrieb er das Stück zu einem Libretto für ein Singspiel um. Fritz Kreisler komponierte die Musik. Nach der Premiere im Theater an der Wien wurde die Operette mit großem Erfolg fast vier Jahre lang gespielt. Die spätere Schauspiellegende Paula Wessely schlüpfte in die Rolle der ersten »Sissy«, damals noch (historisch falsch) mit »Y«. Hedwig Kiesler übernahm von Wessely die Rolle der jungen Kaiserin. Als »Hedy Lamarr« feierte die junge Wienerin später in Hollywood Triumphe. Sie galt als schönste Frau der Welt. Noch vor dem Einmarsch der Deutschen im März 1938 kaufte die amerikanische Filmgesellschaft Columbia die Rechte an dem Stück. Die Filmfassung unter dem Titel »The King Steps Out« wurde von Josef Sternberg verfilmt und spielte die damals beträchtlichen Rechtekosten von 160.000 Dollar locker ein.

1955 wollte Ernst Marischka an den Erfolg des US-Films (und seiner Operette) anknüpfen. Die Amerikaner verweigerten aber den Rückkauf der Filmrechte. Daher erwarb Marischka die Filmrechte eines Romans von Marie Blank-Eismann, der 1933 in der Leipziger Wochenzeitung »Blütenregen« abgedruckt worden war. Er schrieb das Drehbuch kräftig um und machte aus »Sissy« mit »Y« eine »Sissi« mit »I«.

An der historischen Wahrheit war Marischkas Produktion nicht interessiert. Seine Kaiserin von Österreich war weit entfernt von der problembeladenen, tragischen historischen Figur. Die junge »Sissi« sollte eine Neuinterpretation des Cinderella-Märchens werden. »Sissi« als Projektionsfläche von Träumen, Wünschen und Sehnsüchten. Nach den entbehrungsreichen Kriegsjahren griff die Produktion ins Volle. Weder an den üppigen Kostümen noch den prachtvollen Kulissen wurde gespart. Marischka ließ an den schönsten Orten Österreichs drehen. Weil das heimatliche Schloss Possenhofen der echten Elisabeth nicht romantisch genug erschien, machte der Regisseur das Schloss Fuschl bei Salzburg zum Sissi-Schloss. Der Fuschlsee wurde zum Chiemsee. Die Verlobungsszene zwischen Kaiser Franz Joseph und der blutjungen bayerischen Prinzessin fand am Balkon der Kaiservilla in Bad Ischl statt und die pompöse Trauung verlegte Marischka von der eher schlichten Augustinerkirche in den prachtvollen Stephansdom. An Romys Seite wird Karlheinz Böhm als Kaiser Franz Joseph zum männlichen Star. Senta Wengraf verkörperte in »Sissi – Schicksalsjahre einer Kaiserin« die Rolle der Hofdame Gräfin Bellegarde und freundete sich mit der jungen Kollegin an.

Der Film führte sein Millionenpublikum an die pittoresken Orte Österreichs und zeichnete damit ein Bild, wie es die aufstrebende Tourismusindustrie nicht besser hätte vorgeben können. In den Heimatfilmen der Fünfzigerjahre wurde die sympathische österreichische »Eigenart« kultiviert. Es war eine Antithese zur Gedankenwelt der »Reichsdeutschen«, die die Österreicher während der Nazizeit erlebt hatten. Es ging den Filmemachern keineswegs um eine kritische Auseinandersetzung mit der Vergangenheit, Gegenwart oder Zukunft, sondern um die Ausbeutung von Klischees, die wieder mit Österreich verbunden werden durften. Freundliche, ein bisschen schrullige, aber immer liebenswerte Menschen vor der Kulisse landschaftlicher Idylle, das wurde dem meist städtischen Kinopublikum vorgespielt. Noch heute prägt der Sissi-Filmmythos die Geschichte und überlagert die historische Wahrheit. Wie kaum eine zweite Kinoproduktion spiegelten die drei Sissi-Filme die Suche nach einer eigenen, neuen Identität Österreichs wider. Die Anknüpfung an eine scheinbar heile Welt der Kaiserzeit ermöglichte das Ausblenden von Jahrzehnten.

Doch Marischkas Film wirkte nicht nur in Österreich und Deutschland. Anlässlich des zwanzigsten Todestags der Sissi-Darstellerin Romy Schneider wurden die Filme weltweit hundertfach im Fernsehen wiederholt. Selbst Nebendarsteller von damals (beziehungsweise ihre Erben) durften sich über einen unerwartet kräftigen Tantiemenregen freuen.

Rosemarie Magdalena Albach wurde am 23. September 1938 als Tochter des Schauspielerehepaares Magda Schneider und

Wolf Albach-Retty in Wien geboren. Schon mit fünfzehn Jahren stand »Romy Schneider« in dem Film »Wenn der weiße Flieder wieder blüht« das erste Mal gemeinsam mit ihrer Mutter Magda vor der Kamera. Mit ihrem dritten Film wurde das sechzehnjährige »Starlet« zum weltweit gefeierten Filmstar. Romy Schneider begriff rasch, dass der frühe Ruhm der »Sissi« sie für ein ganzes Schauspielerleben auf einen Frauentyp festzulegen drohte, den die junge Schauspielerin weder spielen noch leben wollte. Mit Mühe – und entsprechenden Gagenverlockungen – drehte Romy Schneider noch zwei weitere Sissi-Filme, ehe sie sich verweigerte und ins ernsthaftere Fach wechselte.

Das liebliche österreichische Mädel verliebte sich in den französischen Filmstar Alain Delon, stürzte sich Hals über Kopf in diese Affäre und zog nach Paris. Das Publikum in Österreich und Deutschland wollte seinem Idealbild den »Verrat« am Klischee nicht verzeihen. Romy Schneider drehte in Frankreich, spielte Theater in Paris und kehrte erst Jahre nach ihrer Trennung von Delon nach Berlin, nicht nach Wien, zurück. Sie war mittlerweile ein Weltstar. 1982 starb Romy Schneider nach zahlreichen Schicksalsschlägen, Krankheit und Flucht in die Abhängigkeit von Alkohol.

Senta Wengraf begann ihre Karriere zehn Jahre vor dem ersten Sissi-Film. Die amerikanische Besatzungsmacht ließ in den Sieveringer Studios wieder Filme drehen. Die junge Senta wurde am Schulweg von Franz Antel für den Film entdeckt und spielte 1946 in der ersten österreichischen Produktion nach dem Zweiten Weltkrieg. »Glaube an mich« war ein einfacher Unterhaltungsfilm, die Österreicher waren trotzdem – oder gerade deshalb – begeistert. Für ein breites Publikum wurde Senta Wengraf durch die von Otto Schenk inszenierte Fernsehserie »Die Familie Leitner« zum Familienmitglied. Die Grande Dame des österreichischen Films gehörte dreißig Jahre dem Ensemble des Theaters in der Josefstadt an.

Die Gründung der »Kronen Zeitung« 1959

»Der Name ›Kronen Zeitung‹ hat mir anfangs Schwierigkeiten gemacht.«

Der Journalist, Autor und Filmemacher Ernst Trost über die Neugründung der »Kronen Zeitung« in den späten Fünfzigerjahren und über sein Verhältnis zu Hans Dichand.

Es ist warm und laut im Erdgeschoß des Pressehauses am Fleischmarkt. Gespannt stehen wir mitten in der Nacht vor der Rotationsmaschine und warten auf die ersten Exemplare der wiedergeborenen »Kronen Zeitung« mit der Datumszeile 11. April 1959. Wir sind um Hans Dichand geschart, den Chef. Er hat die Titelrechte der 1944 eingestellten »Kronen Zeitung« erworben und sich nun seinen Traum erfüllt, der einstmals größten Zeitung Österreichs neues Leben einzuhauchen.

Ernst Trost erinnert sich an die Nacht, als die erste »Kronen Zeitung« nach dem Zweiten Weltkrieg gedruckt wurde:

»Damals gab es in der Druckerei noch eine Rotationsmaschine, und die hat schließlich die ersten Blätter ausgespuckt. Fritz Molden, der Besitzer der Druckerei am Fleischmarkt, offerierte Sekt, und wir haben angestoßen. Wir hatten vorher keine Gelegenheit, die Krone-Mannschaft zu erproben, es gab keine Nullnummer. Wir sind einfach ins kalte Wasser gesprungen. Die Schlagzeile lautete: ›Opernsängerin und lebensmüde Weiße Maus. Ein Pistolenschuss in der Roßauer Polizeikaserne.‹ Es ging um einen Verkehrspolizisten, der sich das Leben nehmen wollte, weil Opernstar Ljuba Welitsch die Beziehung zu ihm beenden wollte. Darunter schmückte ein Funkbild von der Prinzenhochzeit in Tokio die Titelseite. Ich war mit dem Aufmacher nicht besonders glücklich.

Dichand, Molden, die Journalisten, aber auch ein paar Setzer blätterten neugierig in der Zeitung. Sie war noch warm und roch nach frischer Druckerschwärze. Die ›Krone‹ war kleinformatig und kostete einen Schilling. ›Seit Generationen: Das Blatt für jeden‹ wurde auf Seite eins geworben.

Während die Druckmaschine langsam auf Touren kam, der Lärm anschwoll und die Vibrationen im Raum fühlbar wurden, unterhielt sich Dichand mit seinem leitenden Redakteur, Ludwig Derka. Mit einem ›Gruß an alte und neue Freunde‹ stellte sich die ›Kronen Zeitung‹ ihren Lesern vor. Ludwig Derka schrieb im ersten Editorial: ›Wir haben keinen Parteisekretär hinter dem Chefzimmer sitzen, der uns einen einseitigen Kurs diktieren könnte. Wir sind frei und unabhängig. Uns jener unserer Mitmenschen anzunehmen, die nicht auf der Sonnenseite des Schicksals stehen, betrachten wir als eine unserer schönsten Aufgaben.‹ Der letzte Satz formulierte ein Leitbild, das dem Herausgeber besonders am Herzen lag.

Von der ersten Nummer wurden schon 165.000 Exemplare gedruckt. Dichand wusste, wie man eine Zeitung ›in die Höh‹ bringt, wie man sie auf dem Markt etabliert und die Auflage steigert. Nach seiner Zeit bei der ›Kleinen Zeitung‹ wurde er 1954 Chefredakteur beim ›Kurier‹, dann Chef bei der ›Krone‹.

Dichand hat mir den Wechsel von Graz nach Wien leicht gemacht. Ich bin ihm gerne zum ›Kurier‹ gefolgt. Das Blatt war damals ziemlich in Bedrängnis, denn am Samstag gab es noch den amerikanischen ›Wiener Kurier‹. Es hieß, wenn wir eine Verkaufsauflage von 63.000 Stück erreichen könnten, dann bekämen wir eine Gehaltserhöhung von tausend Schilling. Das war damals ziemlich viel Geld. Im Februar 1956 haben wir dieses Ziel dank Heribert Meisels Fußballerfolgen und der drei Goldmedaillen von Toni Sailer bei den Olympischen Spielen in Cortina erreicht. Aber Erfolg garantiert im Journalismus gar nichts. Zwischen dem Kurier-Herausgeber Ludwig Polsterer und Hans Dichand hat die Chemie nie wirklich gestimmt – bis zum großen Krach. Der Mühlenbesitzer hat Dichand praktisch über Nacht rausgeschmissen. Eigentlich wäre es logisch gewesen, dass auch

Hugo Portisch mit Dichand und seinen Vertrauten die Zeitung hätte verlassen müssen. Schließlich hat Dichand Hugo Portisch aus New York zum ›Kurier‹ geholt. ›Eine Zeitung braucht einen Star, und ich weiß, wer das ist. Den Portisch mach ich zum Star‹, hat er gesagt. Er schickte seinem Freund ein Telegramm: ›Hugo, ich brauche dich. Schon die Türken fanden, dass es sich auszahlt, von weit her zu kommen, um Wien zu erobern.‹ Portisch begleitete zu dieser Zeit Bundeskanzler Julius Raab bei einem Staatsbesuch in den USA. Das Telegramm erreichte ihn im New Yorker Luxushotel Waldorf-Astoria. Nachdem es auch Raab gelesen hatte, sagte er zu Portisch, der als Mitarbeiter des österreichischen Informationsdienstes zur Begleitung des Kanzlers abgestellt war: ›Das müssen S' machen.‹ So kabelte Portisch postwendend an Dichand: ›Bin Türke, komme!‹ Der Außenpolitiker wurde stellvertretender Chefredakteur und als Sonderberichterstatter zum Aushängeschild des ›Neuen Kuriers‹. Nach Dichands Abgang ist Portisch zwar geblieben, aber nur unter der Bedingung, dass alle, die gehen wollten, die volle Abfertigung bekamen. Wir waren dann acht Leute, die weggingen. Wir haben damals eine Mittagszeitung gemacht und mussten daher spätestens um drei Viertel sechs in der Früh in der Redaktion sein. Jahrelang war ich pünktlich, aber am Tag, nachdem ich gekündigt hatte, habe ich zum ersten Mal verschlafen. Das Pressehaus am Fleischmarkt war Wiens erste Adresse für Zeitungen. Hier wurden auch die ›Presse‹ und die ›Wochenpresse‹ gedruckt. Für die ›Kronen Zeitung‹ hatte unser Druckereibesitzer Fritz Molden nur noch Redaktionsräume im Dachgeschoß frei – es war alles andere als luxuriös. Dort, wo der Aufzug endete, musste man noch einen Stock höher klettern, um zur ›Krone‹ zu gelangen. Über ein schäbiges Vorzimmer kam man in Dichands Reich: Es war wohl das kleinste Zimmer im ganzen Haus. Eine Wendeltreppe führte zu den restlichen Redaktionsräumlichkeiten. Alles in allem glich das Dachgeschoß eher einem Notquartier als einer Zeitungsredaktion. Eng, überfüllt und ein bisschen chaotisch. Dennoch oder gerade deshalb hat dieser kleine Haufen, der wir bei der ›Krone‹ waren, *eine totale Gemeinschaft gebildet. Wir waren wie eine große Familie und haben Tag und Nacht miteinander verbracht. Man hat ständig diskutiert. Bei uns war aber auch immer viel Zufall dabei: Wie viel, das kann sich keiner vorstellen, der ›normale‹ Zeitungen kennt. Nur der Zeitungsname machte mir anfangs Schwierigkeiten. ›Ich komme von der Kronen Zeitung‹, das ging mir immer schwer von den Lippen. Der Name kam mir so antiquiert vor. Aber der Titel, den Dichand mit seiner Abfertigung gekauft hatte, war ein Vehikel, um eine moderne Volkszeitung zu machen.«*

Die Gründung der »Kronen Zeitung« war ein Luftgeschäft. Hans Dichand und sein Partner Kurt Falk hatten die Titelrechte dieses Massenblattes der Monarchie und Zwischenkriegszeit vergleichsweise billig um 170.000 Schilling gekauft. Das Kleinformat hatte an Sonntagen mehr als 300.000 Leser. Die Neugründung der von den Nationalsozialisten erst sehr spät eingestellten »Kronen Zeitung« war Dichands Ziel. In Wien hatte die Neuordnung der Zeitungslandschaft vor dem Abzug der ausländischen Soldaten begonnen. Rot und Schwarz versuchten das Meinungsvakuum nach dem Abschied der Alliierten zu füllen. Es ging um politische Macht, Einfluss und Geld. Die Amerikaner wollten ihren »Wiener Kurier« weiter als antikommunistisches Blatt erhalten, suchten neue Eigentümer und fanden mit dem schwerreichen Mühlenbesitzer Ludwig Polsterer einen Geldgeber. Polsterer hatte keine Ahnung von Zeitungen, er hatte aber von einem erfolgreichen Journalisten in Graz gehört. Der Unternehmer engagierte Hans Dichand als ersten Chefredakteur des »Kurier«. Dichand nahm seine Freunde Hugo Portisch und Ernst Trost ins Wiener Verlagsgebäude mit. Ab dem Oktober 1954 erschien der »Neue Kurier« und war auf Anhieb erfolgreich. Dichand hatte das Ohr am Volk. Er reduzierte die Berichterstattung über Kriegsverbrecherprozesse und schrieb verständnisvoll über ehemalige Parteigenossen und Mitläufer. Sein Kurs war umstritten, doch Dichand setzte ihn durch. Mit dem selbstbewussten Chefredakteur kam der chronisch kranke

Zeitungseigentümer Ludwig Polsterer nicht zurecht. Dem Streit folgte die Trennung und der Exodus eines Teils der Redaktion. Hugo Portisch blieb beim »Kurier« und wurde Chefredakteur.

Hans Dichand investierte seine gesamte Abfertigung von 90.000 Schilling in seinen Zeitungstraum. Er hatte erfahren, dass der alte Titel »Kronen Zeitung« zu kaufen sei. Die Namensrechte gehörten dem Schwiegersohn des einstigen Eigentümers. Hofrat Franz Geyer lebte im entlegenen Ybbstal. Noch im Dienstwagen des »Kurier« machten sich Dichand und sein Freund Friedrich Dragon auf den Weg. Es war spät, schon dunkel, es schüttete in Strömen. Als die beiden bei Franz Geyer anläuteten, war der Hofrat grantig. Er wollte zuerst nicht verkaufen, dann verlangte er eine Fantasiesumme. Schließlich gab er sich doch mit 170.000 Schilling zufrieden. Dichand unterschrieb noch am Abend einen Vorvertrag, die beträchtliche Differenz zum Kaufpreis musste Kurt Falk auftreiben. Der Waschmittelverkäufer war Dichand von ÖGB-Präsident Franz Olah als Kaufmann empfohlen worden. Ein Name allein machte freilich noch keine Zeitung. Dafür waren auch schon 1959 Millionen erforderlich. Ohne einen Groschen Eigenkapital bekamen Dichand und Falk einen Kredit über zwölf Millionen Schilling als Startkapital für ihre Zeitungsgründung. Die »rote« Wiener Zentralsparkasse zahlte den Kredit ohne Sicherheiten aus. Die Regie dabei führte der sozialistische Gewerkschaftsbund-Präsident Franz Olah. Er verpfändete Sparbücher der Gewerkschaft, die freilich nie in den Besitz der Zentralsparkasse übergingen und über die der Politiker gar nicht hätte verfügen dürfen.

Franz Olah war einer der mächtigsten Männer der Republik. Mit seinen Bauarbeitern hatte der antikommunistisch gesinnte Gewerkschafter, der Jahre im KZ gefangen gehalten worden war, den kommunistischen Generalstreik des Jahres 1950 gebrochen und Österreichs Freiheit gesichert. Er wollte sich mit der Starthilfe für die »Kronen Zeitung« eine freundlichere Berichterstattung in einem Massenblatt kaufen. Olah wurde Jahre später für Teile der SPÖ zu mächtig, zu gefährlich. Nachdem der Gewerkschafter einen brutalen Machtkampf verloren hatte, wurde seine »Bürgschaft« für die »Krone« zum Kriminalfall. In mehreren Prozessen musste Dichand gegen die Behauptung kämpfen, die »Kronen Zeitung« gehöre nicht ihm und seinem Partner Kurt Falk, sondern eigentlich dem Gewerkschaftsbund. Der Konflikt eskalierte zum »Krieg um die Krone«. Am 14. Oktober 1965 kam es zu einer Hausdurchsuchung im neuen Pressehaus in der Döblinger Muthgasse. Der ÖGB erwirkte eine einstweilige Verfügung gegen Dichand und Falk. Das Unternehmen wurde unter Kuratel eines Gerichtsverwalters gestellt. Hans Dichand kämpfte um sein Lebenswerk. Nach drei Tagen war die versuchte Kaperung des Massenblattes durch Kräfte innerhalb der SPÖ um den damaligen Justizminister Christian Broda vorbei. Redakteure der Zeitung warfen Hunderte Exemplare aus den oberen Stockwerken des Pressehauses. Es war eine andere Art von »Konfettiparade« für Hans Dichand, der im Triumph wieder in die »Kronen Zeitung« zurückkehrte.

Der Krieg um die Krone wurde zum Debakel für die SPÖ. Sie verlor – auch wegen dieser Affäre – die Nationalratswahl 1966. Franz Olah wurde Jahre später in einer anderen Causa wegen Veruntreuung von Gewerkschaftsgeldern angeklagt und zu einem Jahr »schweren Kerker« verurteilt. Der einst mächtige Gewerkschafter musste einige Monate seiner Strafe absitzen. Die »Krone« wurde zum bestimmenden Blatt der Republik.

Wiener Gipfel 1961

»Die Kennedys kommen wieder zu spät.«

Die Tochter von Bundespräsident Adolf Schärf, Martha Kyrle, erinnert sich an das Gipfeltreffen von Nikita Chruschtschow und John F. Kennedy im Juli 1961 in Wien.

Die Kennedys kommen wieder zu spät. Der Galaempfang zu Ehren der beiden mächtigsten Politiker der Welt, John F. Kennedy und Nikita Chruschtschow, hat vor rund zehn Minuten begonnen. In der Großen Galerie, dem Herzstück des Schlosses Schönbrunn, drängen sich viele Gäste, doch JFK und seine kapriziöse Gattin sind noch nicht darunter. Bestimmt liegt es wieder an Jackie, dass die Amerikaner den vorgesehenen Zeitplan nicht einhalten. Vielleicht hat die First Lady in letzter Minute ein anderes Kleid gewählt, oder sie war mit ihrer Frisur nicht einverstanden. Dann muss sich der ganze Tross in Geduld üben, bis ihre Toilette perfekt ist. Auch mein Vater hat als österreichischer Bundespräsident und Gastgeber dieses Gipfeltreffens bereits mit dem amerikanischen Zeitmanagement Bekanntschaft gemacht. Heute Vormittag musste er am Flughafen in Schwechat einige Zeit im Regen auf die Ankunft des amerikanischen Präsidenten warten. Der angebliche Grund für die Verspätung war, dass beim Abflug in Paris die Flughafenarbeiter einen der vierzig Koffer von Frau Kennedy nicht finden konnten. »Es steht nicht schlecht um eine Welt, in der die Politiker warten, weil eine schöne Frau ihren Koffer vergessen hat«, so hat mein Vater den Vorfall kommentiert.

Mein Vater plaudert gerade angeregt mit den Chruschtschows, nickt und lächelt freundlich, aber ich spüre seine Verärgerung. Ein Staatschef lässt einen anderen nicht warten. Der Führer der westlichen Welt erweist dem wichtigsten Mann des Ostblocks nicht den gehörigen Respekt. In angespannten Zeiten wie im Sommer 1961 kann das leicht zu folgenschweren Verstimmungen führen. Nichts anmerken lassen ist die Devise. Ich gehe auf Nina Chruschtschowa zu und lächle sie an. Die sowjetische Landesmutter wirkt seltsam deplatziert in diesem prächtigen Saal. Während alle anderen anwesenden Damen möglichst chic gekleidet und eindrucksvoll geschmückt sind, trägt die wichtigste Frau der mächtigen Sowjetunion ein hausbackenes, dunkles Nachmittagskleid. Es unterstreicht ihre plumpe Erscheinung mehr, als sie zu kaschieren. Ihre Frisur, ihr ganzer Habitus ist mehr bäuerlich denn damenhaft. Doch sie verfügt über einen mütterlichen Charme und ein warmes Lächeln. Nein, ich kann nicht sagen, dass mir Nina Chruschtschowa unsympathisch wäre. Jetzt dreht sie sich zu mir und nickt mir zu. »Dieser Saal ist wirklich beeindruckend«, eröffnet Frau Chruschtschowa die Konversation. Zum Glück spricht sie Englisch. Ich erkläre ihr, dass die drei Deckengemälde Werke des italienischen Malers Gregorio Guglielmi sind, irgendetwas muss ich in einer so peinlichen Situation ja sagen. Plötzlich geht ein Geraune durch den Saal. Kurz darauf betreten Jackie Kennedy und JFK den prachtvollen Saal. Die First Lady sieht einfach umwerfend aus. Sie trägt ein bodenlanges, ärmelloses Abendkleid, das ihre anmutige Erscheinung perfekt unterstreicht. Der schimmernde, zarte Rosè-Ton bringt ihre dunklen Haare gut zur Geltung. Sie lächelt, und jeder Anflug von Ärger über die ungehörige Verspätung ist vergessen, auch bei meinem Vater. Ich sehe es am Blitzen in seinen Augen. Von Jackie geht ein ganz besonderer Reiz aus, und sie setzt ihn gekonnt ein. Momentan ist der Gegenspieler ihres Mannes das Ziel ihrer Charmeoffensive. Chruschtschow lacht, sein ganzer massiger Körper bebt. Zum zweiten Mal fällt mir auf, wie klein das sowjetische Staatsoberhaupt ist. John F. Kennedy überragt ihn um gut eineinhalb Köpfe. Seit ich Vater nach Russland zum Staatsbesuch begleitet habe, ist mir Nikita Chruschtschow als warmherziger Mensch in Erinnerung, nicht als polternder Politiker.

Optisch ist kaum ein größerer Gegensatz zwischen zwei Männern vorstellbar. Hier der jugendliche Held der sogenannten freien Welt, *dort der bullige Anführer des Ostblocks. Kennedy wirkt wie frisch vom College, jugendlich und voller Elan. Chruschtschow lässt mich an einen russischen Bauern denken, stiernackig und behäbig. Doch ich weiß genau, dass dieser Mann und seine Macht keinesfalls unterschätzt werden dürfen. Er ist für sein Durchsetzungsvermögen bekannt und für seine cholerischen Ausbrüche. Angeblich soll eine Ader an seiner linken Schläfe ein Gradmesser für die Gemütsverfassung des Sowjetchefs sein. Ist er gereizt, schwillt sie an. Vater und ich müssen als Gastgeber selbstverständlich völlig neutral wirken. Beide Staatsoberhäupter wurden nach exakt dem gleichen Zeremoniell empfangen.*

Die amerikanische First Mum ist noch nicht erschienen. Ob der Siebzigjährigen die Europareise langsam zu anstrengend wird? Gerade als ich beginne, über den Gesundheitszustand der alten Dame nachzudenken, betritt sie den Raum. »*Ich komme doch nicht etwa zu spät?*«*, fragt die Präsidenten-Mutter unbefangen. Zumindest in puncto Zeitmanagement passen Schwiegertochter und Schwiegermutter wunderbar zusammen. Altkanzler Raab hat eine ebenso passende wie taktlose Bemerkung über die Präsidenten-Mutter parat:* »*Ein Brillanten-Christbaum.*« *Gott sei dank ist er außer Hörweite der amerikanischen Gäste. Wie mir Vater schmunzelnd erzählt hat, kann die alte Dame den Stolz auf ihren berühmten Sohn und seine schöne Frau nicht für sich behalten.* »*Look at him, isn't he a nice boy?*«*, sagt sie immer wieder. Wenig später beginnt das Staatsdiner.*

Auch nach über fünfzig Jahren ist Martha Kyrle das festliche Diner noch in Erinnerung:

»*250 geladene Gäste sollten an diesem Abend den besten Eindruck von österreichischer Lebensart bekommen. Der schier endlos lange Tisch war mit dem sogenannten Goldadler-Service gedeckt, von dem schon Kaiser Franz Josef mit seinen Gästen gespeist hat. Die Tafel zog sich durch den rund vierzig Meter langen Raum, die hohen Fenster gaben den Ausblick in den Schlossgarten frei. Die gegenüberliegenden Kristallspiegel vergrößerten den ohnehin prächtigen Saal optisch noch einmal. Die weißen Wände waren mit vergoldetem Stuck verziert. Mehr als sechzig Wandleuchter und zwei schwere Lüster spendeten ursprünglich mit Kerzen Licht. Die österreichische Regierung wollte die ausländischen Politiker mit dem aufpolierten Glanz der Monarchie beeindrucken. Nach ›Frühlingssuppe‹, Spargelspitzen, Törtchen und ›Zander im Weingelee‹ sollten die Hauptgänge dem Anlass entsprechend eine Kombination aus westlichen und östlichen Speisen darstellen. Auch in puncto Kochkunst wollte sich Österreich neutral geben. Sowohl das ›westliche‹ Beefsteak als auch die ›östlichen‹ gefüllten Paprika waren eine Zumutung. Das Fleisch war zäh und geschmacksneutral, die Paprika waren schon beim Anrichten so kalt, dass das Fett stockte. Nach dem kulinarisch schlichten Festessen sollte ein künstlerisches Programm mit Wiener Note die Gäste in Stimmung versetzen. Wiener Philharmoniker spielten Mozart, der Tenor Waldemar Kmentt sang ›Eine Nacht in Venedig‹ von Johann Strauß, und die Sopranistin Hilde Güden intonierte ›Wien, Wien nur du allein‹. Das Staatsopernballett tanzte den Walzer ›An der schönen blauen Donau‹. Gemeinsam mit meinem Vater saß ich bei der Ballettvorführung in der ersten Reihe und beobachtete, dass besonders Chruschtschow von den jungen Tänzerinnen sehr angetan war. Auch an seiner Sitznachbarin Jackie fand er augenscheinlich Gefallen. Er überschüttete sie mit deftigen Anekdoten und die Frau des amerikanischen Präsidenten lachte höflich dazu. Es war kaum vorstellbar, dass sich die Welt mitten in einem kalten Krieg befand.«*

Wer damals wirklich für die kalten Paprika verantwortlich war, ist ein gutes halbes Jahrhundert nach dem Fest schwer zu recherchieren. In ihrer Firmenchronik wetteifern die Edelgreißlerei »Zum Schwarzen Kameel« und die Traditionskonditorei »Gerstner« um die zweifelhafte Ehre. Monika Sommer schreibt in ihrem Beitrag für das Buch »Der Wiener Gipfel 1961« hingegen, die »Traditionsfirma

Demel« habe fürs Diner aufgekocht. Viele Köche verderben offenbar tatsächlich den Brei.

In den später veröffentlichten diplomatischen Protokollen dieses Gipfels wurde die engagierte Gastgeberrolle Österreichs trotzdem gewürdigt. Doch es ging um mehr, als Eindruck auf dem internationalen Parkett zu machen. Die Republik Österreich zeigte ihr neues Selbstverständnis. Sechzehn Jahre nach Ende des letzten schrecklichen Krieges, sechs Jahre nach dem Staatsvertrag war Österreich ein moderner, unabhängiger Staat. Die Republik fühlte sich bereit, internationale Aufgaben wahrzunehmen. Die Vermittlerrolle zwischen Ost und West, Wien als Ort internationaler Begegnungen, das war eine neue Funktion für das klein gewordene, politisch weitgehend unbedeutende Österreich, mit dessen »Neutralität« das westliche Bündnis wenig anfangen konnte. Das erste Gipfeltreffen zwischen dem sowjetischen Staats- und Parteichef Nikita Chruschtschow und dem jungen amerikanischen Präsidenten John Fitzgerald Kennedy brachte Wien für wenige Tage wieder ins Rampenlicht der Weltöffentlichkeit. Angesichts der nuklearen Konfrontation zwischen den USA und der Sowjetunion, wollten die beiden mächtigsten Männer der Welt über den Frieden reden und eine atomare Katastrophe vermeiden. So verschieden die beiden Hauptcharaktere waren, so unterschiedlich reisten sie auch. Kennedy kam mit der »Air Force One« bei strömendem Regen am Flughafen Wien Schwechat an. Zu Kennedys Entourage gehörten seine Ehefrau Jackie, seine Schwester Eunice und seine stolze Mutter Rose.

Die heimischen Boulevardmedien verstiegen sich zu proamerikanischer Poesie. Das Präsidentenflugzeug wurde so zum »schlanken Silberfisch« oder gar in der sozialistischen »Arbeiter-Zeitung« zum »Häuptlingsflugzeug in voller Kriegsbemalung«.

Kennedys russischer Widerpart schwebte nicht auf den Wolken euphorischer Berichterstattung nach Wien, er fuhr mit Ehefrau Nina und seiner Schwiegertochter Galina im Salonzug am gerade wiederhergestellten Südostbahnhof auf Gleis 3 ein. Die heimischen Kommunisten hatten den Kremlführer gebeten, erst nach Feierabend an einem Freitag in Wien einzutreffen, damit die Arbeiter den Generalsekretär der KPdSU gebührend bejubeln könnten. Das taten sie dann auch, allerdings in überschaubarer Zahl. Die österreichischen Kommunisten waren schon 1961 eine Splitterpartei. Der Russe hatte das Image des polternden, bauernschlauen Kommunistenführers mit rauen Manieren, der Amerikaner gab das Bild eines strahlenden »Sunnyboys«. Kennedy war erst wenige Monate im Amt, galt aber weltweit als Darling der Medien. Der katholische Präsident definierte die Rolle eines amerikanischen Staatsoberhaupts neu. Ein Kämpfer für die Freiheit, ein »moderner Politiker«. Wie weit Schein und Sein auseinanderklafften, wusste die Weltöffentlichkeit damals nicht.

Die Wiener wussten genau, wo ihre Sympathien lagen. »Give him hell, Jack!«, »Hilf Berlin!« und »Hallo, Kennedy!« war auf Spruchbändern zu lesen. Tausende Wiener säumten trotz Regens bei der Ankunft der Amerikaner die Straßen. Die heimische Politik demonstrierte peinlich genaue Äquidistanz, die heimische Bevölkerung hingegen bereitete dem amerikanischen Präsidenten einen begeisterten Empfang. Die Wiener Tageszeitung »Kurier«, eine Gründung der amerikanischen Besatzungsmacht, schrieb: »Kennedy ist uns willkommen, Chruschtschow muss uns willkommen sein.« Der kleine Unterschied, auf den Punkt gebracht. Mehr noch als dem Präsidenten jubelten die Wiener seiner Frau Jackie zu. Sie spielte als erste Politikergattin die Rolle eines Hollywoodstars. Jackie schrieb Modegeschichte, wurde das Vorbild von Millionen Frauen, die ihre Eleganz und ihren Stil bewunderten und kopierten.

Am Sonntagvormittag wurden die politischen Gespräche zwischen Kennedy und Chruschtschow ausgesetzt. Beide Staatsmänner absolvierten getrennte Programme, sorgfältig geplant und auf die Wirkung auf die Weltöffentlichkeit zielend. Kennedy bewies mehr Instinkt. Vor dem Wiener Stephansdom drängten sich die Fotografen, Kamerateams von Wochenschau und dem jungen Medium Fernsehen, um Kennedy und seine Frau beim Kirchgang zu beobachten. Der Wiener Gipfel stellte zugleich ein gewaltiges Medienspektakel dar, dessen Bilder um die ganze Welt gingen. Alle großen Agenturen hatten eigene Pressebüros in Wien eingerichtet, die führenden Rundfunkstationen waren vor Ort, mehr als 1.300 internationale Journalisten waren akkreditiert. Wiens Kardinal Franz König hatte der Sonntagsmesse weltpolitische Bedeutung gegeben. In einem Aufruf an alle Gläubigen bat er die Menschen zum »Gebet für den Frieden«. Die katholische Kirche setzte dabei vor allem auf den jugendlichen US-Präsidenten, der trotz seiner militärischen Abenteuer, etwa beim Versuch, eine Invasion Kubas mit Hilfe des Geheimdienstes CIA zu organisieren, als Friedensbringer bejubelt wurde. Im Stephansdom sangen die Wiener Sängerknaben - auch sie im Dienst der Klischeepflege - und der Wiener Erzbischof zelebrierte das Hochamt. Kennedys Widerpart Nikita Chruschtschow hatte sich für ein weniger mediengerechtes Programm entschieden. Er legte einen Kranz mit roten Rosen vor dem sogenannten »Russendenkmal« auf dem Schwarzenbergplatz nieder und erinnerte so an die Opfer der Roten Armee bei der Befreiung Wiens von der NS-Herrschaft.

Während ihre Ehemänner über den Weltfrieden, das Wettrüsten und den zu vermeidenden Dritten Weltkrieg verhandelten, wurden die beiden so unterschiedlichen »First Ladys« getrennt unterhalten. Auch beim Damenprogramm setzte die Präsidentschaftskanzlei ganz auf Tradition. Eine Paul-Cézanne-Ausstellung im Schloss Belvedere, eine Rundfahrt durch den Wiener Wald und eine »gemütliche Wiener Jause« mit Modevorführung standen für Nina Chruschtschowa auf dem Programm. Jacqueline Kennedy unternahm eine Stadtrundfahrt und besichtigte die Augarten-Porzellan-Manufaktur. Beim »Gipfeltreffen der Damen« am nächsten Tag im Palais Pallavicini jubelte die Menge den beiden Fist Ladys zu. Unterdessen trafen sich die Männer zu einem zweiten Gespräch. Danach war die Stimmung eindeutig frostiger als zu Beginn. Bezeichnenderweise gaben beide Politiker dem Drängen der Fotografen, sich zum Abschied die Hände zu schütteln, nicht nach.

Auch laute Zurufe konnten die Mächtigen nicht zur symbolischen Geste bewegen. Mit düsterer Miene brach US-Präsident Kennedy nach London auf, um seine Verbündeten, Premierminister Harold Macmillan und Außenminister Alec Douglas-Home, zu informieren. Auch das war ein symbolischer Akt. Denn mit dem Kennedy/Chruschtschow-Treffen wurden die neuen Machtverhältnisse im Kalten Krieg deutlich. Die Kriegskoalition der vier Alliierten war beendet. Die bipolare Welt hatte begonnen. Der Wiener Gipfel war sichtbarer Ausdruck der neuen Weltordnung. Die Verhandlungen mit Chruschtschow hatten dem auch gesundheitlich angeschlagenen Präsidenten zugesetzt. Er war vom Verhalten des Russen entsetzt. Dieser war hingegen mit seiner harten Position weitgehend zufrieden. Am Weg nach London nannte der US-Präsident sein Gegenüber Chruschtschow einen »Bastard«. Kennedy hätten die Gespräche mit Chruschtschow an seinen Vater erinnert: »Man muss immer nur einstecken, darf aber nie austeilen.«

Nikita Chruschtschow kehrte in den Kreml zurück. Er musste keine Verbündeten informieren. Die Sowjetunion machte in Wien keinerlei Zugeständnisse, es gab keine Anzeichen für ein Einlenken in der sowjetischen Deutschland- und Berlin-Politik. Auf Chruschtschows wiederholte Drohung, er werde den Friedensvertrag mit der DDR auf jeden Fall im Dezember 1961 unterzeichnen und damit die Teilung Deutschlands zementieren, beendete Kennedy das Gespräch mit den kryptischen Worten: »It will be a cold winter.«

Knapp zwei Monate nach den Wiener Gesprächen, am 13. August 1961, wurde mit dem Bau der Berliner Mauer begonnen. Kennedy und Chruschtschow trafen nie mehr persönlich aufeinander.

Die Ärztin Martha Kyrle hat nach dem Tod ihrer Mutter in den Jahren 1957 bis 1965 an der Seite ihres Vaters, des Bundespräsidenten Adolf Schärf, die Aufgaben der österreichischen First Lady wahrgenommen.

»Die Gemeinheit liegt ja in der Freundlichkeit.«

Thaddäus Podgorski, enger Freund von Helmut Qualtinger, später Journalist, ORF-Generaldirektor und Schauspieler, erzählt über den Abend des 15. November 1961, an dem im Fernsehen »Der Herr Karl« ausgestrahlt wurde.

»Mir brauchen Se gar nix d'erzählen, weil i kenn das«, sagt der fette Magazineur im Arbeitsmantel. Er trägt einen verbeulten Hut über Hitlerbärtchen und Doppelkinn und setzt gerade zu einem fünfzigminütigen Monolog an. Obwohl der Mann abstoßend wirkt, höre ich ihm aufmerksam zu. Es ist Helmut Qualtinger, mein Freund. Er hat heute Abend seinen großen Auftritt. Es läuft die Fernsehpremiere des Stückes »Der Herr Karl« unter der Regie von Erich Neuberg. Ich sitze im Wohnzimmer meiner Gemeindewohnung in der Sieveringer Daringergasse und schaue mir die Sendung an. Als leitender Redakteur der »Zeit im Bild« habe ich einen eigenen Dienstfernseher, das ist ein Privileg, denn 1961 sind Fernsehgeräte noch immer Luxus.

Ich habe die Entstehung des Stückes miterlebt. Viele Sätze, die Helmut »Quasi« Qualtinger sprechen wird, habe ich schon in unserem Stammlokal, dem »Gutruf« gehört. Hannes Hoffmann, der Besitzer des »Gutruf«, einer besseren Greißlerei in der Innenstadt zwischen Tuchlauben und Petersplatz, ist das Vorbild für die Kunstfigur, gleichsam der echte »Herr Karl«. »Quasi« und ich sehen ihn fast täglich. »Bei mir war immer das Herz dabei. Immer a bisserl das Herz dabei«, sagt der »Herr Karl« gerade im Fernsehen und meint damit seine Frauengeschichten. Er würde treuherzig wirken, wäre da nicht eine gewisse Verschlagenheit in seinem Blick. Qualtinger spielt großartig. Der feiste Mann am Bildschirm erzählt

die furchtbarsten Sauereien und stellt sie so dar, als hätte er nur menschlich gehandelt. »Da war a Jud im Gemeindebau, a gewisser Tennenbaum. Sonst a netter Mensch. Da ham's so Sachen gegen de Nazi g'schrieben auf des Trottoir ... und der Tennenbaum hat des aufwischen müssen. Net er allan, de anderen Juden eh aa ... i hab ihm hingführt, dass er es aufwischt. Der Hausmeister hat gelacht, er war immer bei ana Hetz dabei.«

Die Gemeinheit liegt ja in der Freundlichkeit, und das spielt Qualtinger sehr gut, das ist das Österreichische, das Wienerische. Der »Herr Karl« hat seinen »Arbeitstag« im Fernsehen beendet. Obwohl ich den Monolog auszugsweise schon gekannt habe, hat mich die Leistung meines Freundes tief berührt. Ich möchte »Quasi« gratulieren, ihm sagen, dass »Der Herr Karl« die Republik erschüttern wird. Der »Herr Karl« unterzieht sein Leben keinerlei Kritik. Die Österreicher haben das ja auch nicht getan, oder wahrscheinlich tut's keiner gern. Aber auf jeden Fall wird ihnen plötzlich ein Spiegel vorgehalten und es ist erschreckend, was sie da sehen. Nach der Fernsehübertragung gehe ich zu seiner Wohnung und läute, doch Helmut öffnet nicht. Auf eine Visitenkarte schreibe ich: »Quasi: Du warst großartig!« und schiebe sie unter der Tür durch.

Thaddäus Podgorski erinnert sich an seine Verwunderung darüber, dass eine Produktion wie »Der Herr Karl« 1961 im Österreichischen Fernsehen gesendet werden konnte:

»Fernsehdirektor Gerhard Freund hat Mut bewiesen, dafür gehört ihm ein Denkmal gesetzt. Er hat sich getraut, das zu machen. Dazu muss ich sagen, dass das Fernsehen damals bei den Politikern keine Rolle gespielt hat. Für die meisten war das eine Spielerei, vor allem die ÖVP hat gesagt, da wird nichts draus. Das Fernsehen hat am Beginn nicht sehr viele Zuschauer gehabt, und daher haben die Schwarzen den Roten dort das Feld überlassen. Das Stück ›Der Herr Karl‹ war ein Meilenstein. Sechzehn Jahre nach dem Ende des Krieges döste die Republik vor sich hin, durch den Proporz zwischen Rot und Schwarz in einen künstlichen Tiefschlaf versetzt. Und dann kam dieses Stück im Fernsehen zur besten Sendezeit. Fernsehdirektor Gerhard Freund hat den Wirbel erstaunlicherweise überlebt. Helmut Zilk hat er Jahre später nicht überlebt. Die Sozialisten, die nach 1945 plötzlich eine Daseinsberechtigung hatten, waren ängstlich. Die anderen haben sich wieder vor den Sozialisten gefürchtet. Die Menschen haben sich aus Angst zusammengeschlossen. Aus dieser großen Koalition ist der Proporz entstanden. Alles wurde unter der Bettdecke ausgemauschelt. Es hat auch kaum Kritik gegeben. Der Journalismus war in einer furchtbaren Situation. Als leitender Redakteur der ›Zeit im Bild‹ konnte ich das beurteilen. Wir im Fernsehen durften überhaupt keine Nachrichten machen, die kamen schon zensuriert aus dem Funkhaus. Dort gab es einen roten und einen schwarzen Chefredakteur und die beiden einigten sich, bevor sie die Meldungen weiterleiteten. Ich durfte daran nichts ändern, selbst wenn ich wusste, dass eine Nachricht schon überholt oder überhaupt falsch war. Im Ostblock war es nicht viel anders. Manchmal sehnte ich mich nach meiner Zeit beim amerikanischen Besatzungssender ›Rot-Weiß-Rot‹ zurück. Damals war ich Nachrichtensprecher, gelegentlich auch Reporter. Es gab eine kritische Sendung, den ›Watschenmann‹. Den Amis war die österreichische Innenpolitik ja egal. Es war ein traumhaftes Leben dort, Interventionen habe ich keine erlebt.

›Der Herr Karl‹ wurde im winzigen Hinterzimmer des seinerzeit auf englische Waren spezialisierten Feinkostladens ›Gutruf‹ geboren. Dutzende Stammgäste drängten sich dort jeden Tag. Nächtelang wurde diskutiert und obwohl das ›Gutruf‹ kein Wirtshaus war, floss auch der Alkohol in Strömen. Der Besitzer, Hannes Hoffmann, hatte keine Schankgenehmigung, daher hat er den Wein flaschenweise verkauft. Das führte dazu, dass die Stammgäste immer auf der Suche nach einem Trinkpartner waren. ›Wer trinkt eine Flasche Kremser-Schmidt mit mir?‹, so haben damals viele durchzechte Nächte begonnen. Qualtinger hatte mich 1959 ins ›Gutruf‹ in der Milchgasse mitgenommen. Außer englischen Konservendosen gab es nichts zu essen. Im Stück war ›Herr Karl‹ damit beschäftigt, Konservendosen ins Regal zu schlichten. Dabei erzählte er einem unsichtbaren ›jungen Menschen‹, also dem Zuschauer, seine Lebensgeschichte.

Reden war das, worauf es im Hinterzimmer ankam. Hier war das Zentrum des Taifuns. Hier wurde die Welt verändert, die Welt verbessert. Auf Bierkisten sitzend wurden hochfliegende Ideen geboren und wieder begraben. Qualtinger war das unbestrittene Gravitationszentrum, doch auch andere bedeutende Künstler wie Fritz Wotruba, Friedensreich Hundertwasser, H. C. Artmann oder Kurt Sowinetz führten das Wort. Nur einer von ihnen wagte es, Qualtingers Position infrage zu stellen, der selbst ernannte Arbeiterdichter Otto Kobalek, ein ganz luzider Bursch. Er sagte Qualtinger immer, was ihm nicht passte, und dieser akzeptierte das. Kobalek durfte dem Helmut widersprechen, andere nicht.

Wenn ich etwas erzählen wollte, musste ich mir vorher genau überlegen, wie ich das angehe. Es musste irgendwie brillant sein, sonst wurde man ignoriert. Im Hinterzimmer herrschte eine strenge Hierarchie. Qualtinger bestimmte, was gut und was schlecht war, ob gelacht werden durfte oder nicht. Überhaupt hingen alle an seinen Lippen, wenn er etwas erzählte oder eine Szene vorspielte. Oft rezitierte ›Quasi‹, ›was der Hoffmann wieder gesagt hatte‹ und sorgte damit für allgemeine Heiterkeit.

Die Ansichten, die der Hausherr unseres Hinterzimmers von sich gab, waren zum Teil abstoßend, aber auch ein steter Quell der Erkenntnis, wie die Österreicher denken. Qualtinger und sein Freund und Koautor Carl Merz haben manches literarisch überhöht, aber einige Sätze des Feinkosthändlers sind wörtlich in den ›Herrn Karl‹ eingeflossen. In Wirklichkeit hätte ich von Hannes Hoffmann diese ganzen Weisheiten erfahren können, tagein, tagaus. Ich war zunächst überrascht, dass das Stück überhaupt fertig wurde. Es war ja nicht ganz einfach, Helmut Qualtinger an einen Tisch zu bringen. Carl Merz hat ja auch die ganze Schreibarbeit gemacht. Qualtinger war der Ideenlieferant und hat beim Schreiben gleich mitgespielt.

Das Schlimmste war in dieser Zeit der verlogene Umgang mit der Nazivergangenheit. Jeder wusste, dass in dieser Republik auch ehemalige Parteigenossen hohe Ämter bekleideten. Jeder wusste, dass nicht wenige Österreicher in der Nazizeit persönliche Schuld auf sich geladen hatten. Aber niemand sprach darüber. Nach der Ausstrahlung des ›Herrn Karl‹ wurde darüber gesprochen. Viele sind erwischt und durchschaut worden. Mein Freund ›Quasi‹ wurde über Nacht zur Unperson. Er war stolz darauf. Er war in diesem Maß natürlich auch unglaublich populär, aber nicht beliebt. Es hätte ihm zu denken gegeben, wenn er plötzlich beliebt gewesen wäre. Er war einer, der es sich nicht gerichtet hat. Etwas Besseres kann ich über einen Österreicher nicht sagen. Viele haben den Kabarettisten Qualtinger nur aus winzigen Ausschnitten und kleinen Zeitungskritiken gekannt. Nach der Sendung war Qualtinger der ›Herr Karl‹ und er wurde als der Nestbeschmutzer schlechthin festgenagelt. Die Rolle hat ihn auch abgestempelt. Er hat danach eine Menge Fernsehproduktionen gemacht, aber wirklich unter die Haut gegangen ist nur der ›Herr Karl‹. Aber er hat auch einen hohen Preis dafür bezahlt. Qualtinger hatte ein Alkoholproblem. Er hielt es zu Hause nicht aus. Er musste hinaus, etwas trinken, am besten in Gesellschaft, am besten im ›Gutruf‹. Oft sagte er zu mir: ›Ich will mit dir heimfahren.‹ Ich wartete und wartete, aber mit ihm gab es kein Heimkommen. Oft saßen wir dann noch bis um vier Uhr früh in einem Espresso gleich hier bei uns in der Daringergasse. Nur damit der ›Quasi‹ nicht nach Hause musste. Vielleicht hatte er vor etwas Angst, aber ich weiß nicht wovor.«

Die Ausstrahlung des Fernsehspiels von Kurt Qualtinger und Carl Merz verankerte den »Herrn Karl« im historischen Bewusstsein als den »prototypischen« Österreicher. Die unglaublich heftige Reaktion des Publikums bewies, dass die beiden Autoren mit ihrem knapp fünfzig Minuten langen Monolog den Nerv der Zeit und ihres Publikums getroffen hatten. In den Jahren nach 1945 gab es kaum politisches Kabarett. Erst Gerhard Bronner, Helmut

Qualtinger und Carl Merz begannen damit, kritisches Kabarett zu machen, später auch Fritz Kreisler. Aus diesem Kabarettempfinden heraus ist der »Herr Karl« entstanden. Diese Auseinandersetzung mit den Abgründen einer autoritären österreichischen Gesellschaft gilt heute als Klassiker der Vergangenheitsanalyse zwischen Monarchie, Ständestaat, nationalsozialistischer Kollaboration und Nachkriegszeit. Die Konfrontation eines Massenpublikums mit dem »typischen« Wiener, einem laut Hans Weigel »menschlichen Zustand österreichischer Färbung«, gewinnt vor den politischen Entwicklungen jener Jahre an Schärfe. In Jerusalem stand NS-Täter Adolf Eichmann vor Gericht und personifizierte die »Banalität des Bösen« (Hannah Arendt). Im österreichischen Fernsehen schlichtete der »Herr Karl« Konserven.

»Das ist eine Frage, die man sich tatsächlich stellen muss: Warum haben wir das getan?«

Die Innsbruckerin Herlinde Molling schmuggelte 1965 Sprengstoff über die Brennergrenze, geriet in Kontrollen italienischer Sicherheitsorgane und sprengte noch am selben Tag einen Strommast. Ihre dreijährige Tochter begleitete sie dabei.

Dominika quengelt. Kein Wunder, seit gut einer Stunde stehen wir im Stau. Es gibt kein Vor und Zurück. Ich zünde mir eine Zigarette an. Warum stehen wir? Ein Unfall? Eine Straßensperre? Straßensperren sind in dieser Gegend nichts Ungewöhnliches. Seit der Feuernacht ist Südtirol ein besetztes Land. Tausende Soldaten, Carabinieri und Finanzer durchkämmen das »Alto Adige«, wie sie es nennen, nach den »dinamitardi« – den Sprengstoffattentätern, die das Interesse der Weltöffentlichkeit auf die Probleme der Südtiroler in Italien gelenkt haben. Seit jener Nacht im Juni vor vier Jahren gibt es einen Südtirol-Konflikt. Die Männer des »Befreiungsausschusses für Südtirol« (BAS) werden gnadenlos gejagt.

Quälend langsam nähern wir uns einer Brücke. Meine Vorahnung erweist sich als richtig. Mehrere italienische Carabinieri kontrollieren Fahrzeuge und Insassen. Meine Hände sind feucht. Der Kontrollposten rückt näher. Das Auto zu wenden, wäre auffällig. Panik steigt in mir auf. Du schaffst das. Wie immer.

Wieder ist die Kolonne zum Stehen gekommen. Eine Galgenfrist. Das Gequengel ist mittlerweile verstummt. Ein Blick auf die Rückbank. Dominika schläft, den Daumen im Mund. Wie gut, dass Dreijährige viel Schlaf brauchen. Auf der Brücke kontrollieren vier Uniformierte. Noch ist die Entfernung zu groß, um ihre Gesichter zu erkennen. Vermutlich sind es junge Männer, die ihren Wehrdienst hier ableis-

ten müssen. In einer Gegend, in der alles kalt und feindselig auf sie wirkt. Das Wetter, die Berge und die Menschen. Ich denke an das Erlebnis mit einem jungen Carabiniere. Trotz der Anspannung muss ich lächeln. Der Uniformierte stand am Straßenrand, kurz nach der Brennergrenze, und suchte eine Mitfahrgelegenheit. Ich ließ ihn einsteigen. Er war jung und unbekümmert. Seine Augen tasteten meinen Rocksaum ab. Als er meinen Blick bemerkte, bekam er rote Ohren. Der junge Italiener hatte einen weichen Mund und hübsche braune Augen. Ob er Kameraden verhaftet hat? War er bei Verhören dabei? Hat er selbst zugeschlagen? Nein, das konnte ich mir nicht vorstellen. Der junge Italiener ahnte nicht, dass ich nicht nur einen Carabiniere, sondern auch eine Kofferraumladung voll Donarit beförderte. Wie heute. Ich atme tief durch. Was gibt es Unschuldigeres als eine junge Mutter mit Kind?

Der Konvoi hat sich wieder in Bewegung gesetzt. Noch fünfzig Meter. Die Männer rücken näher, die Gesichter werden größer. Bubengesichter. Ich kurble das Fenster herunter und setze ein strahlendes Lächeln auf.

»Die Papiere bitte«, sagt der Uniformierte. Als er den Pass aufschlägt, verändert sich sein Gesichtsausdruck. Das junge Gesicht wird kantig, der Blick wird misstrauisch. Mein Herz schlägt schneller. Ich weiß genau, warum mich der Italiener so forschend mustert. Dieser Pass ist nicht meiner. Eine Freundin hat ihn mir »geliehen«, und sie sieht mir nicht einmal besonders ähnlich. Wie immer, wenn ich Angst habe, wird mein Mund trocken. Tausend Gedanken gehen mir durch den Kopf. Was, wenn sie den Sprengstoff entdecken? Was, wenn ich verhaftet werde? Was werden sie mit Dominika machen? Nichts anmerken lassen, das war bislang immer meine Devise. Noch nie war es so schwer wie heute. Der junge Carabiniere hat mittlerweile seine Kameraden herbeigeholt. Die Männer umringen das kleine Auto. Sie halten Maschinenpistolen in den Händen.

Ich plaudere unbekümmert vor mich hin. Der Italiener dreht den Pass in seinen Händen, als ob er dadurch meine wahre Identität *ergründen könnte. Doch er schaut nicht mehr ganz so grimmig. In gespielter Urlaubsstimmung schäkere ich weiter. Wie beiläufig lehne ich mich so aus dem Fenster, dass der weite Ausschnitt meines Sommerkleides gut zur Geltung kommt. Im Rückspiegel sehe ich, dass sich die anderen Uniformierten der Hinterseite des Volkswagens genähert haben. Sie murmeln etwas Unverständliches. Wenn sie vorne den Kofferraum öffnen, ist es vorbei, schießt es mir durch den Kopf. Lass sie weitergehen, lieber Gott, bitte! Die Charmeoffensive zeigt Wirkung. Mein Gesprächspartner beugt sich zu mir herab, eine Spur tiefer als notwendig und gibt mir den Pass zurück.»Übernachten Sie hier in der Nähe? Vielleicht könnten wir einmal ...« –»Leider, ich habe gar keine Möglichkeit auszugehen!«, falle ich ihm ins Wort und deute auf die immer noch schlafende Dominika. Dann starte ich.*

Die Südtiroler Landschaft fliegt an mir vorbei. Ringsum hohe Berge, auf manchen Gipfeln liegt noch Schnee. Die blühenden Wiesen und grünen Weinreben im Tal bilden einen hübschen Kontrast dazu. Auch auf steilen Abhängen stehen Bauernhöfe. Ich muss an die entsetzten Blicke so mancher Bauersfrau denken, als ich ihren Hof betrat, um meine brisante Fracht loszuwerden.»Sagt ihnen alles oder nichts«, hatte Sepp Kerschbaumer, der Anführer, geraten. Viele BAS-Mitglieder wollten ihre Frauen nicht beunruhigen und schwiegen. Umso schrecklicher war das Erwachen, als das Familienoberhaupt nach der Feuernacht verhaftet wurde. Mein Mann, ein Staatsfeind? Tage später kam die zweite Hiobsbotschaft. Die Carabinieri foltern. Eine Häftlingsfrau holte man sogar in die Kaserne. Sepp Innerhofer hat alles ertragen: Demütigungen, quälenden Durst, Schlafentzug, Schläge. Brennende Zigaretten, die am Unterleib ausgedämpft wurden. Als er nach vier Tagen und Nächten immer noch schwieg, führten die Carabinieri seine Frau und seinen jüngsten Sohn zu ihm. Ihre Tränen sollten sein Geständnis erpressen. Ich weiß seit vier Jahren von diesen Vorfällen, trotzdem kann ich meine Gefühle kaum im Zaum halten. Wut. Empörung. Mitleid. Und grenzenlose Hilflosigkeit. All das steigt wieder in mir hoch. Wie damals als ich zum ersten Mal Sepps Brief in der Hand hielt. An diesem Tag habe ich mir geschworen weiterzukämpfen. Dominika meldet sich vom Rücksitz. »*Wir sind bald da*«, *lüge ich und drücke ihr eine Wurstsemmel in die Hand.*

Das ehemalige BAS-Mitglied Herlinde Molling erzählt, wie sie mit einem Auto voller Sprengstoff und ihrer dreijährigen Tochter durch Südtirol fuhr:

»*Wenig später näherten wir uns einer Kreuzung. Eine der beiden Straßen war durch eine Straßensperre unterbrochen, die andere war frei. Mir war plötzlich bewusst, dass ich keine zweite Kontrolle mehr durchstehen würde. Offenkundig hatten die Sicherheitskräfte Südtirol mit Straßensperren überzogen. Das Netz zog sich zu. Was sollte ich tun? Ich musste das Zeug loswerden. Wegwerfen kam nicht infrage, das war zu gefährlich. Außerdem wäre es schade gewesen, schließlich hatte ich es mit beträchtlichen Risiken nach Südtirol geschafft. Mir blieb nur, es so rasch als möglich zu verwerten. Mitten in einer Obstwiese sah ich einen Strommast. Er war das ideale Objekt. Leicht zugänglich, aber abgelegen. An dieser Stelle würde sicher niemand zu Schaden kommen. Ich stellte das Auto auf der Wiese ab und öffnete die Türe. Dominika brauchte keine weitere Aufforderung. Mit einem Satz war sie auf der Wiese und spielte. Das ›Laden‹ ging zügig voran, schließlich hatte ich in Kurt einen guten Lehrmeister gehabt. In seinen Sprengkursen am Hof seiner Mutter hatte er dutzende BAS-Mitglieder ausgebildet. Ich sehe die Bleistiftzeichnung der Sprengladung und die dazugehörige Berechnungsformel heute noch vor mir. Es war ein kleiner, karierter Zettel. Ich wusste also genau, wie viel Donarit ich benötigte, um einen Mast umzulegen. Er war rasch präpariert. Der Sprengstoff wurde an den Ständern befestigt, die Knallzündschnur lose herumgelegt. Ich arbeitete fieberhaft. Meine Gedanken waren bei Dominika. Endlich klebte das letzte Sprengstoffpaket am Mast. Jetzt musste nur noch der Zeitzünder eingestellt werden. Eigentlich*

handelte es sich um eine zweckentfremdete Taschenuhr. Adelheid,
die Frau eines Kameraden, hatte die billigen Uhren in rauen Mengen
in der Schweiz gekauft. Ich stellte den Zeiger auf drei Uhr, schnapp-
te meine Tochter und verfrachtete sie unter Protestgeheul auf den
Rücksitz. Die ganze Aktion hatte nicht einmal dreißig Minuten ge-
dauert. Ich schaltete das Radio ein. Peter Alexander trällerte einen
Schlager. Der BAS hatte wieder zugeschlagen.«

Unvorstellbar. Wer heute über die Südautobahn oder den Brenner nach Italien fährt, bemerkt kaum noch die Zollgebäude
und Grenzsicherungseinrichtungen. Kein Schlagbaum, keine Passkontrolle. Nur noch den Aufmerksamen fallen die Cara-
binieri-Kasernen rings der Autobahn und die verwitterten Be-
festigungsanlagen an den Hängen des Kanaltals oder der Bren-
nerroute auf. Relikte vergangener Tage, als diese Grenze zwei
mitteleuropäische Länder trennte, die keineswegs in Freundschaft
verbunden waren.

Das Habsburgerreich kämpfte zumindest seit dem beginnenden 19. Jahrhundert ein Rückzugsgefecht gegen die italienischen
Einigungsbestrebungen und gegen den italienischen Nationa-
lismus, der im sogenannten »Risorgimento« seine Erfüllung zu
finden glaubte. 1915 erklärte das italienische Königreich, obwohl
eigentlich ein Verbündeter der Habsburger, Österreich-Ungarn
den Krieg. Die Alliierten hatten dem italienischen König als Preis
für den Kriegseintritt gegen die Mittelmächte das Trentino und
Südtirol versprochen. 1,2 Millionen Italiener zahlten mit ihrem
Leben für die nationalen Träume. Auf österreichischer Seite starben zwischen 1915 und 1918 beinahe ebenso viele junge Menschen.
Im Friedensvertrag von St. Germain erhielt das Königreich Italien
die Provinz Trient und Südtirol bis zum Brenner zugesprochen.
Die Proteste der Österreicher interessierten niemanden, verhandelt wurde nicht. Staatskanzler Karl Renner und seine Delegation
wurden 1919 im Pariser Vorort nur über die Entscheidungen der
Alliierten informiert.

Den geschlagenen Österreichern wurde nach dem Zerfall der Habsburgermonarchie das viel beschworene »Selbstbestimmungsrecht« der Völker nicht gewährt. Das Gefühl erlittenen Unrechts wurde damals in die Herzen und Hirne der Südtiroler eingepflanzt. Der aufkeimende Faschismus begann mit einer brutalen Italianisierung. Nach der Annexion Österreichs durch Hitlerdeutschland wurden die Südtiroler, von denen sich viele ja durchaus auch als »Deutsche« empfanden, von Adolf Hitler verschachert. Der »Führer«, der keinen Gewaltakt scheute, um Deutsche »heim ins Reich zu holen«, verzichtete auf Südtirol und zwang die Bevölkerung, entweder für den italienischen Staat oder die Auswanderung aus der Heimat zu »optieren«. Zehntausende Familien entschieden sich für eine neue Zukunft im nationalsozialistischen Deutschland, weil sie den Versprechungen des Diktators glaubten und die italienischen Faschisten fürchteten. Die »Option« blieb ein Trauma, das in vielen Familien Jahrzehnte fortwirkte.

Nach 1945 keimte kurzzeitig die Hoffnung auf, dass die neuen Siegermächte das Unrecht von 1919 korrigieren würden. Hunderttausende Unterschriften wurden gesammelt, um die Rückkehr Südtirols zu Österreich zu erreichen. Für Südtirol und die Menschen änderte sich jedoch nichts. Die Lage war frustrierend, die Stimmung wurde immer schlechter. Der Druck auf die regierende Südtiroler Volkspartei, endlich die Ansprüche ihrer Mitbürger durchzusetzen, wurde stärker. Im November 1957 versuchte svp-Landeshauptmann Silvius Magnago einen Befreiungsschlag. Die svp organisierte eine Kundgebung, die zu einer Massenveranstaltung wurde. Vor mehr als 30.000 Südtirolern auf Schloss Sigmundskron bei Bozen wagte Magnago einen gefährlichen Balanceakt. Die Südtiroler Volkspartei erhob die Forderung nach Lostrennung Südtirols von der italienisch dominierten Doppelregion Trentino-Südtirol. Andere Südtiroler wollten sich mit solchen Kompromissen nicht mehr abfinden. Bei der Kundgebung auf Sigmundskron verteilte der svp-Politiker und spätere Gründer des »Befreiungsausschusses für Südtirol (BAS)«, Sepp Kerschbaumer, ein Flugblatt ohne Impressum. Darin wurde die weitergehende Forderung nach einem »freien Südtirol« erhoben: »Deutsch wollen wir bleiben und keine Sklaven eines Volkes werden, welches durch Verrat und Betrug unser Land kampflos besetzt hat.« Der emotionale Boden für das Kommende wurde aufbereitet. 1959 kündigte der neue österreichische Außenminister Bruno Kreisky bei seiner Antrittsrede vor den Vereinten Nationen am New Yorker East River an, die UNO-Vollversammlung mit dem Südtirolthema zu konfrontieren. Italien reagierte empört. Dennoch gelang es der Wiener Diplomatie, gegen starke Widerstände, eine knappe Mehrheit für die Resolution 1497/XV zu erzielen.

Dann kam der Juni 1961, die Feuernacht. Ein Gewaltereignis, dessen historische Bedeutung bis heute umstritten ist. Was passierte, ist relativ klar. In einer Nacht explodierten drei Dutzend Sprengsätze, angebracht von Nord- und Südtirolern, die sich im sogenannten »Befreiungsausschuss für Südtirol (BAS)« organisiert hatten. Es war eine sorgfältig geplante Gewaltaktion mit dem Ziel, Aufmerksamkeit zu erregen und wirtschaftlichen Schaden zuzufügen. Menschen sollten nicht gefährdet werden. Doch die Unsicherheit in der historischen Bewertung zeigt sich schon im Gebrauch der Begriffe. War es ein Terroranschlag oder eine klug koordinierte Aktion von Freiheitskämpfern? Die mediale Öffentlichkeit und später auch die Politik nördlich des Brenners flüchteten sich in Verharmlosungen. »Südtirol-Bumser« wurden jene Frauen und Männer genannt, die ihre politischen Ziele und ihre vertraglich vereinbarten Rechte mit Donarit durchsetzen wollten. Die Sprengstoffanschläge waren reiflich überlegt, sorgfältig diskutiert und mit Wissen zumindest einiger österreichischer Staatsstellen geplant worden. Die heute noch lebenden Täter bekennen sich zu ihren Aktionen, ohne Prahlerei, manche mit Stolz.

Für viele Südtiroler und ihre Familien hatte die »Feuernacht« schwere Folgen. Hunderte wurden verhaftet, Dutzende wurden gefoltert und zu langjährigen Haftstrafen verurteilt, einige starben. Sie hatten den italienischen Staat herausgefordert, und dieser ließ sich provozieren. Nach der »Feuernacht« glich Südtirol einem besetzten Kriegsgebiet. Das offizielle Österreich reagierte gespalten. Einerseits ermunterte es die Südtiroler unverhohlen zu protestieren. Andererseits distanzierten sich die österreichischen Regierungsvertreter vom BAS. Sie ließen Mittäter verhaften. In großen Prozessen wurden die Rebellen jedoch freigesprochen. Schließlich wurde das Bundesheer an die Grenze zwischen Nord- und Südtirol beordert. Nach Jahren verhandelte Österreich einen tragfähigen Kompromiss. Erst 1992 gab Österreich die Streitbeilegungserklärung vor den Vereinten Nationen ab. Seit den Neunzigerjahren ist scheinbar Ruhe in das kleine Land an Etsch und Eisack eingekehrt. Doch diese Ruhe ist leicht zu erschüttern. Emotionsgeladene Diskussionen um faschistische Denkmäler, Flurnamen und italienische Einheitsfeiern zeigen, dass die Vergangenheit immer in die Gegenwart wirkt.

Grand Prix Eurovision 1967

»Oh, ich liebe dich, mein Mädchen.«

Der deutsche Medienmanager Hans Rudolf Beierlein erinnert sich an den Tag, an dem Udo Jürgens in Luxemburg den »Grand Prix Eurovision de la Chanson« das erste und einzige Mal für Österreich gewinnen konnte. »Merci Chérie« machte den Kärntner zu einem internationalen Star.

Es ist still geworden im Saal. Das Publikum wartet gespannt auf den nächsten Interpreten. Auf Udo. Auch ich warte. Schließlich habe ich Udo Jürgens hierher gebracht. Ich musste ihn überreden, denn er wollte kein drittes Mal beim »Grand Prix Eurovision de la Chanson« antreten. Er hatte ein bisschen Angst. In Kopenhagen hat er mit dem Lied »Warum nur, warum?« den fünften Platz und ein Jahr später in Neapel mit »Sag ihr, ich lass sie grüßen« den vierten Platz erreicht. Ob er heute siegen wird? Ich glaube, er hat gute Chancen, denn »Merci Chérie« ist ein tolles Lied. Der Clou daran ist der französische Titel. Das Lied ist eine Danksagung an die Frauen, die auf der ganzen Welt verstanden wird. Ein internationales Lied für einen deutschsprachigen Sänger. Es könnte klappen. Ich habe sogar 500 Mark auf Udos Sieg gewettet. Viele Menschen, die ihn schon bei den Proben gehört und gesehen haben, waren auch meiner Meinung. Tolles Lied, hieß es. Toller Sänger. Gut gemacht. Ich war glücklich, denn ich habe viel dazu beigetragen.

Udo verbeugt sich formvollendet und setzt sich an den Flügel. Er sieht gut aus, wie immer. Er trägt einen schwarzen Anzug, ein weißes Hemd und eine Fliege. Elegant und dezent. Sehr charmant, seine weiblichen Fans werden entzückt sein. Vor dem dritten Auftritt vor einem internationalen Millionenpublikum, nachdem es zweimal nicht zum Sieg gereicht hat, zittert heute seine ganze Künstlerseele. Es ist ihm aber nicht anzumerken. Udo ist ja bei seinen Konzerten

generell nervös. Wenn es nach ihm gegangen wäre, hätte er sich
das Spektakel zu Hause in München am Fernsehschirm angeguckt.
Aber ich habe ihn hierher gebracht. Er singt, und er singt sogar
sehr gut. Das Publikum mag das Lied. Das spüre ich. Udo verkauft
es auch gut. Der letzte Pianoakkord ist verklungen. Das Publikum
applaudiert begeistert. Wird es zum Sieg reichen?

Der langjährige Manager von Udo Jürgens, Hans Rudolf Beierlein,
über den österreichischen Beitrag »Grand Prix Eurovision de la
Chanson« des Jahres 1965:

»Leider waren die Vorberichte in den Zeitungen meist negativ. Die
deutsche ›Bild‹-Zeitung erschien am Tag vor dem Grand Prix mit
der Schlagzeile: ›Keine Chance für Udo.‹ Ich hatte in Luxemburg
sämtliche Exemplare der ›Bild‹ aufkaufen lassen, nur damit Udo
das nicht las. Als er gewonnen hatte, habe ich ihm die Zeitungen
geschenkt. Die Journalisten waren total negativ. Sie dachten, weil
er schon zweimal nicht gewonnen hatte, würde er beim dritten Mal
den Menschen auf die Nerven gehen. Die Deutschen mögen es
nicht, wenn ein deutscher Sänger französisch singt. Sie hätten lie-
ber gehabt, das Lied hätte ›Oh, ich liebe dich, mein Mädchen‹ ge-
heißen. Udo Jürgens sang eine wunderbare Melodie für alle Frauen.
Dagegen ist kein Kraut gewachsen, auch heute nicht.

Es wäre mir unangenehm gewesen, wenn wir den 9. Platz ge-
macht hätten. Ich hätte mir zwar nicht das Leben genommen, aber
ich wäre knapp davor gewesen. Ich wollte, dass Udo Jürgens, der
beste Sänger, den wir im deutschsprachigen Bereich hatten, ge-
winnt. Nicht Deutschland sollte gewinnen, sondern Österreich und
Udo. Österreich hatte noch nie gewonnen, Deutschland auch nicht.
Für mich ist das ein Beweis dafür, dass beide Länder beim europäi-
schen Publikum auf gewisse Ressentiments stoßen. Wir sagten uns,
wir brauchen ein Lied, mit dem wir den Spaniern, den Franzosen,
den Belgiern, den Menschen in San Marino oder sonst wo, das
Gefühl geben, wir verstehen euch. Udo hat in deutscher Sprache

gesungen, allerdings mit einem französischen Titel: ›Merci Chérie‹. Das war der Punkt. Wenn Udo den ganzen Text auf Französisch gesungen hätte, wäre das grauenhaft gewesen. ›Merci Chérie‹, das mussten die Leute verstehen. Es war ein wunderschönes Lied, ein ›Dankeschön‹ an alle Frauen. Auch wenn es im Text geheißen hätte ›Ich möchte gerne Apfelkuchen‹, wäre es schon wegen der Melodie ein Hammer gewesen. Udo hat in deutscher Sprache mit enormem Vorsprung gewonnen. Das war eine Premiere.

Der Sieg zeichnete sich relativ früh ab. Ich glaube, nach der vierten Punktevergabe war klar, er würde den ersten oder zweiten Platz machen. Der Sieg war dann ein Hammer für uns. Udo war überwältigt, konnte zunächst gar nicht sprechen. Dann hat er sich bei mir bedankt. ›Hast du das gewusst?‹ Ich hab es nicht gewusst, aber ich habe es geahnt.

Nachdem der Sieg feststand, hat er sich zuerst seinen weißen Bademantel angezogen. Das war so ein bisschen ein Teil seiner Masche. Er hat sich natürlich beim Publikum bedankt. Er ist noch einmal zum Klavier gegangen und hat das Lied gespielt. Das Fernsehen hatte die Liveübertragung schon beendet. Dieser Auftritt war meine Idee. Die Menschen sollten sehen, er ist für euch da, im dunklen Anzug, aber auch im Bademantel. Die Zuseher in Luxemburg haben ihn gefeiert. Wir haben gegessen, gelacht und getrunken. Es waren auch die Grand-Prix-Macher dabei. Udo ist in einer Nacht ein europäischer Star geworden. Er hat ja nicht nur den Grand Prix gewonnen, er ist danach um die ganze Welt gefahren. Das erfolgreichste Lied, das je in Japan gelaufen ist, kennen die Leute hier gar nicht so richtig. Es heißt ›Was ich dir sagen will‹, sagt mein Klavier‹.

Der ›Grand Prix Eurovision de la Chanson‹ war ein außergewöhnliches Ereignis für Österreich. Besser hat noch keiner Österreich im Ausland repräsentiert. Er ist Österreicher, obwohl er in der Schweiz lebt und Jahre in Deutschland verbracht hat. Er hat den Professorentitel verdient. Und nun, meine Damen und Herren: Herr Professor Udo Jürgens!«

Der ehemalige Journalist und höchst erfolgreiche Medienmanager Hans R. Beierlein begann die Zusammenarbeit mit dem österreichischen Sänger Udo Jürgen Bockelmann drei Jahre vor seinem internationalen Durchbruch beim Euro Vision Songcontest, der in den Sechzigerjahren noch ein wenig feiner »Grand Prix Eurovision de la Chanson« hieß. Beierlein hatte großen Anteil an den Erfolgen des in Klagenfurt geborenen Chansonniers. Als Musikverleger mit besten Kontakten zu Film und Fernsehen zimmerte der Münchner die Startrampe für die Karriere des Sängers.

Nach fünfzehnjähriger Zusammenarbeit trennte sich Udo Jürgens von seinem Manager. In zahlreichen Prozessen wurden die Rechte an seinen Liedern der Beierlein-Firma »Montana« zugesprochen. Udo Jürgens hat in Summe weit mehr als hundert Millionen Schallplatten, neuerdings »Tonträger«, verkauft, zahlreiche »Goldene Schallplatten« erhalten, in Filmen mitgespielt, Musicals komponiert und alle Ehrungen der Branche bekommen. Auch mit fast achtzig Jahren liebt es Jürgens, live vor Publikum zu singen. Er füllt die größten Hallen des deutschen Sprachraums. Das anstrengende Tourleben, von Hotel zu Hotel, von Stadt zu Stadt, von Halle zu Halle, hält jung. Auf seinem Klavierflügel liegt immer das in schwarzes Leder gebundene Brevier des Musikers mit den Texten seiner Lieder. Seine Fans sind zu Gläubigen geworden. Am Ende jedes Konzerts schlüpft der drahtige Sänger aus dem Smoking und spielt im weißen Frotteebademantel seine Zugaben. »Ich stehe dann in einem Lichtdom. Es hat etwas Schützendes. Trotz der vielen Menschen, die ich hören kann, empfinde ich einen Augenblick der Stille.«

Das Leben von Udo Jürgens wurde im Jahr 2011 für einen TV-Zweiteiler verfilmt. »Der Mann mit dem Fagott« erreichte ein Millionenpublikum in Deutschland. Das aus seinen größten Erfolgen zusammengebaute Musical »Ich war noch niemals in New York« gastiert erfolgreich zwischen Wien und Hamburg, Oberhausen und Zürich. Mehr als drei Millionen Zuschauer wollten sich bisher von Udos Musik unterhalten lassen.

Geboren wurde Udo Jürgens am 30. September 1934 in Klagenfurt in eine »gutbürgerliche« Familie. Seine Mutter stammt aus Deutschlands Norden, sein Vater wurde in Moskau geboren. Der Dadaist Hans Arp ist ein Onkel von Udo Jürgens, ein weiterer Onkel war der Oberbürgermeister von Frankfurt. Im elterlichen Schloss Ottmanach genoss Udo eine unbeschwerte Jugend. Seine Begabung für Musik war offenkundig und wurde gefördert. Als Sechzehnjähriger gewann Udo Bockelmann einen Kompositionswettbewerb des Österreichischen Rundfunks. Sein Titel »Je t'aime« zeigte ein frühes Interesse am anderen Geschlecht.

Bei diversen Auftritten mit einer Jazzcombo im Umfeld des Kärntner Wörthersees bekam Udo eine Stundengage von fünf Schilling. Das Herumtingeln in Wirtshäusern, Bars und Strandcafés lieferte eine solide Basis für eine große Karriere. Udo komponierte Lieder und war damit anfangs erfolgreicher als mit seinen Eigeninterpretationen. Er debütierte in deutschen Filmen der eher schlichten Art: »Und du mein Schatz bleibst hier« oder »Unsere tollen Tanten«.

Seine Plattenfirma Polydor bewies musikalische Instinktlosigkeit und kündigte den Plattenvertrag mit dem Jungschauspieler. Da trat Hans Rudolf Beierlein in Udos Leben. Der Manager überredete Jürgens weiterzusingen und nahm ihn für seinen Musikverlag »Montana« unter Vertrag. Schon die erste Koproduktion wurde zum Erfolg. »Tausende Träume« verkaufte sich Zehntausende Mal in Österreich. Jürgens wurde zum gefragten Liedermacher für Kollegen wie Gus Backus und Rex Gildo. Nach seiner ersten Teilnahme am »Grand Prix« wurde Udos Sprechgesang mit großer Geigenbegleitung (»Warum nur, warum, blühen Blumen so schön, wenn sie so bald schon verblühen und vergehen?«) auf Englisch mit dem Titel »Walk Away« zum Welterfolg. Matt Monro verkaufte von der Coverversion eineinhalb Millionen Schallplatten.

Bei seiner dritten Teilnahme am »Grand Prix« in Luxemburg siegte Udo mit »Merci Chérie«. Spätestens ab diesem Zeitpunkt hat sich die Zusammenarbeit von Hans R. Beierlein mit Udo Jürgens ausgezahlt. Die Komposition »Siebzehn Jahr, blondes Haar« gewann den »Goldenen Löwen« und gehört wie viele Lieder aus der Feder von Udo Jürgens zum Erinnerungsschatz der »Generation Österreich«.

Die SPÖ und Bruno Kreisky gewinnen die Wahl am 1. März 1970

»Ich war dabei, als Bruno Kreisky bei Friedrich Peter angerufen hat.«

Karl Blecha plante den Wahlkampf für die Nationalratswahl 1970. Kurz vor dem Wahltag zweifelte er am Sieg.

Sonntag, 1. März 1970. Wahltag. Die Stimmung in der SPÖ-Parteizentrale in der Löwelstraße hinter dem Burgtheater ist gespannt. Ich habe Bruno Kreiskys Wahlkampf zu einem wesentlichen Teil organisiert und mein Bestes gegeben. Jetzt können wir nur noch auf das Ergebnis warten. War unsere Strategie erfolgreich? »Für ein modernes Österreich«, lautete einer unserer Slogans. Ein startendes AUA-Flugzeug in einer Fernsehwerbung sollte Aufbruchstimmung vermitteln. Wer SPÖ wählt, wählt ein modernes Österreich. Der Wahlkampf 1970 ist minutiös vorbereitet worden. Wir haben uns der angewandten Sozialwissenschaft bedient, Zielgruppen geortet und dementsprechende Wahlkampfaussagen gemacht. Wir haben diesen Wahlkampf in mehrere Etappen gegliedert, sogar eine neue Schrift entwickelt und das Erscheinungsbild der Partei modernisiert. Der Hauptslogan hat sich an die Jugend gewandt. Das moderne Österreich braucht eine moderne Wirtschaft, einen modernen Rechtsstaat, Aufbruch auch auf kulturellem Gebiet. Dieses Land muss sich entfalten können. Das sind unsere Argumente. Werden sie die Wähler überzeugen? Wir haben absichtlich auf einen Personenwahlkampf verzichtet. Bruno Kreisky wollte nicht von Wahlplakaten lachen. Dafür haben wir Fotos mit jungen Familien plakatiert. Die ÖVP glaubt, Bundeskanzler Josef Klaus mit der Botschaft »ein echter Österreicher« bewerben zu müssen. Eine deutliche Anspielung auf Kreiskys Herkunft. Ein Jude, ein Emigrant ist kein echter Österreicher. Es wird sich zeigen, wem die Österreicher ihr Vertrauen schenken. Bruno Kreisky selbst glaubte lange Zeit, dass

er keine Chance haben würde, Parteivorsitzender der SPÖ, gar Bundeskanzler zu werden. »Das geht nie«, *hat er gesagt.*

Vor einigen Tagen bin ich mit Wahlkampfleiter Heinz Brandl mit den letzten Umfragedaten bei Kreisky erschienen. Der Vorsprung, den wir ursprünglich gehabt hatten, war geschmolzen und ein Kopf-an-Kopf-Rennen zeichnete sich ab. Bruno war sehr betroffen. »Ja, wenn das so ist, dann sind wir gescheitert!« *Die Meinungsumfragen vor der Wahl waren nicht ganz eindeutig. Wir hatten die SPÖ zwar vorne. Unsicher war aber, ob es uns gelingen würde, die Wähler in ausreichendem Maß zu mobilisieren.*

Schaffen wir die Absolute? Alle Anwesenden starren auf das Fernsehgerät. In wenigen Sekunden wird die erste offizielle Hochrechnung verkündet. Auch der ORF vermittelt Modernität. Erstmals werden elektronische Anzeigetafeln das Ergebnis abbilden. 48,2 Prozent für die SPÖ. 44,8 Prozent für die ÖVP.

Karl Blecha über den historischen Wahlsieg der SPÖ:

»*Bruno Kreisky war schon am Nachmittag des Wahltags in der Parteizentrale. Vom ersten Gemeindeergebnis an war klar, dass es ein Erdrutschsieg werden würde. Das erste Ergebnis kommt immer aus der steirischen Gemeinde St. Ilgen, dann folgen kleine niederösterreichische Gemeinden und so weiter. Jedes einzelne Resultat hat die ersten Trends noch stärker untermauert. Die SPÖ gewinnt die Wahl, das stand fest. Wir sind mit Kreisky im zweiten Stock der Parteizentrale zusammengesessen und waren überglücklich.* ›Wir sind zum Handeln aufgerufen‹, *hat Kreisky gesagt, als die ersten Ergebnisse hereingekommen sind. Nein, eigentlich hat er gesagt:* ›Jetzt miass ma handeln.‹

Die Anstrengungen des Wahlkampfes hatten sich gelohnt. Wir hatten es geschafft, auch wenn wir aufgrund des Wahlrechts die absolute Mehrheit verpassten, obwohl wir einen um einen Zehntel-Prozentpunkt größeren Stimmenanteil als die ÖVP im Jahre 1966 erreicht hatten. Damals hat das für die Volkspartei zur Absoluten gereicht. In diesem Moment war uns klar, dass dieses Wahlrecht geändert werden musste, weil es der SPÖ zweimal als stimmenstärkste Partei, 1953 und 1959, die Mandatsmehrheit verwehrt hatte und bei einem so hohen Prozentsatz die absolute Mandatsmehrheit verhinderte. Da es eine zweite Partei gab, die noch stärker von diesem Wahlrecht benachteiligt wurde als die SPÖ, nämlich die FPÖ, mussten wir sie doch ins Boot holen können. Da ging es nicht darum, ob man jetzt mit der FPÖ koalierte, sondern um Frage: ›Wahlrechtsänderung: Ja oder nein?‹ Ich war dabei, als Bruno Kreisky bei Friedrich Peter angerufen hat, um sich mit ihm zu treffen. ›Stehen Sie zu dem, was Sie vor der Wahl gesagt haben? Sie wollen das Wahlrecht ändern? Wir gemeinsam hätten die Mehrheit dafür‹, war das Erste, das Bruno Kreisky zu FPÖ-Obmann Friedrich Peter in der Wahlnacht sagte. Die Vorgespräche mit der FPÖ fanden schon in der Wahlnacht statt. Das Ergebnis war die Akzeptanz der Minderheitsregierung der SPÖ durch die FPÖ.

Bei Bruno Kreisky war vieles nicht dem Zufall überlassen, sondern geplant. Es lagen verschiedene Konzepte auf dem Tisch. Ich erinnere mich, dass eine Variante eben eine Minderheitsregierung war. Wir haben in den Gremien darüber diskutiert. Bruno Kreisky war der Meinung, dass die ÖVP letztlich doch mit der FPÖ koalieren würde, weil sie sich ja vier Jahre lang an die absolute Macht gewöhnt hatte. Und von den vielen Ministerien, die sie verwaltet hatte, nicht die Hälfte an einen gleich starken Partner wie die SPÖ abtreten würde. Wenn wir die Absolute aufgrund des Wahlrechts nicht erreichten, dann wäre eine Änderung des Wahlrechts das zentrale Thema für uns und für die FPÖ. Damit könnten wir sie davon abhalten, mit einer geschlagenen ÖVP eine Mehrheit im Parlament gegen die SPÖ zu bilden. Insofern ist es richtig, dass auch eine Minderheitsregierung überlegt wurde. Bruno Kreisky wollte aber eher eine große Koalition unter seiner Führung. Das ist damals vor allem am Widerstand von ÖVP-Vizekanzler Hermann Withalm gescheitert. Bruno Kreisky hat später an die ÖVP-Bauern das Angebot gemacht, seine Minderheitsregierung zu unterstützen. Er war im-

mer davon überzeugt, dass das konservative Lager nicht homogen ist. Er hat alles versucht, um es aufzuschnüren. Kreisky glaubte, die Bauern könnten ihre Interessen in einer SPÖ-Regierung stärker wahrnehmen als in einer ÖVP-Alleinregierung. Der Versuch ist gescheitert.«

Am 1. März 1970 begannen die dreizehn Jahre, die im Rückblick zur »Ära Kreisky« werden sollten. Der intellektuelle Großbürger aus jüdischem Elternhaus löste den konservativen Salzburger Reformpolitiker Josef Klaus im Kanzleramt ab. Die ÖVP hatte seit 1966 mit absoluter Mandatsmehrheit allein regiert und damit eine 21-jährige Periode der schwarz-roten Koalition beendet. Nach 1945 waren die beiden großen gesellschaftlichen Lager eine Zusammenarbeit zum Wiederaufbau des Landes eingegangen. Nach der Unterzeichnung des Staatsvertrages verlor die Große Koalition allmählich ihren staatspolitischen Sinn und verkam zur Proporzregierung. Ohne Parteibuch ging nichts. Streit und Postenschacher lähmten das Land. Die SPÖ versank vor 1966 in einem innerparteilichen Konflikt. Der populistische Gewerkschaftsführer Franz Olah verlor einen brutalen Kampf um die Macht. Er spaltete sich von der Partei ab und kandidierte erfolglos mit einer eigenen Gruppe bei den Wahlen. Die »Affäre Fußach« (es ging um die Taufe eines Bodensee-Schiffes auf den Namen »Karl Renner«) brachte die westlichen Bundesländer gegen die als Zentralisten erlebten Sozialisten auf. In der rechten Reichshälfte konnte der Salzburger Josef Klaus die Volkspartei erneuern und 1966 zu einem Wahlsieg führen. Während die ÖVP erstmals allein regierte, begann in der SPÖ ein Erneuerungsprozess. Gegen heftigen Widerstand konnte sich der ehemalige Außenminister Bruno Kreisky beim Parteitag in der Wiener Stadthalle in einer Kampfabstimmung gegen die Apparatschiks und gegen den Gewerkschafter Hans Czettel durchsetzen. Kreisky löste den glücklosen Bruno Pittermann ab. Damit waren die Startpositionen für die Nationalratswahlen bezogen. Während der redliche, aber wenig charismatische Klaus Reformen auch gegen den Widerstand von ÖVP-Kernwählerschichten durchsetzte und Steuern erhöhte, um das Budget zu sanieren, witterte Bruno Kreisky den »Wind der Veränderung«, der im Gefolge der 68iger-Bewegung von Paris aus durch Europa stürmte und auch Österreich streifte. Der neue, von Proporzfesseln befreite ORF des Generalintendanten Gerd Bacher veränderte den politischen Diskurs. Journalisten waren statt Statisten plötzlich kritische Fragensteller. Die SPÖ nützte diese Veränderungen. Karl Blecha setzte erstmals breitflächig auf Meinungsumfragen und angewandte Sozialwissenschaft. Er organisierte einen bis dato ungewohnt professionellen Zielgruppenwahlkampf mit klaren Botschaften. Im Fokus: die Jungwähler. Die versprochene Verkürzung der Wehrdienstzeit mit dem Slogan »Sechs Monate sind genug« wurde zum Wahlschlager. Am 1. März 1970 errang die SPÖ erstmals seit 1945 eine klare Mandatsmehrheit. Bei vorgezogenen Neuwahlen neun Monate später unterstützte die absolute Mehrheit der Wahlberechtigten den Slogan: »Lasst Kreisky und sein Team arbeiten!«

Seit der Mitarbeit an Kreiskys Buch »Die Herausforderung – Politik an der Schwelle zum Atomzeitalter« hatten Karl Blecha und der »Sonnenkönig« ein besonderes Naheverhältnis. In den Sechzigerjahren verbrachte Blecha einen ganzen Sommer mit Kreisky, seiner Frau Vera und ihren Kindern in Schweden. Er war dabei, wie sein politischer Ziehvater die Politik formulierte, die 1970 in das erste Regierungsprogramm einer sozialdemokratischen Regierung Eingang fand. Daraus entwickelte sich ein enges freundschaftliches Verhältnis. Bruno Kreisky sagte einmal zum niederösterreichischen SPÖ-Politiker Leopold Grünzweig: »In unserer Partei ist jeder zu ersetzen, auch ich. Nur der Genosse Blecha nicht.« Grünzweig hielt diesen Satz fest und schenkte ihn Karl Blecha zu einem runden Geburtstag.

Sapporo 1972

»Nein, wir waren alle keine Amateure.«

Skistar Karl Schranz über seine Disqualifikation bei den
Olympischen Spielen 1972 und den darauffolgenden Empfang in
Wien.

*Flughafen Frankfurt. Eine Sondermaschine der AUA erwartet mich,
um mich nach Wien zu bringen. Im Flugzeug begrüßt mich ORF-
Generalintendant Gerd Bacher. Er und dreißig andere Journalisten
sind mir entgegengeflogen, um mich in die Heimat zu beglei-
ten. An Bord des Fliegers haben auch die Musiker des Johann-
Strauß-Orchesters Platz genommen. Während des kurzen Fluges
nach Wien gibt es nur ein Thema, meine Disqualifikation bei den
Olympischen Spielen in Sapporo. Musik reißt mich aus meinen
Gedanken. Das Johann-Strauß-Orchester stimmt den Donauwalzer
an. Ein Blick aus dem Fenster. Wir sind schon über Wien. Gerd
Bacher sitzt neben mir. »Jetzt gehen wir schnell zum Bundeskanzler
und dann fliege ich am Abend nach Hause.« – »Das wird es nicht
geben.« – »Wieso?«, frage ich. »Na, da werden ein paar Leute
sein«, antwortet er.*

*Mein Freund Bacher hat nicht zu viel versprochen. Am Flughafen
jubelt mir eine riesige Menschenmenge zu. 30.000 Fans, schätzt ein
Begleiter. Auf der Fahrt nach Wien sind die Straßen links und rechts
von Menschen gesäumt. Ich stehe im schwarzen Mercedes des
Unterrichtsministers und winke aus dem geöffneten Schiebedach.
»Karli, Karli«, schreien die Schaulustigen. Kaum verringert der
Fahrer das Tempo, werden mir Hände entgegengestreckt. Unser
Konvoi kommt nur langsam voran. Mittlerweile ist mir ziemlich kalt.
Gut, dass ich den roten Dufflecoat der olympischen Mannschaft
trage. Ankunft am Ballhausplatz. Auch hier warten Tausende be-
geisterte Menschen. Wir gehen die große Treppe im Kanzleramt*

hinauf. Kreisky empfängt uns: »Ich bin sehr betroffen über die Ungerechtigkeit und Einseitigkeit dieser Entscheidung. Das österreichische Volk bringt Ihnen große Zuneigung entgegen. Nicht nur, weil Sie ein großer Sportler sind, sondern weil Sie einen guten Charakter haben!« *Ich bin überwältigt und gerührt über diesen Empfang. Die Fans schreien sich die Seele aus dem Leib. Ich soll auf den Balkon kommen. Ich will Bruno Kreisky den Vortritt lassen:* »Herr Bundeskanzler, bitte!« »Nein, die Leute wollen nur Sie sehen.« *Erst beim zweiten Gang auf den Balkon kommt auch der Bundeskanzler mit. Beim Hineingehen in den Ecksalon sagt er zu mir:* »Gut, dass das einem Sportler gilt und nicht einem Politiker.«

Fast 35 Jahre später spricht Ski-Idol Karl Schranz über die Folgen dieses Empfanges:

»Kreisky hat das Gefühl gehabt, Gerd Bacher hätte das zu stark instrumentalisiert. Dabei hatte Kreisky Bacher den Auftrag gegeben, etwas vorzubereiten. Auch Fred Sinowatz hat mitgetan. Er war ein neuer Minister, der das erste Mal so etwas erlebt hat. Sinowatz ist auch zu der Sache gestanden. Gerd Bacher hat das auch gut organisiert. Nachher hat man fälschlicherweise dem ORF-Generalintendanten allein die Schuld gegeben. Dabei waren alle Zeitungen dabei. Schluss endlich ist es an Gerd Bacher hängen geblieben und man hat ihn als ORF-Generalintendant eliminiert. Das war eine Gemeinheit. Wir sind beide gestürzt worden, ich von Avery Brundage und Bacher von der Politik. Beim Villacher Parteitag der SPÖ ist das losgegangen. Ich habe mit Bruno Kreisky später sehr viel darüber gesprochen. Er war ja einige Male bei mir in St. Anton Skifahren. Ich habe ihm gesagt, dass die Emotionen so groß waren, weil das österreichische Volk beleidigt wurde. Nicht allein Karl Schranz, sondern das Volk wurde vom Internationalen Olympischen Komitee, dem IOC, beleidigt. Die vielen Zehntausend Menschen wollten zeigen: ›Wir sind zwar ein kleines Land, aber wir halten zu-*

sammen.‹ Deswegen sind so viele Leute gekommen. Ich habe dem Bundeskanzler zu erklären versucht, dass die Österreicher zeigen wollten, dass wir uns nicht alles gefallen lassen. Nein, hat er gesagt, er ist da anderer Ansicht. Das Obskurste war ja damals das angebliche Beweisfoto. Ich habe bei einem Juxmatch in Niederösterreich mitgespielt. Da waren gute Kicker dabei, wie der Hellmuth Senekowitsch und der schon ein bisserl dickliche ›Buffy‹ Ettmayer. Die Trikots haben wir von einem Freund bekommen. Der hatte am Lerchenfelder Gürtel ein kleines Café und eine Kaffeerösterei. Auf den Trikots stand ›Aroma‹ und klein drunter ›Kaffee‹. Da hätte irgendetwas draufstehen können. Aber dieses angebliche Beweisfoto wurde auch wieder aus Österreich ans IOC geliefert. Paradoxerweise sind zwei Kollegen, Karl Cordin und Harald Rofner, die beide denselben Schriftzug am Leiberl gehabt hatten, in Sapporo gestartet.

Nein, wir waren damals alle keine Amateure. Vielleicht hab ich mehr Geld verdient als andere, aber ich war damals auch der Beste. Ich war der Populärste, daher hat es mich erwischt. Ich war der einzige, der die Abfahrt in Sapporo hätte gewinnen können. Chancen hatte nur noch Heini Messner. Er ist Dritter geworden. Avery Brundage hat jedes Mal, wenn es um die olympischen Winterspiele ging, eine Liste aufgestellt, wer von den alpinen Läufern gefährdet ist, disqualifiziert zu werden. Das hat schon 1964 bei Olympia in Innsbruck angefangen, dann 1968 in Grenoble. Es hat immer wieder diese schwarzen Listen gegeben. Jean Claude Killy wäre zehn Mal draußen gewesen, wenn nicht die Olympischen Spiele 1968 in Frankreich stattgefunden hätten. Brundage hat uns praktisch zum Abschuss freigegeben. Ich habe aber auch Feinde im eigenen Lager gehabt. Es war ein Funktionär aus dem ÖOC, der mich ans Messer geliefert hat. Der Mann ist schon tot, damit ist das erledigt.

Das einzig Gute an meinem Ausschluss war, dass ich den Amateurstatus gekillt habe. Wenn ich heute die Spitzenathleten sehe, die Millionen verdienen und die gebeten werden, bei den Olympischen Spielen mitzumachen, muss ich lachen. Ich habe damals in der Emotion gesagt: ›Die das beschlossen haben, sind alles senile Deppen.‹

Viele Jahre später hat mir IOC-Präsident Juan-Antonio Samaranch, mit dem ich sehr gut war, gestanden: ›Karl, ich war auch dabei bei den senilen Deppen. Ich habe aber für dich gestimmt.‹ Das war peinlich. Er hat mir dann nachträglich die Teilnehmermedaille von Sapporo überreicht. Es war eine schöne Geste. Jaques Rogge hat gesagt: ›Ich kann dir leider die Goldmedaille von Grenoble nicht mehr geben, weil sie Jean Claude Killy hat.‹ – ›Du könntest sie höchstens auseinander schneiden‹, antwortete ich. Er hat gelacht. Mein Ziel war immer, Olympiasieger zu werden, speziell deshalb, weil sie mich bei den Spielen in Grenoble beschissen haben. Ich wollte es ihnen in Sapporo noch einmal beweisen.

Doch dann kam alles ganz anders. Als ich mit der Mannschaft in Tokio angekommen bin, haben mich japanische Journalisten in einen Sonderraum geführt und interviewt. Ich habe ihnen gesagt: ›Ich kann mir nicht vorstellen, dass ich allein disqualifiziert werde. Es ist nicht möglich, einen allein auszuschließen. Die anderen sind die gleichen Amateure oder die gleichen Profis wie ich.‹

In Sapporo hat das Österreichische Olympische Komitee eine Riesensauerei gemacht. Sie haben mir die Entscheidung überlassen, ob die gesamte Mannschaft heimfahren soll oder nicht. Das muss man sich einmal vorstellen. Das ist so, wie wenn du unterm Beil liegst und sie sagen, du kannst selbst das Seil loslassen. Das ist doch idiotisch. Jeder Athlet trainiert jahrelang für diese Veranstaltung. Ich habe mir vorgestellt, dass ich womöglich dreißig Jahre später einen Kollegen treffe, der mir vorwirft: ›Du hast meinen Olympiasieg verhindert.‹ Also hab ich dann am nächsten Tag dem ÖOC mitgeteilt, dass die Mannschaft bleiben soll.

So war es auch. Ich musste aus dem Olympischen Dorf aus- und in das ›Grand Hotel‹ von Sapporo einziehen. Der japanische Prinz ist dort gerade ausgezogen und sie haben mir sein Appartement gegeben. Vor der Türe haben vier oder fünf japanische Journalisten mit ihren Fotoapparaten am Boden geschlafen. Einer musste immer *wach bleiben. Im Hotel habe ich dann praktisch mit Gott und der Welt telefoniert. Es sind zahlreiche Angebote gekommen, ich sollte exklusiv meine Geschichte erzählen. Die ›Bunte Illustrierte‹ hat mir eine Million Mark geboten. Das amerikanische ›Time Magazine‹ hat mir irrsinnig viel Geld versprochen. Eine amerikanische Anwaltsgruppe hat sich gemeldet und wollte, dass ich das IOC verklage. Die wollten zehn Millionen Dollar fordern, ohne Risiko einer Gegenklage für mich. Ich habe diese Angebote noch heute zu Hause. ›Karl, bitte mach das nicht‹, hat mich mein Freund Franz Kneissl gebeten. IOC-Präsident Jaques Rogge hat mir Jahre später versichert: ›Karl, wenn du zu Gericht gegangen wärst, dann wäre wahrscheinlich das IOC zugrunde gegangen.‹ Im Nachhinein denke ich mir manchmal: ›Schade, dass ich die nicht verklagt habe.‹ Beraten hat mich damals eine Gruppe von fünf oder sechs Personen, die mir wohl gesonnen waren. Franz Kneissl gehörte dazu und natürlich Gerd Bacher und meine Familie. Meiner Mutter war das ganze Theater egal: ›Ist schade, dass du ausgeschlossen worden bist, aber jetzt geht's Leben normal weiter.‹ In dieser Familie habe ich ruhig leben können. Ich habe schon meine Fremdenpension gehabt, ich bin dann wieder frei Skifahren gegangen, hab endlich einmal nicht trainieren müssen. Hab Spaß gehabt. Das war einfach schön.«*

Olympia war Karl Schranz nicht hold. Der Skistar aus St. Anton am Arlberg nahm vier Anläufe, um eine olympische Medaille zu gewinnen. Er scheiterte in Squaw Valley, in Innsbruck und in Grenoble. Sapporo war für den 33-Jährigen die letzte Chance auf Gold. Doch der greise IOC-Präsident Avery Brundage hatte sich die »Ikone des Skisports« ausgewählt, um ein Exempel zu statuieren. Die Disqualifikation des Österreichers wurde mit »der Tätigkeit und dem Einfluss, den Karl Schranz auf den alpinen Skisport nahm sowie der Art und Weise, mit der er seinen Namen und seine Fotografie zu Reklamezwecken verwendete«, begründet. Als Corpus Delicti diente ausgerechnet ein Foto, das Schranz als Fußballer bei einem Prominenten-Match in Niederösterreich zeigte. Brundage verwendete das ihm aus Österreich zugespielte Bild in der Debatte als Trumpf, um die Stimmung gegen den Österreicher zu drehen.

Bis zum Zeitpunkt der Fotopräsentation hatte der IOC-Präsident keine Mehrheit für einen Ausschluss des weltbesten Skifahrers. Die »Austria Presseagentur« berichtete: »Es war eine mehr als zweistündige, bewegte Diskussion. Die Mehrzahl der Redner sprach sich gegen einen Ausschluss von Schranz aus.«

Schranz fuhr nicht nur in Abfahrt und Slalom schnell, er war dreifacher Weltmeister, fünf Mal hatte er das Rennen am Lauberhorn gewonnen und vier Mal in Kitzbühel auf der »Streif« triumphiert. Schranz, der aus bescheidenen Verhältnissen kam, galt auch als geschäftstüchtig. Er war zu seiner Zeit der bestverdienende Skiläufer, das Aushängeschild einer Skination, vor allem aber der Werbeträger für die damalige Skimarke Nummer 1: Kneissl. Schranz siegte auf »White Star« und »Blue Star«. Er machte den Kunststoff-Ski populär und er verdiente für damalige Verhältnisse gutes Geld.

Avery Brundage lehnte in seinem Innersten die Olympischen Winterspiele ab. Er träumte vom Ideal des begüterten Gentleman-sportlers aus dem 19. Jahrhundert. Der amerikanische Millionär führte einen – letztlich vergeblichen - Feldzug für seine »Amateur-reinheit«. Die olympischen Regeln limitierten sogar die Anzahl der Trainingstage auf sechzig pro Jahr. Sport sollte Nebenbeschäftigung bleiben. Deshalb drohte dem gesamten Skisport mit seiner engen Verknüpfung zur Industrie das Olympia-Aus. Die Paragraphen waren auf Seiten von Brundage. Kein Sportler durfte seinen Namen, sein Foto oder seine sportlichen Erfolge zu individuellen Werbezwecken nutzen. Das schrieb Regel Nr. 26 vor. Die Aussagen der österreichischen Funktionäre ließ Brundage nicht gelten, es half nichts, das Zustandekommen des in einer Zeitschrift abgedruckten Fotos zu erklären.

Karl Schranz empfahl sich im Vorfeld der Spiele von Sapporo als »Opfer«. In Interviews hatte das Ski-Idol immer wieder gegen Brundage gestichelt und dem Amerikaner Heuchelei und ein antiquiertes Sportverständnis vorgeworfen. Denn auch in den 70iger Jahren waren alle Spitzensportler Profis. Die Staatsamateure aus dem Ostblock genauso wie die »College-Studenten« aus den USA. Den olympischen Eid, den die Sportler schwören mussten, empfanden die meisten als Meineid.

Kein Start in Sapporo. Kein Gold vier Jahre zuvor. Bei den Olympischen Spielen im französischen Grenoble war Karl Schranz seine Goldmedaille im Slalom nachträglich aberkannt worden. Der Franzose Jean Claude Killy konnte so alle drei Disziplinen gewinnen und damit den Rekord des Österreichers Toni Sailer von Cortina 1956 einstellen. Karl Schranz war im dichten Nebel beim zweiten Durchgang von einem die Piste querenden Gendarmen behindert worden, hatte die Tore 14 und 15 ausgelassen und das Rennen vorzeitig abgebrochen. Der britische Startrichter entschied, Schranz dürfe noch einmal antreten. »You have a re-run!« Der Arlberger erzielte Bestzeit. Nachträglich wurde argumentiert, Karl Schranz habe schon vor der Behinderung ein Tor ausgelassen, sei daher zu Unrecht ein zweites Mal vom Start gelassen worden. Schon nach der Entscheidung von Grenoble war Karl Schranz zum Nationalhelden avanciert. Dem ehrlichen Burschen vom Arlberg habe französische List verdiente Gold geraubt. Und dann auch noch der Ausschluss in Sapporo. Angeheizt von einer chauvinistischen Berichterstattung in fast allen Zeitungen kehrte Schranz im trotzigen Triumph als Märtyrer aus Japan zurück. Am 8. Februar bereiteten ihm die empörten Wienerinnen und Wiener einen grandiosen Empfang. Die Ankunft und die Fahrt vom Flughafen zum Ballhausplatz wurde vom ORF mit großem Aufwand live übertragen. Bundeskanzler Kreisky, der den »Staatsempfang« ermöglicht hatte, befielen angesichts der von den Medien geschürten Emotionen Zweifel. Als Schranz endlich ins Kanzleramt kam, grantelte Kreisky: »So lang habe ich noch nie auf einen gewartet.« Der Regierungschef zeigte sich widerwillig, aber doch mit dem Skiidol auf den Balkon und bedauerte es danach. Kreisky hatte die geballte Macht einer medialen Inszenierung und Mobilisierung der Massen erlebt und zog für sich Konsequenzen. Ab diesem Tag betrieb er die Ablöse von ORF-Generalintendant Gerd Bacher. Zwischen hundert- und zweihunderttausend Menschen sollen an diesem frostigen Dienstag »Karli, Karli!« lautstark gefeiert haben. Die Politik versuchte von der aufgeputschten Stimmung zu profitieren. Unterrichtsminister Fred Sinowatz hatte, ebenso populistisch, wie illusionär, an die übrigen Alpenländer appelliert, Olympia zu boykottieren. Viele wollten an den aufgestachelten Emotionen der Österreicher verdienen. Aufkleber wurden verkauft, Schallplatten produziert, gefälschte Autogrammkarten in Umlauf gebracht.

Im Ausland beobachteten die Medien das Treiben mit Häme. Der deutsche »Spiegel« verstieg sich zu einem wirklich bösem Vergleich: »Es war so grauslich schön, wie's selbst der Qualtinger nicht hätt' erfinden können. So wie ihr verhindertes Ski-As von Sapporo haben die Österreicher bisher nur einmal einen Menschen empfangen, Hitler, als er vor 34 Jahren nach Wien kam.« Nicht jeder Vergleich ist auch geistreich, aber die Schranz-Affäre wühlte patriotische Gemüter auf und erlaubte einen tiefen Blick in die verletzte österreichische Seele.

Am Abend lud der Unterrichtsminister »Zu den drei Husaren«, dem damals teuersten Nobellokal Wiens. Als Trost fürs Olympia-Aus wurden Tafelspitz und Topfenknödeln serviert.

Frauenbewegung und Abtreibungsdebatte 1973

»Vielleicht kann ich Vorbild einer möglichen Wandlung sein.«

Erika Pluhar erlebte die Geburt der Frauenbewegung in Österreich und beteiligte sich an der Diskussion um den Abtreibungsparagrafen 144.

Es läutet an der Türe. Alice Schwarzer, die Chefredakteurin von »Emma«, ist nach Wien gekommen, um mich zu interviewen. Ich führe sie ins Obergeschoß des Hauses. Hier sind meine privaten Räumlichkeiten. In meiner kleinen Küche sitze ich oft mit Freunden und Freundinnen zusammen und plaudere. Wir machen es uns gemütlich. Das Gespräch ist mir wichtig, schließlich ist Alice die Ikone der neuen Frauenbewegung. Alice Schwarzer ist eine spektakuläre Figur. Angefeindet und bewundert. Es gefällt mir, dass ich in dieser frauenbewegten Zeit als weibliche Figur, als weiblicher Mensch, plötzlich dazugehöre. Vielleicht kann ich Vorbild einer möglichen Wandlung sein. Ich bin viele Jahre wirklich als idiotische »Femme Fatale« angesehen worden.

Die Schauspielerin und Schriftstellerin Erika Pluhar über das Interview, das sie Alice Schwarzer, der Herausgeberin des Frauenmagazins »Emma«, gab:

»Die Aufforderung von Alice Schwarzer, mit mir ein großes Interview für ihre Zeitschrift ›Emma‹ zu machen, war ein wesentlicher Bestandteil, mir bewusst zu werden, dass ich als Frau auch verantwortlich für eine Bewegung bin, die das Frau-Sein verbessern will. Alice Schwarzer war damals mehrere Tage in Wien, und wir haben uns wirklich ausführlich unterhalten. Das öffnete mir viele Bewusstseinstüren. Unter anderem auch die, wieso ich in der Lage

127

war, meine Magersucht zu überwinden. Ich habe das bei unverheirateten, ganz selbstständigen Frauen am Land geschafft. Sie zeigten mir einfach ein anderes, ein heiteres, selbstständiges und eigenverantwortliches Frauenleben. Dieses Gespräch für die ›Emma‹ war für mich sehr beeindruckend und natürlich auch der Kontakt mit Alice Schwarzer. Das Interview hatte viel damit zu tun, dass sie mich vorher als ›Femme Fatale‹ kannte, als erotisch definierte Frau. Darüber unterhielten wir uns sehr lange und sprachen auch über die Zwänge eines Schönheitsbildes. Sie hat mich sicher auch deshalb für ihre ›Emma‹ herausgepickt, weil sie in mir die Möglichkeit gesehen hat, etwas über eine Frau zu erzählen, die sich aus dem ganz weiblichen, fast sexy bestimmten Frau-Sein in eine selbstbewusste, nachdenkliche Menschfrau entwickelt. Das war unser zentrales Thema. Sie hat mich auch in vielem bestärkt. Wir haben damals im Akademietheater Musils ›Schwärmer‹ gespielt, ein unglaubliches Stück über das Frau-Sein. Sie war in der Aufführung, und war sehr angetan. Das war so wie ein erster Vorgeschmack auf das, was ich später als Frau gelebt habe. Obwohl ich gewisse private Begebenheiten ausklammern muss, in denen ich meiner eigenen Weiblichkeit auf den Leim gegangen bin. Wir Frauen müssen sehr aufpassen. Wir haben gemütsmäßig eine überproportionale Bereitwilligkeit, uns klein zu machen. Das geschieht oft gar nicht in der beruflichen, sondern viel eher in der privaten Sphäre. Wir lassen uns einreden, dass wir klein und mickrig sind und uns eigentlich nichts zutrauen sollten.

Ich war damals auch am Titelbild der ›Emma‹, und das Foto zeigte mich ganz natürlich, mit leicht angegrautem Haar. Dieses Bild war in keiner Weise unschön, aber es war das Gesicht einer sehr menschlichen Frau. Ich war nicht hässlich auf diesem Foto, aber es ging eher darum, wie sehr ich den Menschen durchblicken ließ. Die Hübschheit war sekundär.

Ich habe ein Archiv, da gibt es lauter Fotos, auf denen ich verführerische Posen einnehme. Aber ich habe in keiner Sekunde auf diese Weise gelebt. Das war eher eine Art Schutzhaltung und ich habe auch mit Alice darüber gesprochen. Das Verbergen hinter einer erotischen Maske kann auch ein Versteck vor der eigenen Unsicherheit sein. Ich habe mich oft hinter einer solchen Haltung verborgen, auch weil sie mich geschützt hat und weil ich gemerkt habe, das wird von meiner Umwelt mehr geschätzt. Dazu kam auch wirklich dieser ganze Tenor der Nachkriegsjahre. Ich hatte mit den sogenannten Revolutionsjahren wenig zu tun. Ich war viel mehr mit meinem Privatleben befasst. Die 68er interessierten mich kaum. Erst als ich etwa vierzig Jahre alt war, war ich plötzlich in der Lage, mich auf dieser Welt umzusehen und festzustellen, was mir an ihr nicht behagte.

Die Fünfziger- und Sechzigerjahre waren in keiner Weise dazu geeignet, Frauen die Möglichkeit zu geben, sich mit ihrer Meinung durchzusetzen. Diese Zeit war für mich sehr stark von Filmen bestimmt, in denen Frauen mit spitzen Brüsten, schmaler Taille und hoch gesteckter Frisur edel leidend dargestellt wurden. Wehe, sie hatte einen Liebhaber. Wehe, sie brach aus der Gesellschaft aus. Nein, die Liebe musste siegen oder es wurde tragisch. Sich aus diesem Zeitgeist heraus zu wurschteln, war nicht leicht.

Mein Versuch, nach diesem Frauenbild zu leben, ist mir immer misslungen. Ich konnte nie gut kochen. In der Rolle der edlen Hausfrau, die auch nicht ganz blöd ist, war ich immer sehr schlecht. Ich habe mir eben das Theater gesucht, und da gab es immer schon verrücktere Frauen. Ich habe mich sehr bemüht, natürlich auch in meinen Ehen, mein Bestes zu geben, aber ich war doch immer selbstständig. Intuitiv war es mir wichtig, dass ich mich nicht ernähren ließ. Dennoch war ich natürlich auf der anderen Seite vollkommen abhängig und weiblich begrenzt. Deswegen habe ich bei jungen Frauen immer dafür plädiert, dass sie sich nicht das ›Nesterl‹ suchen sollen und gleichzeitig raunzen, weil sie sich nicht selbst verwirklichen können, während der Ehemann sie finanziert. Viel besser ist es, die Möglichkeiten zu nutzen, die Frauen in unseren Breitengraden haben.

Mein Wunsch, dass das Frau-Sein endlich selbstverständlich wird, hat sich leider bis heute nicht erfüllt. Ich will keinen ›Tag der

Frau‹, keine Frauenzeitung, keine Frauenrubrik, keine Alibifrau in einem Gespräch, sondern ich hätte gerne, dass ›Frau-Sein‹ so selbstverständlich wie ›Mensch-Sein‹ ist. Da gibt es blöde, gescheite, hässliche und schöne Frauen. Es sollte selbstverständlich sein. Diese Sehnsucht hat sich bis heute nicht erfüllt.

Als ganz junges Mädchen war ich unglaublich religiös. Die Religion konnte mich aber nicht maßregeln. Nicht die katholische Kirche ist mir im Weg gestanden, sondern mein eigenes Liebesbedürfnis. Das hat mich unter der Knute gehabt. Es kam aber dann die Zeit der Pille, und die Frauen mussten nicht mehr Angst haben, schwanger zu werden. Als es zu dieser Kampagne ›Ich habe abgetrieben‹ kam, haben Freunde bei mir angeklopft: ›Willst du da nicht auch mitmachen?‹ – ›Da kann ich nicht mitmachen‹, habe ich geantwortet, ›ich müsste lügen.‹ Es sollen angeblich auch einige Frauen mitgemacht haben, die gar nicht abgetrieben haben. Ich habe das bei Freundinnen sehr wohl erlebt, sogar bei Frauen, die aus sehr katholischen Landstrichen kamen, die plötzlich mit regelrechter Wollust aus der Kirche ausgetreten sind.

Eine Zeit lang nahm ich die Frauenemanzipation sehr ernst. Plötzlich gab es eben Alice Schwarzer. Es stellte sich heraus, dass Henry Miller mit seinen Sexbeschreibungen ziemlich daneben lag. In Wahrheit funktionierte bei Frauen alles ein bisserl anders. In den 60ern und 70ern wurden plötzlich Probleme weiblicher Natur offen diskutiert. Das war ziemlich wohltuend. Eine Weile lang war ich mit Alice Schwarzer eng befreundet. Eines Tages aber merkte ich, dass sich in der Emanzipationsbewegung wieder Gremien installiert hatten, die ich im Hinblick auf hierarchische Strukturen hinterfragte. Kaum wurde etwas zum Verein, habe ich es nicht mehr gemocht. Manchmal fühlte ich mich ein wenig missbraucht. Deshalb zog ich mich wieder von dieser ganzen Frauenbewegungssache zurück. Ich habe versucht, mich selbst als Frau zu vertreten und nicht vereinnahmen zu lassen.

Einmal rief mich Alice nach einer Talkshow an und sagte mir, ich sei zu hübsch gewesen. Das gefiel mir überhaupt nicht. Ich

habe mich gefragt, war ich in der Talkshow blöd oder gescheit?
Aber dass ich nicht ›schiach‹ war, muss nicht unbedingt negativ
gewesen sein.

Mein Engagement in der Frauenbewegung fällt in die Zeit, als
die ›Emma‹, Alice Schwarzer und Simone de Beauvoir im Zentrum
der gesellschaftlichen Debatten standen. Wir wollten ja alle leben
wie Sartre und Beauvoir. ›Das andere Geschlecht‹ hatte großen
Einfluss. Schon in der Schauspielschule lebten wir den Existen-
zialismus. Wir hatten nur mehr schwarze Pullover an, mit ›Labisan‹
geschminkte weiße Lippen, Strohkörbe, Turnschuhe und so weiter.
Gerade Simone de Beauvoir hat vieles angeregt. Sie hat auch Alice
Schwarzer sehr beeinflusst. Eine der Thesen von Beauvoir war,
eine Frau ist man nicht, sondern man wird dazu gemacht. Ich bin
ein Mensch. Ich bin ein denkender, fühlender, nicht blöder Mensch
und möchte bitte selbstständig als Mensch leben dürfen. Da kam
mir die Frauenbewegung stark entgegen. Nur als es auch dort mili-
tant wurde, war es nicht mehr mein Ding. Ich habe Frauencafés nie
gemocht. Nur Frauen gehen mir genauso auf die Nerven wie nur
Männer. Nur ja keine Gettos.«

»Die drahn an Film«, meinte ein Passant gegenüber dem »Kurier«.
Am Nachmittag des 9. Dezember 1972 bot sich den einkaufen-
den Wienern mitten im vorweihnachtlichen Trubel des zweiten
»langen« Einkaufssamstages ein seltsamer Anblick. Eine Frau
in einem Sträflingskostüm mit der Nummer 144 ließ sich in einer Art Käfig von drei Männern durch die Innenstadt ziehen.
Die Männer sollten Arzt, Rechtsanwalt und Priester symbolisieren. Der »Schandkarren« wurde am Ende von der »Darstellerin«
Erika Mis mit einer Hacke zertrümmert. Es handelte sich um eine
Demonstration gegen § 144 StGB, der Abtreibung mit Haftstrafen
sanktionierte. Ob die Mehrzahl der vorbeihastenden Wienerinnen
und Wiener den tieferen Sinn dieser Aktion verstanden hat?
Jedenfalls gilt die Demonstration als Meilenstein der österreichischen Abtreibungsdebatte.

»Mein Bauch gehört mir« oder »Ob Kinder oder keine, entscheiden wir allein« lauteten einige der Slogans, die anfangs der Siebzigerjahre erstmals zu hören waren. Die Schulmädchen der Fünfziger- und Sechzigerjahre waren erwachsen geworden. Kurze Röcke und freie Liebe mochten den männlichen 68ern genügen. Die Frauen, die sich mit den etwaigen Folgen dieser revolutionären Aktivitäten auseinandersetzen mussten, postulierten eigene Forderungen. Die Aktivistinnen wollten die Stellung der Frau in der Gesellschaft von Grund auf ändern und an die neue gesellschaftliche Wirklichkeit anpassen. Anfang der siebziger Jahre stammten die familienrechtlichen Bestimmungen immer noch aus dem Allgemeinen Bürgerlichen Gesetzbuch des Jahres 1811. Der Ehemann war das »Haupt der Familie«, dem Ehefrau und Kinder Gehorsam schuldeten. Alle diese Bestimmungen verschwanden erst in den Jahren 1975 bis 1978, als Justizminister Christian Broda das Familienrecht umfassend reformierte.

Die zweite wesentliche Forderung der Frauenbewegung war die Straffreiheit des Schwangerschaftsabbruches. Seit Beginn der Zweiten Republik galt wieder der mariatheresianische § 144 des Strafgesetzbuchs, der Abtreibung generell unter Haftstrafe stellte. Frauen, die eine ungewollte Schwangerschaft beenden wollten und denen das Geld für kostspielige Auslandsaufenthalte fehlte, waren auf die Methoden von »Engelmacherinnen« angewiesen. Die Diskussion in Österreich folgte der internationalen Entwicklung fast im Gleichklang. In Frankreich hatte die Schriftstellerin Simone De Beauvoir schon 1971 mit 342 anderen prominenten Frauen das »Manifest der 343« unterzeichnet. Diese Frauen bekannten sich dazu, illegal abgetrieben zu haben. In Deutschland folgten 24 Schauspielerinnen, darunter Romy Schneider, diesem Beispiel und bekannten auf einem Titelblatt des Magazins »Stern«: »Ich habe abgetrieben.« Abtreibungsgegner und Befürworter gingen auf die Straße. Als sich 1972 in Wien das »Aktionskomitee zur Abschaffung des § 144« formiert hatte, antwortete die Plattform »Aktion Leben« mit einem Volksbegehren, das die Strafrechtsreform verhindern sollte.

Bundeskanzler Bruno Kreisky strebte ursprünglich »nur« eine erweitere »Indikationenlösung« an. Abtreibung wäre nur aus medizinischen und aus besonderen berücksichtigungswürdigen Gründen erlaubt worden. Der SPÖ-Chef scheute die direkte Konfrontation mit der katholischen Kirche. Er hatte das seit der Zwischenkriegszeit gespannte Verhältnis der Sozialisten zur Kirche im Zusammenwirken mit Wiens Kardinal Franz König verbessert. Kreisky fürchtete, katholische Stimmen zu verlieren. Beim Villacher SPÖ-Parteitag im April 1972 brachten die sozialistischen Frauen dennoch einen Antrag auf Einführung der Fristenlösung ein. Kreisky verlor die Kraftprobe mit den Delegierten. Der Parteitag stimmte für die Abtreibung in den ersten drei Schwangerschaftsmonaten. »Du bist dir bewusst, dass das der Kardinalfehler unserer Arbeit ist. Dieser Beschluss kostet uns die Mehrheit«, sagte Kreisky zu Heinz Fischer nach der Abstimmung. Kreisky äußerte sich selbst in der Nationalratssitzung im November 1973 skeptisch zur Fristenlösung. Er irrte. Die SPÖ gewann die folgende Wahl mit absoluter Mehrheit.

Das Volksbegehren der »Aktion Leben« erreichte 896.000 Unterschriften, wurde aber im Parlament nicht berücksichtigt. Am 1. Jänner 1975 trat die sogenannte »Fristenlösung« in Kraft. Der Kampf um den straffreien Schwangerschaftsabbruch war zu einem Mobilisierungsfaktor der Frauenbewegung geworden.

Erika Pluhar hat sich von der prominenten Burgschauspielerin zur Musikerin und Schriftstellerin entwickelt. Das Burgtheater verließ »die Pluhar« bereits 1999 im Konflikt mit Direktor Claus Peymann und verschrieb sich zunehmend der Literatur und dem Chanson. Im Wiener Gesellschaftsleben machte Erika Pluhar mit ihren Ehen und Ehedramen Schlagzeilen. Die gefeierte Schauspielerin ließ sich 1967 vom Wiener Szeneliebling Udo Proksch scheiden und heiratete drei Jahre später den Radiomoderator, Poeten, Sänger und Multimediakünstler André Heller. Politisch engagierte sich die Schauspielerin für die Sozialdemokratie, speziell für Bruno Kreisky, später für soziale Projekte und Freiheitsbewegungen.

»Sonst kriegst a Watschn, dass da vierzehn Tag' der Schädel wackelt.«

Karl Merkatz spielte den Edmund »Mundl« Sackbauer aus der Fernsehserie »Ein echter Wiener geht nicht unter«, die am 8. Juni 1975 zum ersten (und nicht letzten) Mal ausgestrahlt wurde.

Das Wasser ist eiskalt. Ich schütte es in mein Gesicht, lasse es über Ohren und Haare rinnen und wasche meinen Oberkörper. Es fließt aus einer altertümlichen Armatur ohne Mischbatterie. Nur mit einer weißen Unterhose bekleidet, stehe ich vor einem kleinen Emaillewaschbecken. Ein Spiegel mit Etagere komplettiert die Waschgelegenheit. Für vier Personen ist das Ablagebrett eigentlich zu klein. Orange und hellblaue Zahnputzbecher drängen sich neben diversen anderen Waschutensilien.

»Geh, Mundl, a bissl könntest schon aufpassen beim Waschen. Musst du so umanandspritzen? Schau, was du wieder für a Schweinerei g'macht hast!«. Tonerl hat recht. Das billige Linoleum unter meinen Füßen wird langsam unangenehm nass. Meine Frau hat an der gegenüberliegenden Seite der Küche Geschirr abgetrocknet, jetzt bückt sie sich und wischt auf. Die groß geblümte Kittelschürze über der rosa Bluse rutscht in die Höhe. »Wenn man etwas so Appetitliches sieht, lacht einem das Herz«, sage ich und gebe ihr einen liebevollen Klaps auf den Hintern. Die Wohnung ist klein, aber ordentlich. »... Wenn ma uns a Brausekabine kauft hätten, wäre das alles nicht notwendig«, schimpft sie, während ich mich anziehe. Heute gehe ich noch zum Training in den Stemmverein. Auf der Anrichte stehen meine Pokale. »Wer braucht a Brausekabine? Wär ich schön blöd, wo das städtische Brausebad nur a paar Gassn weiter weg is'!« Das Familienoberhaupt der Sackbauers hat gesprochen.

Die kleine Wohnung liegt nicht in einem Wiener Gemeindebau, sondern in den Rosenhügelstudios. Genauer gesagt in der abbruchreifen Dreierhalle. Wir drehen gerade die erste Szene aus »Das Salz der Erde« von Ernst Hinterberger. Der Fußboden knarrt hier so stark, dass wir immer wieder ausweichen müssen. Ich spiele Edmund »Mundl« Sackbauer, der Ehefrau Toni und seine erwachsenen Kinder Hanni und Karli mit der Fürsorge eines Patriarchen tyrannisiert. Schreiorgien, unflätiges Geschimpfe und das Androhen von einer »Watschn, dass dir vierzehn Tag' der Schädel wackelt« machen das Drehbuch originell. So etwas hat der ORF noch nie in die österreichischen Wohnzimmer gesendet. Ein Prolet als Fernsehheld. Ich bin schon auf die Zuschauerreaktionen gespannt. Ob sie so heftig wie bei der Premiere von »Der Herr Karl« ausfallen werden? Auch im »Salz der Erde« gibt es hoch politische Dialoge.

In der nächsten Szene sitze ich mit Toni an dem Tisch, der das Zentrum der Wohnung und der Sendung ist. Hier wird gegessen, geredet, geschimpft, gestritten und laut gedacht. Toni raucht, ich trinke ein Bier. Wir reden über Franzi, Hannis Freund, den ich nicht akzeptieren will. »Wos der Franzi waß, hob I scho long wieda vergessen«, grantle ich. Dann wird der Dialog ernster: »Erinnerst di no, wie er unlängst dahergredt hot, über die Juden und die Neger? Als ob mi des wos angingat. Erstens bin i ka Jud und a Neger bin i a net.« Toni beschwichtigt: »Des sogt ja wirklich kaner.« Ich beruhige mich nicht: »Da kummen so junge Spritzer daher und sagen einem ins G'sicht, wir san schuld g'wesen, dass der Hitler die Juden vergast hat.« Kurze Pause. »Aber i bin net dabei g'wesen. Und du a net«, schreie ich. Vergangenheitsbewältigung auf Österreichisch.

Karl Merkatz erinnert sich daran, wie er zur Rolle des »Mundl« in der Fernsehserie »Ein echter Wiener geht nicht unter« kam:

»Seltsam ist, dass mir die Hauptrolle plötzlich passiert ist. Ich war in München an den Kammerspielen engagiert und vorher drehte ich einen Film mit Axel Corti. ›Der Sohn eines Landarbeiters wird

Bauarbeiter und baut sich ein Haus.‹ Reinhard Schwabenitzky war Regieassistent. Bei dieser Produktion lernten wir uns kennen. Fast alle Kollegen, die später in der Mundl-Produktion aufgetreten sind, spielten mit. Um 1975 herum bekam ich einen Anruf, ob ich in einem Stück nach Ernst Hinterbergers Buch ›Salz der Erde‹ eine Rolle spielen möchte. ›Schauen wir uns das an‹, antwortete ich. Ich hatte keine besonderen Erwartungen an diese Rolle.

Anfangs war keine Rede von einer Serie. Es sollte nur ein Teil des Buches verfilmt werden. Das haben wir getan, und damit war die Sache im Grunde schon wieder beendet. Dieser Fernsehfilm sollte im ORF um halb elf am Abend gespielt werden, wie das eben üblich ist. Im ORF dachten sie, eine Kultursendung wird sich ohnehin niemand ansehen. Durch Zufall wurde dann ein Sportsendeplatz um 20.15 Uhr frei. Die Reaktionen waren ein richtiger Hammer. Es gab über tausend Anrufe im ORF. Das Publikum äußerte sich teilweise noch drastischer als der ›Mundl‹. Es waren die ›echten Wiener‹, die angerufen haben: ›So a Dreck, was ihr uns do zeigt's, der ist doch a Orschloch‹ und solche Sätze sind da gefallen. Und die anderen haben gesagt: ›Wunderbar, endlich sieht man, wie das Leben wirklich ist.‹

Der Film polarisierte absolut, und daraufhin hieß es: Ja, machen wir einen zweiten Teil. Während der Dreharbeiten kam die Idee, noch einen dritten Teil zu drehen. Somit hatten wir schon drei Folgen. Sie hießen immer noch ›Salz der Erde‹ und kamen sehr gut an. Früher waren in Deutschland die Straßen leer, wenn ein Durbridge-Krimi gezeigt wurde, und hier in Wien waren die Straßen leer, wenn der ›echte Wiener‹ lief.

Ich weiß nicht, warum sich viele Wiener so mit der Serie identifizierten. Sie hat mit Sicherheit die österreichische Identität mitgeprägt. Ernst Hinterberger arbeitete in einem solchen Milieu, nahm die Sprache davon mit, sammelte die Ausdrücke und offenbarte das in seinem Buch. Er wusste, woher das alles kam. Mir fiel es anfangs schwer, mich in diese Rolle hineinzuversetzen, weil ich zwanzig Jahre lang in Hamburg Theater gespielt hatte, wo man ein absolut *klares Deutsch spricht. So war mir der Ursprung des Dialekts wohl geblieben, aber die Sprache nicht mehr. Die musste ich mir aneignen. Die Texte waren im Dialekt geschrieben und so habe ich mich in das alte Wienerisch wieder hineingelebt.*

In der ersten Folge plant die Familie Sackbauer einen Urlaub in Jesolo. Doch dann reicht das Geld nicht und sie fahren zum Silbersee in Wien, irgendwo in Penzing draußen. Die Gegend war damals eher eine Müllhalde. In dem alten Ziegelteich ist ziemlich viel Müll gelegen, Badewannen, alte Motorräder und anderes Zeug – das war für die Filmfamilie Sackbauer der Ersatz für die Adria. Die Gegend war wirklich so. Als wir das erste Mal zu dem Ziegelteich hinuntergingen, sagte ich: ›Passt's ja auf, dass nicht irgendwo einer hing'schissn hat.‹ Der Ausspruch ist in der Sendung geblieben. Das war der erste Ansatz des echten Wieners, des ›Mundls‹.

Ich lache heute noch, wenn ich die Silvesterszene sehe. Das ist eine köstliche Nummer, die einfach aus der Situation entstanden ist. Wir haben locker gespielt, ohne über die Wirkung besonders nachzudenken. Wir hatten unseren Spaß daran. Schwabenitzky und ich erklärten Hinterberger, dass während der Arbeit Worte, oft sogar ganze Sätze, in die Kamera gesprochen wurden, die nicht im Drehbuch standen. Das ergab sich etliche Male während des Drehens. Hinterberger sagte dazu: ›Macht es, wie ihr wollt.‹

Ich habe immer darauf bestanden, dass wir eine Familie sein müssen. Darum saßen wir ständig um den Tisch herum. Die Zuseher merkten so, dass die Familie intakt war, auch wenn herumgetobt wurde und der Mundl sogenannte Watschen austeilte, wobei er nicht wirklich zuschlug. Wichtig war auch, dass die Frau eine so dominante Figur war, dass sie die Familie zusammengehalten hat. Wenn der Mundl aufgedreht hat, hat sie gesagt: ›Ja Mundi ...‹, und schon war's in Ordnung. Die Situationen haben innerhalb der Gemeinschaft gestimmt. Obwohl die Sprache hart war, wurde letztlich eine heile Welt gezeigt.

Der ›Echte Wiener‹ hat meine weitere Karriere geprägt. Eigentlich lehne ich das Wort ›Karriere‹ ab. Jeder Künstler muss handwerklich arbeiten können. Es ist die Vollkommenheit einer Arbeit, auf die ich Wert lege. Dieser ›Echte Wiener‹ in seiner ganzen Grundstruktur ist für mich nicht fertig geworden, denn es sind sehr viele Fehler passiert. Ich weiß auch nicht, ob die Figur ganz gestimmt hat. In den letzten Folgen hatten wir nicht mehr das richtige Maß. Diese Figur war am Ende. Trotzdem wird sie heute noch gerne angesehen und bejubelt. Eigentlich verstehe ich das nicht.

Kurt Ockermüller drehte die Serie ab der siebzehnten Folge bis zur letzten als Regisseur. Die letzte Folge war ›Mundls fünfzigster Geburtstag‹. Als ich achtzig wurde, kam Kurt zu mir und sagte: ›Drehen wir einen Film, Mundl wird achtzig.‹ Es waren dreißig Jahre vergangen. Kurz gesagt, Kurt sprach mit Hinterberger, der zustimmte und mit Kurt zusammen ein Drehbuch verfasste. Der Film hatte den größten Erfolg. Ernst Hinterberger war zufrieden. Nach einem Jahr kam besagte Produktionsfirma und schlug mir einen zweiten Film vor. Ich wollte nicht, denn ein zweiter Aufguss wird nie etwas Gescheites. Ich habe dann doch zugestimmt, da alle Kollegen wieder mit dabei sein konnten. Aber plötzlich stimmte etwas nicht mehr. Kurt bekam von der Produktion nicht mehr die Regie übertragen, seine Frau nicht mehr die Kostüme. Und Hinterberger schien dieses Buch nicht allein geschrieben zu haben. Es gab immer wieder Diskussionen. Hinterberger zog sich dann vom Film zurück. Wir hatten ein Gespräch über diese Situation und waren beide einer Meinung: Auch ich war mit meiner Arbeit unzufrieden, denn die Dreharbeiten waren nicht so, wie ich sie von anderen Filmen kannte.

Hinterberger sah diesen Film nie, weigerte sich bei der Premiere dabei zu sein. Das gestörte Verhältnis zwischen Hinterberger und mir setzte erst nach diesem missratenen Film ein. Er sagte: ›Der Merkatz ist nicht der Mundl.‹ Ernst Hinterberger meinte später, ich sei bei seiner Beerdigung nicht erwünscht. Das hat mich zutiefst betroffen gemacht.

Die Rolle des Edmund Sackbauer wurde für mich auch zum Nachteil. Verschiedene Regisseure, mit denen ich arbeiten wollte, haben gesagt: ›Jetzt, wo du den Mundl gespielt hast, kann ich dich *nicht besetzen.‹ Meine Antwort war immer: ›Du bist a klana Trottel, ich bin doch Schauspieler. Das ist ja ein Beruf, den ich ausübe. Ich bin diese Figur ja nicht, ich bin weder der Bockerer noch bin ich der Mundl noch bin ich ein jiddischer Fiddler, weil ich Anatevka gespielt habe.‹ Dass ich mit dem ›Mundl‹ so bekannt wurde, ist eine sehr schöne Geschichte, aber geholfen hat es mir nicht.«*

»Ein echter Wiener geht nicht unter« geriet zur Sternstunde der österreichischen Fernsehgeschichte. Die Sackbauer-Story war eine TV-Pioniertat. Am 8. Juni 1975 wurde Episode eins ausgestrahlt, die 24. und letzte Episode ging Anfang Dezember 1979 über die Bühne. Der »Mundl« gehört neben dem »Kottan« zur österreichischen Gesellschaftsgeschichte, er verkörpert ein prototypisches Bild des Wiener Proleten. Die Figur basiert auf einem eher dubiosen Charakter in Ernst Hinterbergers Roman »Salz der Erde«, der 1966 erstmals im Wiener Paul Zsolnay Verlag erschienen war. Die im Wiener Arbeitermilieu angesiedelte Familiengeschichte mit Mundartpassagen zeichnet das Psychogramm eines »typischen Wieners«, wie er gerade in den westlichen österreichischen Bundesländern wenig geschätzt wird. Aufbrausend, selbstbewusst und doch kleinlaut, »goschert« und verbal gewalttätig, ist der »Mundl« ein jüngerer Zwillingsbruder der Nachkriegsfigur des »Herrn Karl«.

»Ein echter Wiener geht nicht unter« ließ tief in die Abgründe der proletarischen Existenz blicken. Als Identifikationsangebot trat ein cholerischer Wiener Gemeindebaubewohner auf die Szene, ein mit Vorurteilen gespickter Haustyrann im Unterleiberl. Mundl schimpfte über die Politik, matschkerte über die missratenen Kinder, spielte sich als Macho auf und hatte doch eigentlich nichts zu reden. Er war ein klassischer Antiheld und wurde so zur Projektionsfläche für Millionen andere Antihelden, die sich in ihrem bescheidenen Alltag doch ein wenig über die Figur des Mundl erhaben fühlen konnten. Mehr Nuancen und Schattierungen zeigte Ernst Hinterbergers Romanvorlage. Deren Handlung ist gut zehn

Jahre vor der Ausstrahlung des »Echten Wieners«, im Jahr 1964 angesiedelt.

Weder Karl Merkatz, der die Figur des Mundl Sackbauer spielte, noch sein literarischer Schöpfer Ernst Hinterberger waren rückblickend mit der Fernsehfigur glücklich. In einem seiner wenigen Interviews beschrieb Ernst Hinterberger, wie ihm die Figur durch den Fernsehserienerfolg entglitt. »Mir war der Mundl eigentlich zu laut. Der Wiener ist nicht so. Erstens würde einem ja der Schlag treffen, wenn man sich wirklich ununterbrochen so aufregen würde, und zweitens ist der Wiener ja selbstgefällig und tut weniger schimpfen, als Diagnosen stellen. Der Merkatz hat aber die ganze Zeit ›Du bist a Trottel!‹ geschrien. Das ist leider bei den Leuten angekommen, und so ist dann der Mundl geblieben.«

OPEC-Überfall 1975

»Ernstl, bei der OPEC wird geschossen!«

Ernst Wallaschek leitete am 21. Dezember 1975 den Einsatz der österreichischen Polizei beim Überfall von sechs Terroristen unter der Führung des Venezolaners Ilich Ramírez Sánchez alias »Carlos« auf das Wiener Hauptquartier der OPEC. Ein Polizist, ein Sicherheitsmann und ein libyscher Experte wurden ermordet.

Es ist kurz vor zwölf Uhr, Zeit zum Mittagessen. Mein Blick fällt auf das weinrote Menage-Reindl. Wie jeden Tag hat es meine Frau in der Früh mit Essen gefüllt. Ob ich es mir schon wärmen soll? Ich will gerade aufstehen, als das Telefon läutet. Ein Funker, den ich aus meinen Jahren bei der Funkstreife kenne, ist am Apparat. Er klingt atemlos.»Du, Ernstl, bei der OPEC wird geschossen!«»Geh', lass dir was Besseres einfallen!«, erwidere ich. Doch dann höre ich die Schüsse selbst. Der Kollege muss das Funkgerät an den Hörer halten. Ich habe genug gehört.»Wir kommen«, sage ich knapp und lege auf. Ich alarmiere alle anwesenden Kollegen. Jeder schnappt sich eine Maschinenpistole, dann geht es im Laufschritt zum Auto. Zwar ist es von unserem Dienstort am Schottenring nicht weit zum OPEC-Gebäude, das vis-à-vis der Hauptuniversität liegt, aber wir sind auf den Wagen angewiesen. Wir haben keine Sprechfunkgeräte. Nur im Auto, einem VW Käfer, gibt es ein Funkgerät, über das man mit der Zentrale sprechen kann. Über die Schottengasse erreichen wir endlich das Haus, in dem im ersten Stock die OPEC untergebracht ist. Ich springe aus dem Käfer und versuche, mir einen Überblick über die Situation zu verschaffen. Immer wieder sind Schüsse zu hören. Meine Augen suchen die Fensterfront des ersten Stockes ab. Tatsächlich, die Terroristen schießen auch aus den Fenstern.

Zwei Sanitäter tragen gerade einen Mann auf einer Bahre aus dem Gebäude. Es ist ein guter Bekannter, Anton Tichler. Wie ich erfahre,

143

hatte der 60-Jährige gemeinsam mit dem 59-jährigen Kollegen Josef Janda Dienst im Konferenzstockwerk. Sie hatten keine Funkgeräte bei sich und die Anweisung, von der Schusswaffe möglichst nicht Gebrauch zu machen. Auch der OPEC-Sicherheitsbeauftragte war unbewaffnet. Tichler liegt bleich und regungslos auf der Bahre. Ich habe keine Zeit, mich nach seinem Zustand zu erkundigen. Er wird in einem grünen Wagen der Wiener Rettung weggebracht. Anton Tichler sollte am 1. Jänner 1976 in Pension gehen. Er hat sich freiwillig für den OPEC-Dienst gemeldet, um Geld für einen Skiurlaub in der Schweiz zu verdienen.

Ein Kollege erläutert mir die Situation: Terroristen sind unbemerkt und offenbar schwer bewaffnet zu den OPEC-Räumlichkeiten im ersten Stock vorgedrungen, wo gerade eine Tagung der Erdölminister stattfand. Es wurde eine unbekannte Zahl an Geiseln genommen. Forderungen sind noch nicht kommuniziert worden. Insgesamt eine extrem bedrohliche Situation. Die gefährlichste Zeitspanne bei Einsätzen dieser Art sind die ersten zwanzig Minuten. Weder die Kriminellen noch die Polizisten wissen, was auf sie zukommt. Deshalb muss man damit rechnen, dass in diesen ersten Minuten Unvorhersehbares passiert. Danach sind die Fronten abgesteckt.

Vierzehn Minuten nach Beginn der Terroraktion fahren ein weißer VW-Golf und ein dunkelgrüner VW-Bus mit Sirenengeheul und Blaulicht vor. Die Männer des Einsatzkommandos (EKO) der Wiener Polizei springen heraus. Nur zwei von ihnen tragen eine kugelsichere Weste. Kein Wunder: Sie wiegen fünfzehn Kilo und erschweren den Einsatz durch ihr Gewicht erheblich. Es sind durchwegs ältere Kollegen. Sie haben etliche Dienstjahre hinter sich, aber mit Terrorismusbekämpfung haben sie bisher nichts zu tun gehabt. Vor allem fürchte ich, dass ihnen die Geiselnehmer rein körperlich überlegen sein werden. Doch es hilft nichts, wir müssen in Erfahrung bringen, was im Inneren des Gebäudes vor sich geht. Halten die Terroristen das gesamte Gebäude oder nur den ersten Stock besetzt? Wie viele Bewaffnete sind unterwegs? Ich schicke drei Männer des Einsatzkommandos auf Erkundungstour.

Während die Kollegen unterwegs sind, gehe ich unruhig auf und ab. Ich kenne sie alle, manche flüchtig, andere besser. Einer von ihnen, der 52-jährige Karl Leopolder, ist sogar ein alter Sportsfreund. Er ist zu vierzig Prozent kriegsversehrt. Wieder ist das Aufbellen eines Maschinengewehrs zu hören. Wer hat geschossen, die Terroristen oder wir? Kurz darauf wird das Feuer erwidert. Danach tritt Ruhe ein. Ob einer unserer Leute getroffen wurde? Endlich kehren die Männer der Alarmabteilung zurück. »Es ist nur der erste Stock besetzt«, meldet einer. Als Letzter hinkt mein Freund Karl aus dem Haus. »Was ist passiert?«, frage ich. »In Orsch hat mich einer g'schossen, aber den Hund hab ich erwischt!« Trotz meiner Anspannung kann ich ein Grinsen nicht unterdrücken.

Einige Zeit später kommt eine junge Frau aus dem Haus. Ohne Mantel oder Jacke, nur mit einer weißen Bluse und einem Kostüm bekleidet, taumelt sie über die mit Schneematsch bedeckte Straße. Sie hat offensichtlich geweint, ihre Schminke ist verlaufen. Zwei Polizeibeamte haken sie unter. Die Sekretärin wurde freigelassen, um die ersten Forderungen der Geiselnehmer zu überbringen. Sie verlangen ein tragbares Radiogerät und eine Durchsage im Radio. Der Bericht der freigelassenen Geisel ist erschreckend: Die Terroristen haben Sprengladungen im Gebäude angebracht und drohen alles in die Luft zu sprengen. Inzwischen habe ich auch Kontakt mit dem OPEC-Sekretär aufgenommen. Die OPEC ist eine internationale Organisation, ihre Räumlichkeiten sind daher exterritoriales Gebiet. Der Sekretär erteilt die Bewilligung, dass unsere Männer jenes betreten dürfen.

Ein Schwerverletzter wird aus dem Gebäude getragen. Das muss der Mann sein, den Karl »erwischt« hat. Mit Sirenengeheul wird er ins AKH gebracht. Ob er durchkommen wird, ist unklar. Carlos hat jedenfalls die Devise ausgegeben, er wolle ihn »tot oder lebendig« zurückhaben.

Mittlerweile ist ein Botschafter des Außenamtes aufgetaucht, der die Verhandlungen aufnimmt. Innenminister Otto Rösch trifft ebenfalls ein. Bundeskanzler Kreisky ist nicht erreichbar, er muss erst aus Lech am Arlberg nach Wien geflogen werden. Wir wissen immer noch nicht, wie viele Terroristen sich im Gebäude aufhalten. Klar ist nur, wer ihr Anführer ist: Ilich Ramírez Sánchez, Kampfname»Carlos«. Ein Topterrorist. Gegen 16 Uhr übermittelt er sein Ultimatum: Um spätestens 17.30 Uhr sei eine Nachricht in französischer Sprache im Radio zu verlesen, sonst werde die erste Geisel, der iranische Ölminister, erschossen. Um 7 Uhr früh müsse ein Bus vorfahren, am Flughafen Schwechat habe eine betankte DC 9 zu warten. Außerdem haben die Terroristen mittlerweile Hunger bekommen und verlangen etwas zum Essen. Im Hotel Hilton ist für die OPEC-Minister ein Empfang vorbereitet worden. Diese Verpflegung lassen wir jetzt den Geiselnehmern in großen Kisten bringen.

Polizei-Einsatzleiter Ernst Wallaschek erlebte die dramatischen Stunden des Terrorüberfalls unmittelbar:

»Im Laufe des Tages haben wir alle Etagen des Hauses, die von der Geiselnahme nicht betroffen waren, geräumt. Wir haben alle Wohnungen und Büros telefonisch kontaktiert, denn die Menschen haben sich verständlicherweise aus Angst verbarrikadiert. Am Dachboden wurde ein Mauerdurchbruch geschaffen, durch den die Menschen evakuiert werden konnten. Die Verhandlungen dauerten und dauerten. Irgendwann bekam ich die Information, dass Bundeskanzler Kreisky entschieden hatte, die Terroristen mit den Erdölministern ausfliegen zu lassen. Später hörte ich auch seine Begründung im Radio: ›Es ist schon genug Unglück geschehen. Da wir wissen, dass die Drohungen der Terroristen sehr ernst zu nehmen sind, bestimmt das nicht zuletzt unser Handeln.‹

In den frühen Morgenstunden fuhr ein gelber Postbus mit verhüllten Fenstern vor. Er war mit der Tafel ›Sonderfahrt‹ beschildert. Aus dem OPEC-Gebäude wurden vermummte Gestalten von den Terroristen zum Bus, aber auch wieder zurückgebracht. Ein Verwirrspiel. Obwohl ich das Geschehen von einem benachbarten Hauseingang aus beobachtete, war es unmöglich zu sagen, wie viele

Menschen sich bei der Abfahrt im Bus befanden. Auch der schwer verletzte Terrorist Hans-Joachim Klein sollte vom AKH zum Flughafen gebracht werden. Plötzlich stand der Anführer der Terroristen vor mir. Der Lauf seiner Maschinenpistole bohrte sich in meinen Bauch. Ich erstarrte. ›Go away, next door!‹, sagte er emotionslos und scheuchte mich ins benachbarte Haustor. Von hier aus beobachtete ich die Abfahrt des Busses. Für die österreichischen Geiseln, Sekretärinnen und OPEC-Angestellte, war die Odyssee zu Ende. Für die Erdölminister und ihre Delegationen begann eine Reise ins Ungewisse.«

Der OPEC-Überfall und die Geiselnahme von elf Erdölministern war der spektakulärste Terroranschlag der Zweiten Republik. Die Hintermänner des Kommandos, das an jenem Sonntag um 11.45 Uhr mit in Sporttaschen gepackten Maschinenpistolen das Haus am Ring betrat, waren brandgefährlich. Als Auftraggeber galt Wadi Haddad, geboren 1927 in Palästina – ein Arzt, dem Arafats PLO zu zahm war. Haddad spaltete sich mit seiner Gruppe ab. Bei fast allen Flugzeugentführungen der frühen Siebzigerjahre zog er die Fäden. Haddad unterhielt Kontakte zu Gesinnungsfreunden in Europa. Den Revolutionären Zellen (RZ) in Deutschland überwies er jeden Monat 3000 Dollar. Zwei der Attentäter von Wien kamen von den RZ: der 28-jährige Hans-Joachim Klein und die 24-jährige Gabriele Kröcher-Tiedemann. Drei weitere Kommandomitglieder waren Palästinenser. Die schillerndste Figur jedoch war ihr Anführer, Ilich Ramírez Sánchez, vulgo Carlos, geboren 1949 als Sohn eines venezolanischen Anwalts und glühenden Kommunisten. Carlos studierte folgerichtig in Moskau, wurde aber wegen »antisowjetischer Propaganda« ausgewiesen. Radikalinskis waren den Kreml-Herren seit jeher ein Gräuel. Seit Anfang der Siebzigerjahre verübte Carlos im Auftrag extremistischer Palästinenser in Paris und London Anschläge auf jüdische Geschäftsleute und stieg damit in die Promiliga des Terrors auf. »Carlos, der Schakal« nannten ihn die Medien, seit man in einer seiner Wohnungen Frederick

Forsyths gleichnamigen Roman über einen Profikiller gefunden hatte. Carlos genoss es, zum Mythos stilisiert zu werden – und er stilisierte sich selbst. Vor dem OPEC-Anschlag kaufte er sich in einem Wiener Geschäft eine Baskenmütze, um wie Che Guevara auszusehen. Den Erdölministern stellte er sich mit den Worten vor: »Ich bin der berühmte Carlos!« Noch nach dreizehn Jahren in einem französischen Gefängnis versuchte er, den Glamour zu wahren. Er protestierte aus seiner Zelle gegen den beim Filmfestival in Cannes gezeigten Film »Carlos«: Darin würden seine Leute als »Hysteriker« gezeigt, obwohl es sich doch um Vollprofis gehandelt habe.

Carlos' Kommando war von Libyens Staatschef Muammar al-Gaddafi bestellt und bezahlt worden. Der »Revolutionsführer« wollte die mit den USA kooperierenden Erdölstaaten Iran und Saudi-Arabien bestrafen. Sein Auftrag: Entführung der OPEC-Minister und Erpressung von Lösegeld. Die Ölminister des Iran und Saudi-Arabiens seien zu töten. Als die Terroristen das Gebäude betraten, warteten im Foyer Journalisten auf die Pressekonferenz. Ob die Sitzung noch im Gang sei, fragte Carlos auf Französisch. »Noch eine Weile«, antwortete ein Reporter. Die Truppe fuhr mit dem Aufzug ins obere Stockwerk. Der Kriminalpolizist Tichler wurde von Kröcher-Tiedemann alias »Nada« mit einem Genickschuss getötet. Carlos selbst erschoss einen flüchtenden libyschen Delegierten. Wer den irakischen Sicherheitsmann ermordete, wurde nie geklärt.

Vierzehn Minuten später traf das Einsatzkommando (EKO) der Wiener Polizei ein. Anders als die heutige »Cobra« waren die EKO-Männer nicht für derartige Einsätze geschult. Nur zwei trugen kugelsichere Westen. Der 52-jährige Kurt Leopolder schoss mit seiner »Uzi«, ein Querschläger traf den Terroristen Klein in den Bauch. Sekunden später brach der Polizist, in Gesäß, Wirbelsäule und Oberschenkel getroffen, zusammen. Nach diesem Schusswechsel zog sich das Polizeikommando zurück. Das Terrorkommando verlegte Drähte und Sprengstoff im Sitzungssaal. Mehr als sechzig Geiseln befanden sich jetzt in seiner Gewalt, darunter elf Ölminister. Im Kanzleramt hatten sich vier Stunden nach Beginn des Anschlags fast alle Regierungsmitglieder eingefunden. Nur einer fehlte: Bruno Kreisky war schon auf Weihnachtsurlaub in Lech am Arlberg und musste erst nach Wien gebracht werden. Wie die folgenden dramatischen Stunden abliefen, illustrieren ein internes Protokoll und das Tagebuch von Handelsminister Josef Staribacher. Gegen 16 Uhr übermittelte Carlos sein Ultimatum: Um spätestens 17.30 Uhr sei eine Propagandabotschaft in französischer Sprache im Radio zu verlesen, andernfalls werde die erste Geisel, der iranische Ölminister, ermordet. Um 7 Uhr früh müsse dann ein Bus vorfahren, am Flughafen habe eine betankte DC 9 bereitzustehen. Finanzminister Hannes Androsch plädierte für Zeitgewinn: Man solle die Terroristen vertrösten, bis der für 18 Uhr erwartete Kreisky eingetroffen sei. »Wir sollten die harte Tour einlegen«, meinte Landwirtschaftsminister Oskar Weihs zu seinem Sitznachbarn Staribacher. Den Umschwung brachte laut Protokoll des Kanzleramts eine Wortmeldung von Wissenschaftsministerin Hertha Firnberg: »Ich bin dafür, dass die Proklamation im ORF verlesen wird.« Unmittelbar danach traf ein durchfrorener Kreisky ein. Man hatte ihn mit einem Helikopter nach Salzburg und von dort in einer Cessna nach Wien geflogen. Sprechkontakt hatte man nicht zu ihm herstellen können. Kreisky, das wurde schnell klar, wollte auf alle Forderungen des Kommandos eingehen und hatte auch schon eine Begründung parat: Die OPEC sei exterritoriales Gelände, auf dem nur die Ölminister selbst das Sagen hätten. Auf deren Wunsch müsse Österreich sie sogar ausfliegen. Man benötige aber entsprechende schriftliche Ersuchen der Geiseln. Dass ihm das eine gute Presse garantierte, glaubte Kreisky nicht: »Am ekelhaftesten sind sicher wieder die Journalisten. Zuerst werden sie uns die Schuld geben«, vermerkte das interne Protokoll. Die sich abzeichnende Lösung drohte noch an für Österreich nicht untypischen Details zu scheitern. Der ORF meldete, er habe keinen Französisch sprechenden Mitarbeiter parat. Der im Foyer wartende »profil«-Reporter Thomas Fuhrmann bot an, den Text zu verlesen. Kreisky lehnte ab: »Zieht's da niemanden hinein, das soll der Fritz Gerhart machen.« So kam der junge Diplomat zu einem großen Auftritt. Kaum war dieses Problem gelöst, machten die AUA-Piloten Schwierigkeiten: Sie weigerten sich zu fliegen, sollte das Kommando nicht vorher die Waffen abgeben – eine höchst unrealistische Forderung. Auch die Post hatte Sorgen: Man habe keine Busse mit Vorhängen, wie sie die Terrorgruppe wünsche. Sollen sie halt etwas anderes hinhängen, murrte Kreisky. Telefonisch informierte der Kanzler Oppositionsführer Josef Taus über den Stand der Dinge. »Also, Sie geben den Forderungen der Terroristen nach«, habe der ÖVP-Chef protestiert, erzählte Kreisky seiner Ministerrunde. Der Kanzler war darüber nicht empört: »Ich erwarte von den Herren der Opposition ja nicht, dass sie unsere Verantwortung übernehmen.« Inzwischen hatte im Burgtheater die reguläre Abendvorstellung begonnen, wie Hannes Androsch konsterniert feststellte, obwohl der mit Sprengstoff beladene Tatort kaum 150 Meter entfernt lag. Noch in letzter Minute gab es eine haarsträubende Panne: Zwei Bauarbeiter traten just in dem Moment aus der Universität auf die Straße, als Carlos und seine Geiseln in den Bus stiegen – man hatte schlicht auf die Sicherung des Geländes vergessen. Am Flughafen streckte Carlos plötzlich dem neben der Maschine stehenden Innenminister Otto Rösch die Hand hin. Dieser ergriff sie. Das verstörende Bild ist heute Teil der Ikonografie der Zweiten Republik.

Die Sache endete glimpflich. Nach einem Zwischenstopp in Libyen landete die AUA-Maschine in Algier, wo Carlos seine Geiseln freigab. Der Iran und die Saudis mussten je zehn Millionen Dollar Lösegeld bezahlen. Carlos residierte für einige Tage in einem Luxushotel und tauchte dann im Jemen unter. In den folgenden Jahren wurden vier der sechs Täter in anderen Ländern geschnappt. Das in Terrorangst lebende Österreich tat alles, um ihre Auslieferung zu verhindern. So hatten es die österreichischen Behörden unterlassen, die Kommandomitglieder zu fotografieren.

»Kameras mit Teleobjektiven zählen offenbar nicht zum technischen Standard der Hauptstadtpolizei«, ätzte der »Spiegel«. Auch Fingerabdrücke hatte man nicht genommen.

Nicht alle waren mit der Bewältigung dieses Terroranschlags durch Wiener Behörden unzufrieden. Zwei Jahre danach erteilte Libyens Staatschef Muammar al-Gaddafi der Linzer VOEST den Zuschlag zum Bau eines Kraftwerks. Nach heutigem Wert lag die Auftragssumme bei zwei Milliarden Euro.

Der Einsturz der Reichsbrücke

»Runter von der Brücke!«

Friedrich Fürst hatte mit seinem VW Käfer am frühen
Morgen des 1. August 1976 eine Reifenpanne auf der Wiener
Reichsbrücke. Nach einer durchtanzten Disconacht liefen er und
seine zwei Freunde um ihr Leben. Die Brücke brach buchstäblich
unter ihren Füßen zusammen.

*Ich fluche und lege die angebissene Käsekrainer auf den Pappteller
zurück. Die Wurst ist zu heiß. Ich habe mir die Zunge verbrannt.
Walter und Erwin grinsen. Wir stehen beim Würstelstand am Praterstern und stärken uns. Meine beiden Freunde sind leicht be-
schwipst. Als Fahrer musste ich nüchtern bleiben. Es war ein langer, fröhlicher Abend in unserer Lieblingsdisco »Jim Bean«. Wie
jedes Wochenende war unsere gesamte Clique unterwegs. Mein
Freund Wolfgang, der für die Musik in dem kleinen Lokal in Würnitz
zuständig ist, weiß genau, was uns gefällt. Der neueste Song von
Donna Summer »Could It Be Magic?« geht mir nicht mehr aus dem
Kopf.*

*Es ist zwei Uhr früh. Regen setzt ein. Wir laufen zum Auto. Der
beige VW Käfer ist mein erster eigener Wagen und mein ganzer
Stolz. Ich fahre zügig in den Kreisverkehr am Praterstern ein und
nehme die Ausfahrt Lassallestrasse. Der Regen wird stärker. Nass
und glänzend liegt der Asphalt vor mir. Die Sicht ist schlecht. Ich
bremse und verliere im selben Moment die Kontrolle über das Fahrzeug. Der Käfer gerät ins Schleudern. Alles geht rasend schnell. Ich
versuche gegenzusteuern. Vergeblich, das Auto rutscht über die
Fahrbahn und überschlägt sich. Ein Schrei von der Rückbank. Der
VW kippt und bleibt auf dem Dach liegen. Für Sekundenbruchteile
bin ich vor Schreck wie erstarrt. Ich spüre keine Schmerzen, sehe
kein Blut. Ich bin unverletzt. Ich drehe mich um. Gott sei Dank, auch*

Walter und Erwin ist nichts passiert. Benommen kriechen wir aus dem Auto. Es ist genau auf den Straßenbahnschienen zu liegen gekommen.

Geschockt mache ich mich an eine Bestandsaufnahme der Schäden. Der beigefarbene Lack der Kotflügel ist abgeschürft, das Dach hat einige Dellen. Durch den Überschlag zerbrach die Heckscheibe. Sie liegt bis auf ein paar Kratzer unversehrt neben dem Auto. Ich hoffe, dass die Mechaniker sie wieder in die Öffnung pressen können. Gerade als ich überlege, wie wir den Käfer auf die Räder wuchten, fährt eine Funkstreife vorbei. Die Polizisten erkundigen sich nach dem Hergang des Unfalles. Da niemand verletzt wurde und auch kein anderes Fahrzeug beteiligt war, besteht kein Grund für eine Amtshandlung. Die Uniformierten helfen uns, den Käfer wieder flott zu machen. »Da liegt jede Woche einer oben«, sagt einer der Polizisten zum Abschied. Er deutet auf den hohen Randstein, der meinen VW vermutlich zum Kippen gebracht hat. Kein Trost, aber eine Erklärung.

Jetzt erst bemerken wir, dass der Käfer doch nicht fahrbereit ist. Der Wagen hat einen Reifenschaden. »Hast du einen Ersatzreifen?«, fragt Walter. Eine kurze Nachschau ergibt, dass »das fünfte Rad« nicht einsatzfähig ist. Außerdem fehlt ein Wagenheber. »So eine Schlamperei!«, schimpft Erwin. »Was sollen wir jetzt machen?« Nach einigem Hin und Her beschließen wir, über die Donau zur nächsten Nachttankstelle auf der Wagramer Straße zu fahren. Langsam tuckern wir los. Mit dem »Patschen« am linken Hinterrad ist es eine holprige Fahrt. Auf der Reichsbrücke, kurz vor dem stadtseitigen Brückenpfeiler, bleibt das Auto liegen. Wir haben das kaputte Rad verloren. Unsere Stimmung fällt ins Bodenlose. Wir sind müde, nass und wollen ins Bett. Auf der Reichsbrücke gibt es keine Telefonzelle. Wie soll ich jetzt zu einem Taxi kommen? Wenn ich die Brücke zu Fuß überqueren muss, liegt ein längerer Marsch vor mir. Obwohl ich fast täglich über den Koloss fahre, bin ich auch heute Nacht vom Anblick der Pylone beeindruckt. Zwei Stahlpfeiler ragen dreißig Meter über die Fahrbahnoberkante, dicke Ketten verbinden *sie. Wer bleibt ausgerechnet auf einem der Wahrzeichen Wiens mit seinem Auto liegen?*

Endlich gelingt es mir, ein Taxi aufzuhalten. Ich lasse mich zur nächsten Tankstelle auf der Wagramer Straße fahren. Dort kann ich den Ersatzreifen aufpumpen, doch damit endet die Hilfsbereitschaft des Tankwarts. »Mitten in der Nacht geh' ich nicht in die Werkstatt!«, *verweigert er die Bitte nach einem Wagenheber. Ich rufe den ÖAMTC an.* »Das wird aber dauern«, *lautet die aufmunternde Botschaft. Schließlich lasse ich mich vom Taxi wieder zu Walter und Erwin auf die Reichsbrücke zurückbringen. Eine teure Disconacht.*

Wir warten und warten. Es ist August, doch im Morgengrauen ist es kalt. Ich friere. Mein dunkelblaues Nikki-Leibchen hat sich mittlerweile in einen nassen Umschlag verwandelt. Ein Blick auf die Uhr. Kurz vor drei Uhr früh. Seit fast einer Stunde warten wir. »Los, wir probieren es einmal zu dritt. Wer weiß, wann der ÖAMTC kommt.« *Nach einem kurzen Versuch wissen wir, dass wir weiter warten müssen. Zu dritt ist es unmöglich, den Käfer zu heben. Frustriert setzen wir uns wieder in den Wagen. Ich lege den Kopf zurück, döse ein wenig. Was für eine Nacht.*

Immer wieder haben Menschen angehalten, um uns ihre Hilfe anzubieten. Was wir bräuchten, wäre ein Wagenheber, der mit einem VW kompatibel ist. Gerade bleibt wieder ein Fahrzeug stehen. Ich steige aus und blinzle ins Licht eines Scheinwerfers. Für einen Moment bin ich geblendet. Dann stellt der Fahrer Motor und Licht ab. Es ist kein ÖAMTC-Wagen, sondern ein blauer Ford Transit. »Brauchen Sie Hilfe?«, *sagt der Mann und mustert den Käfer. Ich schildere ihm unser Problem. Kurz darauf versuchen wir zu viert den Wagen anzuheben. Es gelingt. Umso größer ist die Enttäuschung, als wir merken, dass wir das Auto nicht ruhig genug halten können, um die Schrauben in das Gewinde zu drehen und so das Rad wieder zu befestigen. Wir fluchen. Eine Zigarettenpackung kreist. Feuerzeuge flammen auf. Gierig inhaliere ich den Rauch. Ein entnervter Blick auf die Uhr. Vier Uhr morgens. Wieder hält ein Auto, diesmal sitzt eine Frau am Steuer. Sie fährt einen VW Käfer. Die*

Dame bleibt im geschlossenen Fahrzeug sitzen und öffnet den Kofferraum von innen. Endlich ein passender Wagenheber. Ohne Probleme wechseln wir den Reifen, die hilfsbereite Dame fährt weiter. Die Stimmung ist gelöst, schließlich haben wir unser nächtliches Abenteuer überstanden. Danach steigt unser Helfer in seinen blauen Ford. Ich starte mein Auto. Als ich wegfahren will, sehe ich im Rückspiegel den gelben ÖAMTC-Wagen. Ich steige wieder aus, um den Männern entgegenzugehen. Ein Bus der Wiener Linien fährt an mir vorbei. Bringt der Autobus die Brücke zum Wackeln? Ich schaue ihm irritiert nach. Die Fahrbahn schwankt heftig. Der Bus verschwindet plötzlich aus meinem Blick. Der Straßenbelag scheint Wellen zu schlagen. Für den Bruchteil einer Sekunde starre ich auf das unbegreifliche Bild, dann reiße ich mich los. Walter und Erwin sitzen immer noch im Auto. »Runter von der Brücke«, brülle ich und renne los. Weiter, nur weiter. Hinter mir höre ich meine Freunde keuchen. Die Säulen der Brücke wackeln. Kabel, die auf der Brücke verlegt wurden, werden zerfetzt und schrammen am Geländer entlang. Funken zischen durch die Luft. Licht und Lärm zerreißen die morgendliche Dämmerung, doch ich bemerke es kaum. Laufen ist das einzige, das zählt. Mir wird klar, es geht um unser Leben. Wenn sich das Brückenstück, auf dem wir uns bewegen, löst, kracht es auf den Handelskai. Ein Todesurteil. Ein knirschendes Geräusch über mir verschärft die Bedrohung. Ich schau gegen den Himmel und sehe die abgerissene Brückenkette auf mich zustürzen. In ein paar Sekunden ist es vorbei. Merkwürdig, wie nüchtern ich in einem solchen Moment denken kann. Keine Angst. Keine Zeit. Weiter. Das ohrenbetäubende Krachen wird von einer mächtigen Erschütterung begleitet, als die Stahlkette in unmittelbarer Nähe auf der Brücke aufschlägt. Sie schleudert mich zu Boden. Ich lande mit dem Gesicht nach unten auf der Straße. Benommen rapple ich mich auf. Es ist nicht vorbei. Meine Handflächen brennen. Etwas Feuchtes, Klebriges läuft über mein Gesicht und sammelt sich am Kinn. Flüchtig wische es ich mit dem Handrücken ab. Kurz starre ich das Blut auf meiner Hand an, dann renne ich weiter. Vielleicht

haben wir doch noch eine Chance. Walter und Erwin sind jetzt ne-
ben mir. Mein Blick ist nach vorne gerichtet. Wir schaffen es, rufe
ich den beiden zu. Schweiß läuft über mein Gesicht. Wir nähern uns
dem Ende der Brücke. Noch ein paar Meter. Gleich ist es überstan-
den. Vor uns klafft ein etwa ein Meter breiter Spalt in der schwan-
kenden Brücke. »Nicht hinunterschauen«, *denke ich und springe.*
Flüchtig registriere ich, dass es auch Walter und Erwin geschafft
haben. Zu dritt legen wir die letzten Meter auf der Brücke zurück.
Ein letzter Satz, und wir sind in Sicherheit. Wie hypnotisiert star-
re ich auf das Katastrophenszenario hinter mir. Die Fahrbahn, die
täglich von Tausenden Fahrzeugen überquert wurde, führt jetzt wie
eine Sprungschanze steil in die Donau. Es ist ein absurdes, beina-
he unwirkliches Bild.

Ich spüre kein Glücksgefühl, keine Euphorie. Eine merkwürdige
Leere steigt in mir auf. Ich habe überlebt. Aber was ist mit den an-
deren Menschen, die auf der Brücke waren? Die ÖAMTC-Männer
haben sich zeitgleich mit mir und meinen Freunden in Sicherheit ge-
bracht, das haben wir bemerkt. Aber was ist mit unserem Helfer Karl
und dem Autobus passiert? Von unserem jetzigen Standort haben
wir keinen Überblick. »Wir müssen Karl und den Bus suchen«, *brülle*
ich. Meine Freunde folgen mir. Schließlich erreichen wir stromab-
wärts eine Stelle am Donauufer, die uns einen guten Blick auf die
Unglücksstelle ermöglicht. Die Donaubrücke liegt mitten im Wasser.
Der Bus der Wiener Linien steht immer noch auf der Fahrbahn. Der
Fahrer ist auf das Dach des Busses geklettert. Er winkt uns zu,
»Hilfe!«, *tönt es über die Donau. Hoffentlich haben die ÖAMTC-*
Leute schon die Feuerwehr verständigt. Mein Blick wandert weiter
über das dunkle Wasser. Wo ist Karl? Vom blauen Ford Transit ist
nichts zu sehen. Vielleicht hat er es noch rechtzeitig zum anderen
Ende der Brücke geschafft. Der Autobus, der schneller gefahren ist,
liegt da unten in der Donau. Nein, es ist unrealistisch, dass Karl die
Brücke vor dem Einsturz verlassen konnte. Er muss da sein, irgend-
wo da unten im Wasser. Für einen Moment sehe ich sein Gesicht
vor mir, höre seine Stimme. »Brauchen Sie Hilfe?« *Er ist freiwillig*

stehen geblieben, mitten in dieser Augustnacht. Hätte er mir nicht geholfen, würde er jetzt vermutlich zu Hause im Bett liegen. Wo ist Karl? Noch einmal tastet mein Blick das dunkle Wasser ab, Meter für Meter. Dann, plötzlich, sehe ich es. Unterhalb der Brücke ragt etwas Metallisches aus dem Wasser. Ich gehe so nahe wie möglich ans Ufer. Es ist ein Rücklicht, darunter erkenne ich ein Stück lackiertes Metall. Es ist blau.

Friedrich Fürst schildert die bangen Minuten der Suche:

»Wir haben uns aufgeteilt und sind das Ufer entlang gelaufen, den Blick immer auf das Wasser gerichtet. Wir versuchten, jedes Geräusch zu registrieren. Wir hörten nur den Busfahrer, sonst niemanden. Minuten vergingen. Kein Lebenszeichen von Karl. Irgendwann blieb ich stehen. Ich wollte jemanden anrufen, eine vertraute Stimme hören. An der Ecke zum Mexikoplatz fand ich eine Telefonzelle. Ich nahm den Hörer ab. Meine Eltern waren auf Urlaub. Ich versuchte mich zu konzentrieren. Eine einzige Nummer kam mir in den Sinn. Ich wählte. Frau Scherzer, die Mutter meines Freundes, meldete sich verschlafen. ›Kann ich Heinz sprechen? Die Reichsbrücke ist gerade eingestürzt!‹ Stille, gefolgt von einem geräuschvollen Klicken. Sie hat ohne ein Wort zu sagen aufgelegt. Eine andere Telefonnummer fiel mir nicht ein.«

Die Reichsbrücke war nicht irgendein Donauübergang, sie war ein Mythos, sie war gebaute Ideologie. Die seit dem 12. Februar 1934 amtierende christlich-soziale Wiener Stadtregierung versuchte mit einem forcierten Brücken- und Straßenbau an die Tradition des »legendären« Bürgermeisters Karl Lueger anzuknüpfen und einen deutlich anderen Akzent als das »rote Wien« zu setzen. Straßen und Brücken statt Gemeindebauten. Bundeskanzler Engelbert Dollfuß regierte nach der sogenannten »Selbstauflösung« des Parlaments ab März 1933 autoritär. Gegen die hohe Arbeitslosigkeit, die mit fast 38 Prozent in der Weltwirtschaftskrise ab 1929 einen Spitzenwert erreicht hatte, versuchte der »Ständestaat« mit Straßenbauprogrammen anzukämpfen. Der Bau der Hochalpenstraße am Großglockner, der Wiener Höhenstraße, der Straße über den Packsattel zwischen der Steiermark und Kärnten sollte Zehntausenden Menschen Arbeit geben. Die österreichischen Baufirmen mussten sich verpflichten, möglichst wenige Maschinen einzusetzen, dafür viele Arbeiter in Handarbeit zu beschäftigen. Bauen galt als Ausdruck der »Volkskraft«. Wer Beton mischt, Ziegel auf Ziegel setzt, der glaubt an eine Zukunft. Der Neubau der Reichsbrücke in Wien war ein Prestigeprojekt der neuen »vaterländischen« Stadtverwaltung. Die alte von Kaiser Franz Joseph in Auftrag gegebene »Kronprinz-Rudolph-Brücke« war längst zu schmal geworden und sollte ersetzt werden.

Am 26. Februar 1934 wurde offiziell mit den Arbeiten begonnen. Da war es kaum zwei Wochen her, dass Österreicher auf Österreicher geschossen hatten. Schon bei der Planung der Hängebrücke kam es zu heftigen Diskussionen, ob die gewählte Konstruktion sicher sei. Wien steht auf einer Hunderte Meter tiefen Schicht aus Schotter und Sedimenten. Es war also kein Felsen in Sicht, in den die gigantischen Stahlketten einer Hängebrücke verankert werden konnten. Tatsächlich erwiesen sich die Bodenverhältnisse beim Bau der Brücke als viel schwieriger als geplant. Wie sollten die Bauherrn das Problem lösen? Es kam zum akademischen Streit an der Technischen Hochschule und Planungsänderungen. Die fehlerhafte Grundkonstruktion wurde jedoch beibehalten.

Am 10. Oktober 1937 wurde die mit 1.225 Metern damals drittgrößte Kettenbrücke Europas mit einem pompösen Festzug eröffnet. Es war ein Staatsakt, der live im Radio übertragen wurde. Die gesamte Führung des austrofaschistischen Ständestaates zelebrierte die Eröffnung als Triumph für das Regime. Zehntausende Schüler gaben die Kulisse für den Festzug ab. Die Arbeiter marschierten in mittelalterlichen Zunftgewändern. Ein für dieses Ereignis komponiertes »Reichsbrückenlied« hatte Premiere – »Tausend Hämmer, Räder, Feilen, tausend Hände mussten eilen, dass das große Werk entstand! Heil der Arbeit, die verbindet, Kluft und Spaltung überwindet, Heil dem Werk, Heil unserm Land!«

Die »Reichsbrücke« hatte einen Geburtsfehler, dennoch hielt sie viereinhalb Jahrzehnte den steigenden Belastungen stand. Selbst die Bombardierungen im letzten Jahr des Zweiten Weltkriegs überstand sie als einziger Donauübergang ohne größeren Schaden. Die geplante Sprengung der strategisch bedeutenden Brücke unterblieb, obwohl es um den Donauübergang heftige Kämpfe zwischen der Roten Armee und der aus Wien abrückenden SS gab. Die Reichsbrücke war lange Zeit die einzige Verkehrsverbindung, über die die Bevölkerung, nach strenger Ausweiskontrolle, von »Transdanubien« in die Innere Stadt gelangen konnte. Im Wien der Nachkriegszeit erhielt sie im legendären Film »Der Dritte Mann« ein cineastisches Denkmal.

Am 1. August 1976 wollte sie nicht mehr. Innerhalb von dreißig Sekunden hob sich die Stahlkonstruktion einen halben Meter und stürzte dann in die Donau. Die erste Radiomeldung lautete: »Die Wiener Reichsbrücke ist heute knapp vor fünf Uhr früh aus bisher ungeklärter Ursache eingestürzt.« Die Lyrikerin Christine Busta schrieb den »Nachruf auf eine Brücke«: »Sie hat kein Zeichen gegeben, oder keiner hat es erkannt, wie müde sie war, wie überfordert von unserer Zuversicht.«

Die nach der Katastrophe eingerichtete Untersuchungskommission tagte zwar Monate und produzierte Hunderte Seiten Papier, konnte aber keine wirkliche Ursache für den Einsturz finden. Schuld war irgendwie das Wetter, die Strömung der Donau, sowie die ominöse Wirkung des »Kriechens« und »Schwindens« des Betons in einem Pfeilersockel. Damit war politisch niemand verantwortlich, keiner konnte sich an einen Konstruktionsfehler erinnern, alles war bestens kontrolliert und gewartet. In Wien stürzen Brücken eben nach einer gewissen Zeit ein, glücklicherweise zur frühen Morgenstunde. Der eine Tote im blauen Ford Transit wurde bald vom Strom der Zeit weggeschwemmt. Als am Nachmittag Formel-1-Weltmeister Niki Lauda am Nürburgring bei einem Feuerunfall beinahe ums Leben kam, hatten die Zeitungen über ein zweites dramatisches Ereignis zu berichten. Der 1. August 1976 brannte sich so gleich doppelt ins kollektive Gedächtnis der »Generation Österreich« ein.

Laudas Feuerunfall

»Mensch, Niki, Scheiße ... geht's dir einigermaßen?«

Der Formel-1-Rennfahrer Hans-Joachim Stuck stoppte am
1. August 1976 das Rennen am Nürburgring. Der Deutsche war
dabei, als Niki Lauda aus dem brennenden Ferrari gezogen und
in den Krankenwagen gelegt wurde. Er gab den Rettungsfahrern
einen lebensrettenden Tipp.

*Die nächste Kurve ist besonders unübersichtlich. Plötzlich sehe ich
gelbe Flaggen vor mir, sie werden wild hin und her geschwenkt. Da
muss etwas passiert sein. Ich bremse. Im gleichen Moment sehe
ich Nikis roten Ferrari vor den Leitschienen stehen. Der Rennwagen
brennt. Gott sei Dank sind schon Harald Ertl, Arturo Merzario und
Guy Edwards da. Die Kollegen versuchen die Flammen zu löschen
und Niki aus dem Ferrari zu ziehen. Ich parke mein Auto 50 Meter
von der Unfallstelle entfernt. Alle meine Gedanken sind bei Niki.
Lebt er noch? Ist er schwer verletzt? Ich laufe zum brennenden
Ferrari.*

*Ein schreckliches Bild: Niki ist immer noch angeschnallt, während die Flammen rund um ihn lodern. Er hat den Helm beim Aufprall verloren und offenkundig schwere Brandverletzungen erlitten.
Die Haare sind verbrannt, die Haut extrem gerötet. Sein Gesicht ist
schmerzverzerrt, aber er ist ansprechbar. Alles läuft ab wie in einem
Film, in Bruchteilen einer Sekunde. Merzario gelingt es endlich den
Gurt zu lösen, Ertl erstickt mit einem Feuerlöscher die Flammen,
Brett Lunger zerrt Niki aus dem Wagen und legt ihn neben der
Leitschiene auf den Boden. Niki ist immer noch ansprechbar. Jetzt
sehe ich, dass er nicht nur am Kopf, sondern auch an den Händen
Brandverletzungen erlitten hat.*

Der deutsche Rennfahrer Hans-Joachim Stuck über die entscheidenden Minuten nach Niki Laudas Unfall:

»Für mich war das Wichtigste, möglichst schnell zu sehen, ob Niki am Leben ist und wie schwer seine Verletzungen sind. Als ich sah, dass er schwere Verbrennungen hatte, wusste ich sofort, dass die Rekonvaleszenz länger dauern würde. Mit Brandwunden ist ja nicht zu spaßen. An der Stelle, an der er verunfallte, flog er mit 190 km/h ab. Ich konnte noch die Spuren am Asphalt und an den Leitplanken sehen. Es war nicht schwer zu erkennen, dass es ein heftiger Unfall gewesen war. Ich dachte sofort daran, die anderen Kollegen aufzuhalten und rannte ein Stück hinter die unübersichtliche Kurve zurück. Ich gestikulierte mit Leibeskräften und forderte alle zum Anhalten auf, damit keiner in den Unfallwagen hineinraste.

Als Niki in den Krankenwagen gelegt wurde, war er ansprechbar. ›Mensch, Niki, Scheiße ... geht's dir einigermaßen‹, fragte ich. ›Lass mich in Ruhe‹, antwortete er. Ich war froh, ihn sprechen zu hören und dass er Arme und Beine bewegen konnte. Für mich war wichtig, dass er sich nicht in Todesgefahr befand. Die Sanitäter wollten mit dem Krankenwagen die Strecke zu Start und Ziel hochfahren. Das wären dreizehn Kilometer gewesen und dann die Landstraße zurück nach Adenau. ›Passt auf, Jungs, fahrt einen halben Kilometer gegen die Fahrtrichtung des Nürburgrings‹, sagte ich zu den Rettungskräften, ›es fährt ja ohnehin kein Rennwagen mehr. Dann kommt eine Behelfsausfahrt. Nehmt die, damit spart ihr vierzig Minuten Krankenwagenfahrt.‹ Zum Glück befolgten sie meinen Rat. Dadurch konnten, Gott sei Dank, die giftigen Gase aus Nikis Lunge schnell abgesaugt werden. Es war ein Zufall, dass bei dieser Behelfsausfahrt ein Krankenwagen postiert war. Er war relativ schnell da.

Durch dieses wilde Hin und Her wurde gar nicht richtig gesprochen. Die Piloten stiegen in ihre Rennwagen und fuhren weiter, ich als letzter. Das Rennen wurde abgebrochen, aber nach relativ kurzer Zeit, in der sie die Fangzäune wieder repariert hatten, konnte wieder gestartet werden. Es gibt ja eine Regel im Motorsport: Ehe es keinen tödlichen Unfall gibt, wird das Rennen nicht abgesagt. Niki war ja okay, er war ansprechbar. Wir wussten, es besteht keine Lebensgefahr. Somit gab es auch keinen Grund, das Rennen abzubrechen.

Niki Lauda hatte auch damals schon eine Ausnahmestellung. Anders als andere Fahrer hatte er es bis ins Cockpit eines Ferrari geschafft. Dabei hat ihm seine Familie nicht mit Geld geholfen. Er musste sogar einen Kredit aufnehmen. Er war für uns andere Formel-1-Fahrer ein Vorbild, abgesehen von seinen exzellenten fahrerischen Leistungen. Er hat in der Formel 1 etwas vollkommen Neues gemacht. Er hat sich mit der Materie des Rennfahrens und mit seinem Auto unglaublich beschäftigt, was Abstimmung anging und was Reifentests anging. Er hat auch sehr schnell gemerkt, dass eine gesunde Fitness wichtig ist. Er hat als erster Fahrer in der Formel 1 einen eigenen Fitnesstrainer beschäftigt. Niki war ein absoluter Rädelsführer, der uns gezeigt hat, wo es lang geht. Für mich war Niki immer ein großes Vorbild.

Die Stimmung nach dem Feuerunfall war ganz eigenartig. Wir wussten alle, dass Niki auch um die Weltmeisterschaft kämpft. Wir fragten uns: ›Mensch, wie wird das werden? Wie lange dauert das?‹ Wir wussten ja nichts von inneren Verletzungen. Als nach und nach durchsickerte, dass er in Lebensgefahr war und die Verbrennungen nicht das Hauptproblem waren, sagten wir: ›Der Niki ist ein harter Hund, der kommt wieder.‹ Aber die wenigsten glaubten an eine Rückkehr schon nach zwei versäumten Rennen in Monza. Es war für ihn wichtig, schnell wieder im Auto zu sitzen. Er musste sich den Schock von der Seele fahren. Ich glaube, dass die Unterstützung der Fahrerkollegen für seinen Genesungsprozess sehr wichtig war. Wir sahen einander erst beim Rennen in Monza wieder. Ich würde mein Gefühl beim ersten Wiedersehen nach dem Unfall so beschreiben: Positives Erschrecken. Er hatte den Kopf teilweise eingebunden, er war natürlich entstellt. Für uns Piloten war das Wichtigste, dass er da war. Er saß im Rennauto. Wenn einer in ein

Formel-1-Auto einsteigt, dann muss er auch körperlich gut beeinander sein, sonst macht er das nicht. Über den Unfall sprachen wir gar nicht. Niki hatte zum Nürburgring schon ein relativ reserviertes Verhältnis. Er wollte dort eigentlich nicht fahren. Der Nürburgring hatte mit seinen natürlichen Gegebenheiten besondere Risken. Die üblichen Sicherheitsmaßnahmen konnten dort wegen der Hügel auf der einen und den Schluchten auf der anderen Seite nicht gesetzt werden. Niki wurde ein Opfer des Nürburgrings. Das hatte für das weitere Bestehen dieser Rennstrecke große Folgen. Seitdem wurde dort nie mehr Formel 1 gefahren. Zu Recht. Es ist einfach keine Formel-1-Strecke nach heutigen Gegebenheiten.

So ein Unfall ist natürlich etwas Furchtbares, das einen auf den Boden der Tatsachen zurückholt. Du glaubst immer, du bist unantastbar. Sonst könntest du auch keine Rennen fahren. Wenn du ständig mit der Angst fahren müsstest, würdest du kein Risiko eingehen. Es führt zu Überlegungen, aber Gott sei dank nicht zu Entscheidungen. Denn für mich war klar, ich betreibe Motorsport solange ich kann, mit allen Konsequenzen. Niki ist eine Lichtgestalt im Motorsport. Wir haben auch privat viel Zeit miteinander verbracht. Ich durfte zu meinen Formel-1-Zeiten oft mit ihm zum Rennort hin- und zurückfliegen. Er sagte immer: ›Stuckl, pass auf, wenn i ausfall, warten tu ich nicht auf dich, wenn du das Rennen zu Ende fährst.‹ Niki war in seiner ganzen Art ein perfekter Rennfahrer. Da konnten wir uns alle eine Scheibe abschneiden. Es gibt wenige Menschen, vor denen ich so viel Respekt habe wie vor Niki. Aber das Schöne an der Geschichte ist, dass sein Comeback mit den Erfolgen wesentlich mehr Aufsehen erregt hat als der eigentliche Unfall.«

Ein Tag für Journalisten. Am Abend des 1. August 1976 konnten die Blattmacher der österreichischen Zeitungen zwischen zwei Topaufmachern wählen. Der Erste handelte vom Einsturz der Reichsbrücke. Der Zweite von Laudas Feuerunfall. Mehr Aufregung und mehr Drama gehen nicht. Nikolaus »Niki« Lauda, Spross einer prominenten österreichischen Industriellenfamilie, war als Führender in der Formel-1-Weltmeisterschaft ins Rennen am Nürburgring gegangen. Mit seinem knallroten Ferrari 312T hatte der Wiener vier von acht Grand Prix gewonnen. Auch am 1. August 1976 galt Lauda als Favorit. Er startete aus der ersten Startreihe, neben ihm sein härtester Konkurrent James Hunt in einem McLaren. Vor dem Rennen hatte Lauda die deutschen Sportfans gegen sich aufgebracht. Er wollte am Nürburgring nicht starten. Lauda befand die vierzehn Kilometern lange und unübersichtliche Rennstrecke für zu gefährlich. Auf Transparenten machten Rennsportfans ihren Unmut deutlich:»Der Ring ist gut, Lauda nimm den Hut«. Der Start erfolgte auf Regenreifen, doch die Piste trocknete bald auf. Alle Teams mussten Reifen wechseln. Die Ferrari-Crew patzte. Lauda fiel um einige Plätze zurück, überholte aber schon in der folgenden Runde langsamere Konkurrenten. Kurz vor dem Streckenabschnitt »Bergwerk« in einer leichten Linkskurve brach das Heck des Ferrari nach links aus. Lauda verlor die Kontrolle. Der Bolide schoss in einem Winkel von 45 Grad gegen einen Felsen, wurde auf die Straße zurückgeschleudert und schlitterte gut zweihundert Meter quer stehend weiter. Der Ferrari brannte. Ein Pilot konnte ausweichen, ein anderer fuhr in sein Heck. Drei Fahrer stoppten, sprangen aus ihren Wagen und versuchten mit Handfeuerlöschern den Brand zu ersticken. Streckenposten winkten mit gelben Fahnen.

Die Szene wurde von Zuschauern mit Super-8-Kameras gefilmt. Auf diesem entlegenen Streckenabschnitt waren keine Fernsehkameras postiert. Später wurde gestoppt. Vierzig Sekunden saß Niki Lauda im brennenden Wagen. Vierzig Sekunden ohne Helm. Vierzig Sekunden an die er sich kaum erinnert. Gedankenfetzen aus dem Spital:»Ich liege in einem Bett und glaube, dass es bald aus ist, ich bin müde und will einschlafen und nichts mehr wissen. Überall an mir gehen Schläuche rein und raus. Ich höre Stimmen, sehe eine Bewegung, spüre, wie ich immer wieder wegkippe, dann denk ich nur immer, ich darf nicht, ich darf nicht, und ich hänge mich an eine Stimme wie an ein Seil. Solange ich die Stimme höre, lebe ich noch, und ich kämpfe und kämpfe und will nicht aufgeben.«

Das Feuer hatte Niki Laudas Gesichtshaut verbrannt, ein Ohr fehlte ihm, Brandwunden auch an den Händen. Lebensgefährlich waren die giftigen Dämpfe. Seine Lunge war schwer geschädigt. Vier Tage lang schwebte der 27-jährige in Lebensgefahr. Ein Priester erteilte ihm die Krankenölung. Niki Lauda erlebte es als Schock: »Er leiert einen lateinischen Spruch runter wie ein Urteil.«

Nach Tagen in der Intensivstation im Unfallkrankenhaus Ludwigshafen war Lauda über dem Berg. Er würde überleben. Sein Gesicht war entstellt, die Brandwunden heilten langsam. Aber Lauda wollte zur Formel 1 zurückkehren. Es ging um die Weltmeisterschaft. 42 Tage nach seinem Brandunfall stand er beim Ferrari-Heim-Grand-Prix in Monza wieder am Start. Er hatte nur zwei Rennen versäumt. Die Ursache des Unfalls wurde nie geklärt.

Sein Team hatte ihn schon abgeschrieben und mit Carlos Reutemann einen Nachfolger engagiert. Lauda kämpfte. Mit bandagiertem Kopf und verbrannten Händen beendete Lauda sein Comebackrennen auf dem sensationellen vierten Platz. Diese Geschichte machte aus ihm eine Legende. Im letzten Rennen, dem Großen Preis von Japan, verschenkte Lauda die Weltmeisterschaft. Es regnete in Strömen, der Start des Rennens wurde mehrfach verschoben. Viele Fahrer wollten nicht fahren. Lauda startete, stellte aber seinen Ferrari schon in der zweiten Runde am Fahrbahnrand ab. Die Sicht war zu schlecht. Für den WM-Titel riskierte er sein Leben nicht mehr. Der Ferrari-Teamchef wollte ein technisches Gebrechen für Laudas Aus erfinden. Doch Niki blieb bei der Wahrheit. »Ich hatte Angst«, sagte er. Sein Rivale James Hunt wurde mit einem Punkt Vorsprung Weltmeister.

In der nächsten Saison 1977 holte sich Lauda den Titel zurück. Der größte Rennfahrer seiner Zeit wurde Lauda nicht durch seine drei WM-Titel, sondern durch sein Comeback und durch seinen Mut, Angst einzugestehen. Niki Lauda gründete drei Mal eine Fluglinie und erlebte mit dem Absturz der Lauda Air »Mozart« über Thailand seine größte Katastrophe. Am 26. Mai 1991 war eine Boeing 767-300ER auf dem Flug 004 von Hongkong über Bangkok nach

Wien im Westen Thailands zerschellt. Während des Steigfluges hatte sich die Schubumkehr des linken Triebwerks aktiviert. Alle 223 Menschen an Bord kamen ums Leben.

Córdoba 1978

»Es war ein Spiel, bei dem es um nichts mehr ging.«

»Córdoba 1978« steht als Kürzel für eine Sternstunde des österreichischen Fußballs. Das Nationalteam besiegte Deutschland bei der Weltmeisterschaft in Argentinien durch einen Treffer von Hans Krankl 3 : 2. Der frühere ÖFB-Präsident Beppo Mauhart hörte den lengendären Radiokommentar von Edi Finger.

Es ist wieder einmal so weit. David gegen Goliath, Österreich gegen Deutschland steht auf dem Programm. Ein Pflichttermin. Ich werde das Match mit Freunden im Radio verfolgen. Wie immer: Die Deutschen sind Favoriten. Trotzdem zittern wir mit unserem Team. Endlich wieder einmal die Deutschen schlagen, das wär schon was. Und vor allem: Sie mitnehmen nach Hause – Österreich und Deutschland im selben Flugzeug. Die Deutschen sind sich ihrer Sache ja ziemlich sicher, wie man diversen Spielerinterviews entnehmen kann. Aber wie heißt es so schön: Im Fußball sind schon Hausherren gestorben. In circa neunzig Minuten werden wir mehr wissen. Wir machen es uns rund um das Radio bequem.

Die vertraute Stimme von Edi Finger ist zu hören. Begrüßung, Aufstellung, dann ein flammender Appell: »Burschen, reißt's euch zusammen! Nein, das wäre ja ... Ich wage gar nicht auszusprechen, was in mir vorgeht. Ein kleiner Kurzschluss in meinem Kopfhörer, aber sie haben nichts versäumt, es steht immer noch 0 : 0. Da kommen wieder die Deutschen. Da bekomm ich immer eine Ganslhaut, wenn sie kommen.«

Wenig später die Ernüchterung. 19. Minute, 1 : 0 für Deutschland durch Rummenigge. Unsere Stimmung sinkt. Und bleibt bescheiden, denn uns gelingt kein Gegentor. Halbzeit, und es steht immer noch 1 : 0 für Deutschland. In der zweiten Halbzeit erhöhen unse-

re Burschen den Druck, spielen aggressiver. Und werden belohnt: Berti Vogts schießt in der 59. Minute ein Eigentor. »Wir wurden erhört. Das 1 : 1 ist gefallen!« Der Kommentator klingt beschwörend. Dann geht es Schlag auf Schlag. 66. Minute. »Schöne Möglichkeit, Krankl. Tor! Tor! ... Ich kann nicht mehr!« Edi Finger zeigt Nerven. Endlich, wir führen 2 : 1. »Da fehlen mir die Worte. Da müsste ich ein Dichter sein, wenn ich das alles bringen würde!«, schreit der Kommentator aus dem Radio. Deutscher Konter, Freistoß, Flanke zu Höltenbein. Ausgleich. »Nicht lange durften wir uns dieser 2 : 1 Führung erfreuen. Die Deutschen haben schon wieder zugeschlagen!« Wir fluchen. Aber nur kurz. »Und jetzt kann sich Sara noch einen aussichtslos scheinenden Ball einholen, Pass nach links herüber, es gibt Beifall für ihn, da kommt Krankl, vorbei diesmal an seinem [...] Bewacher, ist im Strafraum – Schuss ... Tooor, Tooor, Tooor, Tooor, Tooor, Tooor! I wer' narrisch! Krankl schießt ein – 3 : 2 für Österreich! Meine Damen und Herren, wir fallen uns um den Hals; der Kollege Rippel, der Diplom-Ingenieur Posch – wir busseln uns ab. 3 : 2 für Österreich durch ein großartiges Tor unseres Hansi Krankl. Er hat olles überspielt, meine Damen und Herren. Und warten S' noch a bisserl, warten S' no a bisserl; dann können wir uns vielleicht ein Vierterl genehmigen.«

Das haben wir uns auch verdient, nach der ganzen Aufregung. Längst sitzen wir nicht mehr. Wir stehen rund um den Apparat und warten auf die Erlösung. Endlich, der Schlusspfiff. 3 : 2 für Österreich, was für ein Sieg. Wir haben die Deutschen nach Hause geschickt.

Beppo Mauhart wundert sich, warum gerade dieser Sieg Fußballgeschichte geschrieben hat, und bietet Erklärungsmuster an:

»Nach mehr als drei Jahrzehnten habe ich mir das Spiel wieder einmal auf Video angeschaut. Ich bin mir jetzt sicher, es war kein gutes Spiel, aber ein großer Triumph. In Wahrheit verdankten wir den Sieg ja einem deutschen Spieler, Berti Vogts, der uns mit einem schönen

Eigentor wieder ins Spiel zurückgebracht hat. Niederlagen mögen die Deutschen natürlich nicht, und wenn der David dem Goliath eine aufs Aug drückt, dann leidet er besonders darunter. Das muss man auch verstehen. Das Spiel, der Sieg hat eine Wirkung auf das nationale Empfinden gehabt. Die Art und Weise, wie das Edi Finger kommentiert hat, ist zu Recht legendär geworden. Aber es ist höchste Zeit, davon loszukommen. Es kann nicht sein, dass ein einzelnes Ereignis auf Dauer alle anderen Erfolge und Leistungen überdeckt.

Über Córdoba wird nach wie vor unerträglich viel geredet. Córdoba ist nach Meinung vieler das Jahrhunderterlebnis im österreichischen Fußball. In Wahrheit war es zwar ein sehr eindrucksvolles Sportereignis, bei dem es aber um nichts mehr ging. Beide Teams sind ja damals ausgeschieden. Mich irritiert nur, dass wir uns langsam bewusst werden sollten: Es war ein Einzelereignis in einer Periode des österreichischen Fußballs, in der dieser internationales Format hatte. Die Substanz, die damals aufgebaut wurde, die den Fußball an das Niveau der internationalen Entwicklungen herangebracht hat, wurde leider nicht weiterentwickelt.

Aber auch nach Córdoba gab es schöne und eindrucksvolle Momente. So gelang es uns, in einem Freundschaftsspiel bei der Eröffnung des neu überdachten Happel-Stadions Deutschland 4 : 1 zu schlagen. Danach waren der deutsche Fußballpräsident und der die Mannschaft begleitende Franz Beckenbauer kaum kommunikationsfähig. Wir freuen uns immer wahnsinnig, wenn wir den Deutschen ein Haxl stellen können, aber wir sind auch dran gewöhnt, dass wir am nächsten Tag wieder eine Niederlage zu verdauen haben. Das läutert und macht die Seele freier.

Fußball ist ganz sicher ein Spiegel der gesellschaftlichen Entwicklung. Das Entscheidende ist das Spiel. Der ›homo ludens‹, also der spielende Mensch, war vor dem ›homo sapiens‹ und ihn gibt es noch immer. Fußball ist Charaktersache und vor allem Teamwork, eine zu Selbstdisziplin, aber auch zu Mannschaftsdisziplin führende Sportart. Seine Unberechenbarkeit, aber auch seine Ungerechtigkeit machen die Faszination aus. Daher ist Fußball auch ein volles Spie-

gelbild des Lebens überhaupt. Wenn die Solidarität in einem Stadion spürbar wird, wenn Zehntausende Menschen die Welt vergessen, dann wird die Faszination des Fußballs zum sich selbsterklärenden Phänomen.«

Ach, Córdoba! Bei jedem Fußballspiel, bei dem Österreichs National-mannschaft gegen das deutsche Team antreten muss, wird der eine – sportlich bedeutungslose – Sieg bei der Weltmeisterschaft 1978 in Argentinien beschworen. Eine Generation von Profifußballern ver-dankt ihren Ruhm den 92 Minuten im Stadion der Provinzhauptstadt Córdoba de la Nueva Andalucía: Hans Krankl, Herbert Prohaska, Bruno Pezzey und auch andere der erfolgreichen Mannschaft machten große internationale Karrieren.

Aus deutscher Sicht war die WM in Argentinien eine einzige Enttäuschung. Die Weltmeister des Jahres 1974 stolperten mit zwei torlosen Unentschieden gegen Polen und Tunesien und einem Kontersieg gegen Mexiko in die zweite Finalrunde. Doch gegen Italien und die Niederlande kamen die sieggewohnten Deutschen auch nicht über ein Remis hinaus. Und dann die »Schmach von Córdoba«, eine der peinlichsten Niederlagen in der deutschen WM-Geschichte, wie die zurückhaltende »Frankfurter Allgemeine« schrieb.

Österreichs Elf hatte immerhin in der Vorrunde Spanien und Schweden besiegt und gegen Brasilien nur 0 : 1 verloren, ehe das Team mit Krankl gegen die Niederlande mit 1 : 5 einen »Schrauben« kassierte. Im insgesamt 428. Länderspiel folgte dann der erste Sieg gegen die Deutschen seit 1938. Und auch dieser Erfolg einer rot-weiß-roten Mannschaft zählt offiziell nicht für die Statistik. Denn Österreich war damals schon an Nazideutschland »angeschlossen« und durfte im Praterstadion gerade noch als »Deutsch-Österreich« gegen den großen Bruder »Deutsches Reich« siegen. Österreich trat mit rotem Leiberl, weißer Hose und roten Stutzen an. Das ergab die damals schon verpönten österreichischen Nationalfarben. Von den mehr als 80.000 Zusehern im Praterstadion wurde dies als Protest gegen die Naziokkupation verstanden und bejubelt. Ein Sieg österreichischer Hinterfotzigkeit. Wertvoller als Córdoba.

Sportlich wichtiger und ebenfalls ein prägender Moment der Geschichte war Österreichs dritter Platz bei der Fußballweltmeisterschaft in der Schweiz. 1954 scheiterte das Nachkriegswunderteam im Halbfinale deutlich, wieder einmal an Deutschland. Rapids Legende Alfred »Fredl« Körner führte die 1 : 6 Niederlage auf das bessere Schuhmaterial der Deutschen zurück. Sie spielten mit modernen Stoppeln und rutschten daher auf dem durch Regen aufgeweichten Stadionrasen weniger. Außerdem waren die Österreicher durch die Hitzeschlacht von Lausanne (Österreich warf die Schweiz mit 7 : 5 aus dem Heimturnier) geschwächt.

Weltmeister wurde 1978 Gastgeber Argentinien, ohne Diego Maradona, aber da waren die österreichischen und deutschen Kicker längst daheim.

In der jüngeren Geschichte des österreichischen Fußballs waren die Qualifikationen der Nationalmannschaft unter Josef Hickersberger für die Endrunde in Italien (1990) und unter Herbert Prohaska für die WM-Endrunde in Frankreich (1998) Erfolge, die Córdoba zumindest ebenbürtig waren.

Die Besetzung der Hainburger Au und die Entstehung der
Grünen

»Mit einer Prügelregierung verhandeln wir nicht weiter.«

Der 19. Dezember 1984 markierte den größten Erfolg der österreichischen Grün-Bewegung. Während in der Hainburger Au
jugendliche Besetzer von der Polizei verprügelt wurden, verhandelte eine Delegation von Au-Besetzern im Parlament mit
Bundeskanzler Fred Sinowatz. Freda Meissner-Blau stand auf
und ging. Acht Tage zuvor schützte sie die Aubäume mit ihrem
Körper.

*Die Hände meiner beiden Freunde sind rau, rau und kalt. Es ist ein
dunkler, eisiger Wintermorgen. Der 11. Dezember 1984 wird erst
in Stunden heraufdämmern. Wir stehen zu dritt um einen großen
Baum in der Stopfenreuther Au und umarmen ihn. So wollen wir und
Dutzende Mitstreiter die Hainburger Au vor dem Abholzen bewahren. Die Bäume sollen weg, um Platz für das geplante Kraftwerk zu
schaffen. Wir Aktivisten wollen diese einmalige Landschaft für unsere Nachkommen bewahren.*

*Am 8. Dezember 1984 waren fünftausend in einem »Sternmarsch«
in die Stopfenreuther Au gezogen, um den geplanten Bau eines
Donaukraftwerks mit einer fünfhundert Meter langen Staumauer zu
verhindern. Diese spontane Versammlung, an der Menschen der
unterschiedlichsten Weltanschauungen teilgenommen haben, hat
uns sehr den Rücken gestärkt. Ein paar Dutzend von uns sind in
der Au geblieben. Und heute umarmen wir die Bäume, um sie zu
schützen.*

Freda Meissner-Blau erinnert sich daran, diese Methode von einem
indischen Weisen gelernt zu haben:

»Wenn man verhindern will, dass jemand einen Baum umsägt, umarmt man ihn. Sobald sich ein Trupp von Holzarbeitern mit ihren Motorsägen einem Baum näherte, haben wir zu zweit oder zu dritt einen Baum umarmt. Die Forstarbeiter konnten nichts tun, ohne uns zu gefährden. Schließlich freundeten wir uns mit den Arbeitern an und luden sie ein: ›Trinken wir doch lieber einen Tee zusammen, wir haben auch Rum dabei.‹ So haben wir uns alle niedergesetzt, ich habe ihre Säge auf den Knien gehalten. Dafür saß der ›Aulöwe‹, mein kleiner Hund, auf dem Schoß eines Holzarbeiters. Wir haben also zusammen Tee getrunken und geplaudert. Es war sehr friedlich. Und um drei Uhr nachmittags kehrten sie zu ihrem Chef zurück und sagten: ›Es ging nicht. Immer standen Leute unter den Bäumen.‹ Das war natürlich sehr ärgerlich für die Betreiber. Der Innenminister bekam dann den Auftrag, die Polizei in die Au zu schicken.

Die Holzarbeiter kamen mit Bulldozern. Die Kraftwerksbauer wollten sich von den Au-Besetzern nicht länger auf der Nase herumtanzen lassen. Wir versuchten natürlich zu verhindern, dass die Bagger in die Au einfuhren. Ein 15-jähriger Gymnasiast kletterte in eine der Baggerschaufeln und legte sich hinein. Der Raupenfahrer wurde wütend, jagte die Baggerschaufel hinauf und ließ sie fallen, hinauf und hinunter. Immer wieder krachte der Bub auf den Boden, wehrlos in der Schaufel gefangen. Wir haben geschrien und skandiert: ›Aufhören, aufhören!‹ Mir ist ganz schlecht geworden. Der Bursche hat sich festgeklammert, hat einfach nicht losgelassen. Hinauf, hinunter. Ich hatte Angst, dem Jungen könnten alle Knochen im Rücken gebrochen werden. Endlich gab der Arbeiter nach und ließ seine menschliche Fracht mit einem letzten Krachen auf den Boden donnern. Der Bursch stolperte aus der Baggerschaufel, kreidebleich. Ich holte ihn auf die Böschung und schrie ihn an: ›Das darfst du nie wieder machen, du spielst mit deinem Leben!‹ Worauf er leise antwortete: ›Wenn die Au zerstört wird, will ich auch nicht mehr leben.‹

Ja, so war die Atmosphäre damals, da war viel mehr Leidenschaft dahinter als bei den Zwentendorf-Protesten. Die Atomkraft ist eine gefährliche Technologie, riskant und zu teuer. Damals mussten wir über die Radioaktivität der verschiedensten Substanzen Bescheid wissen. Das war eine Gehirnsache. Die Au, das war viel emotionaler. Da steckten unsere eigenen Wurzeln drin. Nicht nur Bäume haben Wurzeln.

Der entscheidende Tag war merkwürdigerweise nicht in der Au, sondern im Parlament. Die Bundesregierung hat uns Besetzer aufgefordert, zehn Delegierte ins Parlament zu schicken. Ich war eine der zehn. Wir sind aus Hainburg zum Parlament nach Wien gefahren. Die Regierung war schon recht ratlos und wusste nicht, was sie mit uns machen sollte. Sie wollten noch nicht die Polizei reinschicken, haben es aber ausgerechnet an dem Tag getan, als sie mit uns im Parlament verhandeln wollten.

Im Ministerratssitzungssaal des Parlaments saß ich dem damaligen Umweltminister Kurt Steyrer auf einem mit grünem Leder bespannten Sessel gegenüber. Er konnte mir nicht in die Augen schauen. Steyrer hielt immer den Kopf gesenkt. Er hatte uns versprochen: ›Nur über meine Leiche wird die Au gerodet!‹ Und dann haben sie es doch beschlossen. Mein Blick wanderte zu Bundeskanzler Fred Sinowatz. ›Schließen wir doch einen Kompromiss‹, bot er an. ›Es gibt nur einen zeitlichen Kompromiss!‹, antwortete ich. ›Man kann die Natur zerstören oder sie bewahren, dazwischen gibt es nichts. Schieben wir die Entscheidung hinaus. Wenn unsere Enkel in zwanzig oder dreißig Jahren meinen, sie brauchen dieses Stück Donau zur Energieerzeugung, dann sollen sie das Kraftwerk bauen.‹ Plötzlich stürzte ein junger Mann aus der Au in den noblen Saal. Er flüsterte mir ins Ohr: ›Sie prügeln, es fließt Blut.‹ Mir wurde vor Schreck ganz anders. Ich brauchte ein paar Sekunden, um diese Nachricht zu verarbeiten. Ich dachte: ›Um Gottes willen, nur keine Gewalt von Arbeitern und Polizei gegen Studenten und Au-Besetzer.‹ Ich war empört und empfand das Vorgehen der Regierung als hinterrücks. Ich stand auf und sagte ganz ruhig: ›Mit einer Prügelregierung verhandeln wir nicht weiter.‹ Ich ging aus dem Saal und ließ die schwere, mit Leder gepolsterte Türe offen. Mehr oder weniger zögernd sind mir die anderen gefolgt.

Wenige Stunden später stand ich in einer Menschenmenge auf dem Heldenplatz. Wir demonstrierten gegen die gewaltsame Räumung der Au. Es war eine spontane Aktion, eine ›wilde‹, unangemeldete Demonstration. Und zwar von einer für uns selbst total überraschenden Spontanität. Wir hatten lediglich einige Freunde telefonisch verständigt, für eine genauere Planung war keine Zeit gewesen. Dennoch standen 50.000 Menschen auf dem Platz, Demonstranten soweit das Auge reichte. Uns alle einte das Gefühl, dass es solche gewaltsamen Polizeiaktionen in einer Demokratie nicht geben darf.

Die Menschenmenge setzte sich in Bewegung und zog quer durch die Stadt Richtung Stephansplatz. Wir skandierten: ›Kommt heraus, schließt euch an!‹ Tatsächlich wurden wir immer mehr. Menschen strömten aus den Geschäften, aus den Büros, aus ihren Wohnungen. Ich habe diesen Tag nicht vergessen. Er zeigte mir, dass viele Österreicher bereit sind, ihre Demokratie zu verteidigen.

Freunde, die für die Demonstration aus der Au nach Wien gekommen waren, berichteten von schlimmen Szenen, die sich dort abgespielt hatten. Vorher war immer nur die lokale Gendarmerie hinbeordert worden. Mit diesen Beamten hatten wir uns ja verbrüdert, denen hatten wir Weihnachtsbäumchen hingestellt, und da waren nicht wenige, die gesagt haben: ›Wenn ich keine Uniform anhätte, wäre ich sowieso auf eurer Seite.‹ Das hatte die Regierung begriffen und Polizeitruppen von auswärts in die Au kommandiert. Die waren schon sehr viel unangenehmer.

Die Polizei war diesmal mit Schildern und Helmen mit Visier ausgestattet. Man sah ihre Augen nicht, man sah ihre Gesichter nicht. Ein uniformierter Block bewegte sich auf die Au-Besetzer zu. Die Polizisten trugen Schlagstöcke und machten Gebrauch davon. Wer im Weg war, wurde niedergeprügelt. ›Wenn euch Polizei oder Militär attackieren, setzt euch nieder, damit seid ihr keine Bedrohung.‹ Diese gewaltfreie Widerstandstechnik hatten wir auch von indischen Aktivisten gelernt. Die Besetzer saßen friedlich am Boden, in rotweiß-rote Fahnen gehüllt. Doch die Polizisten rissen die Fahnen herunter, zerrten die Menschen weg. Ein Stück der Au, so groß wie ein Fußballfeld, wurde im Schutz des dichten Polizeikordons gerodet. Ich selbst habe den 19. Dezember nur durch Fernsehbilder erlebt. Ich war ja zu dieser Zeit im Parlament. Einige von uns sind dann direkt durch den Volksgarten zum Bundespräsidenten in die Hofburg gegangen und haben ihn bestürmt, er möge doch der Gewalt Einhalt gebieten. Inzwischen wussten wir, dass sie in der Au nicht nur Bäume schlägerten, sondern auch mit Menschen sehr grob umgingen, und dass es Verletzte gab. Ich habe den Bundespräsidenten aufgefordert: ›Bitte, nehmen Sie auf die Regierung Einfluss!‹ Präsident Rudolf Kirchschläger sagte damals mit sehr geschlossenem Mund: ›Ich bin auf der Seite der Regierung.‹ Da war ich das zweite Mal an diesem Tag empört und antwortete, ›Sie sind vom Volk gewählt, Herr Präsident, nicht von der Regierung!‹, dann verließ ich den Raum. Beim Rausgehen habe ich in meiner Empörung versucht, die Tür zuzuschlagen. Es war aber eine Polstertür und der gewünschte Knall blieb aus. Ich habe mich später beim Bundespräsidenten entschuldigt, weil ich in meiner Blindheit nicht bedacht hatte, dass er gar nicht hätte sagen können, dass er für uns und damit gegen die Regierung war. Später habe ich erfahren, dass er sehr wohl versucht hat zu beschwichtigen.

Unser erbittertster Gegner war Gewerkschaftsboss Anton Benya. Obwohl ich seinen Standpunkt politisch gut verstanden habe – er wollte Arbeit für seine Bau- und Holzarbeiter. Das war sein Geschäft und das hat er vertreten, allerdings mit aller Härte. Schon ehe es überhaupt zu den Auseinandersetzungen kam, hat er die Au schlechtgemacht. Er meinte, die Au, das sei doch nur ein ›Gestrüpp mit Gelsen‹. Da dachte ich mir, was ist das für ein armer Mensch. Was hatte er nur für eine Kindheit? Hat er nie als Kind so etwas aufregend Schönes erlebt? Gelsen sind zwar wirklich dort, aber im Dezember, gottlob, nicht. Es war eine ziemlich kalte Adventzeit. Schnee kam allerdings erst während des ›Weihnachtsfriedens‹. Er breitete sich über den Ort des Geschehens. Eine Handvoll von uns, das war vielleicht der Ursprung der Gründung der ›Grünen‹, fuhr *noch einmal in die Au, nachdem der Oberste Gerichtshof uns indirekt recht gegeben hatte. Denn die Behörde hatte die Au ohne gesetzlich vorgesehenen Wasserrechtsbescheid zur Rodung freigegeben.*

Wir waren zu sechst oder zu acht und wir wollten ganz sicher sein, dass keine »Tschick« herumlagen und man nicht sagen konnte, die Naturschützer wären Naturverschmutzer. Aber alles war tadellos. Wir hoben die wenigen Papiere auf und machten ein Feuerchen im Schnee. Wir plauderten über die Ereignisse. Da überlegte ich laut, dass wir doch nicht ununterbrochen mit Rucksack und Schlafsack in Österreich herumziehen könnten, um zerstörerische Projekte zu verhindern. Wir müssten auch einmal anfangen Alternativen anzubieten. Jemand fragte: ›Wann ist eigentlich die nächste Wahl?‹ Kein Mensch wusste es. Wir einigten uns dann darauf, dass es die Präsidentschaftswahl sein würde. Das war eigentlich der Beginn der Überlegung, als Gruppe zu kandidieren. Irgendjemand sagte: ›Freda, das musst du machen.‹ – ›Um Gottes willen, nicht ich. Ich bin kein öffentlicher Mensch, ich traue mir das nicht zu.‹ So typisch Frau. Ich habe mich einfach gefürchtet und wollte es mir auch nicht zumuten.«

Am Mittwoch, den 19. Dezember 1984 kurz vor sieben Uhr früh gingen rund 2.000 Polizisten und Gendarmen gegen ein paar Hundert Besetzer der Hainburger Au vor, die seit fast zwei Wochen die Rodung von rund 1,2 Millionen Bäumen im Auwald verhinderten. Die DoKW wollte bei Stopfenreuth ein weiteres Kraftwerk errichten. Seit die Pläne bekannt geworden waren, hatte sich eine breite Allianz von Umweltschützern, Prominenten, aber auch einfachen Bürgern gebildet. Im grauen Morgen wurde die Au zum Kampfplatz. Die Polizeieinheiten aus Wien, verstärkt durch das Einsatzkommando »Cobra«, gingen mit Schlagstöcken, Wasserwerfern, Hunden und mit Stahlhelmen geschützt gegen das bunte Trüppchen der Au-Schützer vor. Journalisten wurden bedroht und an der Arbeit gehindert. Kameras zersplitterten unter Polizeiknüppeln, einer ORF-Journalistin wurde mit einer Gummiwurst die Handleuchte zerschlagen. Zwei deutsche Fernsehleute von der ARD wurden mit dem Schlagstock an der Kehle abgeführt und revanchierten sich später mit einem Boykottaufruf gegen das »Urlaubsland Österreich« in der »Tagesschau«.

Der Streit um das Kraftwerk eskalierte. Der »schwarze Mittwoch« markierte den Wendepunkt einer fast zweijährigen Diskussion. Sie gewann im Jahr 1984 immer mehr an Breite und war längst schon zum Widerstand gegen die regierende rot-blaue Koalition unter Kanzler Fred Sinowatz geworden. Die scheinbar unbesiegbare Allianz von Politik und Gewerkschaft, die wiederum mit der staatlichen E-Wirtschaft ein Bündnis eingegangen war und dabei gesetzliche Bestimmungen ignorierte oder nach Gutdünken auslegte, verkannte die Zeitenwende. Sechs Jahre nach dem knappen »Nein« der Österreicher gegen das Atomkraftwerk Zwentendorf sollte endlich wieder ein Großprojekt verwirklicht werden, koste es, was es wolle. Doch der positiv besetzte Nachkriegsmythos vom »Strom aus Wasserkraft« trug nicht mehr.

Im Mai 1984 trat eine Gruppe Gleichgesinnter im Presseklub »Concordia« vor die Journalisten. Bei der »Pressekonferenz der Tiere« wurde das »Konrad-Lorenz-Volksbegehren« für die Errichtung eines Nationalparks in den Donauauen vorgestellt. Der sozialdemokratische Publizist und Präsident der Journalistengewerkschaft Günther Nenning sprach in der Maskerade eines Rothirschen. Sein Geweih war prächtig. Wiens ÖVP-Stadtrat Jörg Mauthe klapperte als Schwarzstorch, der spätere FPÖ-Vizekanzler Hubert Gorbach mimte das nette Blaukehlchen. In weiteren Rollen agierten der Schriftsteller Peter Turrini (Rotbauchunke) und der Wissenschafter Bernhard Lötsch, Othmar Karas stolzierte als Kormoran durch den Presseclub »Concordia«, und die sozialistische Publizistin Freda Meissner-Blau trug das Kostüm eines Laufkäfers. Danach zog die bunte Truppe hinter der Pfaffstättner Weinhauerkapelle über den Kohlmarkt zum Stephansplatz. Die Inszenierung trug die Handschrift des »Kronen Zeitung«-Kolumnisten Günther Nenning. Das Massenblatt war mit wehenden Fahnen auf die Seite der

Naturschützer gewechselt. Die »Krone« wurde zum Zentralorgan der Au-Besetzer. Den Au-Schützern gelang es, parteiübergreifend Gefühle gegen die »Betonierer« zu mobilisieren. Die Direktoren der E-Wirtschaft und ihre politischen Mentoren stolperten über die Arroganz der Macht. Die oppositionelle Volkspartei versuchte den Protest gegen die ungeliebte SPÖ/FPÖ-Koalition zu instrumentalisieren. Die Parteijugend, die Parteifrauen und die Wiener ÖVP des Erhard Busek sympathisierten mit den neuen ökologischen Bewegungen. Die bürgerlich dominierte Hochschülerschaft leistete logistische Hilfe. Von der ÖH gemietete Autobusse brachten studentische Sympathisanten nach der Sperrstunde von Innenstadtlokalen direkt in die Au. Es fing mit 200 Au-Besetzern an, bald waren es 2.000. Dann war es so weit, dass die Menschen um zehn Uhr abends aus den Restaurants gingen und sagten: ›Wir fahren in die Au.‹ Die Schauspieler aus dem Burgtheater kamen in der Nacht mit Autobussen, mit Stöckelschuhen und dünnen Strümpfen. Sie wurden von den Au-Besetzern fürsorglich in Decken gehüllt, die von der Bevölkerung gespendet worden waren.

Eine Bewegung entstand und erfasste alle Altersgruppen. Mütter versorgten ihre Töchter und Söhne in der Au. Für die Eltern waren das nicht linke »Revoluzzer«, sondern ihre Kinder. Sie galt es zu schützen. Die Gummiwürste der Polizeieinheiten trafen den Herrn Generaldirektor in seiner Villa genauso wie die frierende Studentin in der Au. Brave bürgerliche Journalisten, wie der Korrespondent der »Tiroler Tageszeitung«, zitterten in Zelten und erlebten Gemeinschaftsgefühle. Österreichs 68iger-Erlebnis fand 1984 statt. Es war kein »Sommer der Liebe«, sondern ein kalter Dezember. Man rückte zusammen. Freda Meissner-Blau entdeckte Sympathien für ein paar Dutzend »Punks«, die anfangs wegen ihres wilden Aussehens bei den Au-Besetzern nicht willkommen gewesen waren. Die Punks erwiesen sich als besonders eifrige Besetzer und schleppten den Wassernachschub in die Waldlager der Besetzer. Und das Dutzend Neonazis unter der Führung von Gottfried Küssel wurde irgendwie ignoriert und damit isoliert.

Die Gewerkschaft nahm hingegen die SPÖ in Geiselhaft. Rund 50.000 Arbeiter wurden auf dem Heldenplatz versammelt. Sie sollten Druck für einen baldigen Baubeginn machen. Die politische Strategie des ÖGB scheiterte jedoch kläglich. Anton Benya erklärte in einem Interview für den »Kurier«: »Die Hainburger Au ist ja kein Wald, das ist nur Dickicht.« Der Generaldirektor der Verbundgesellschaft, Walter Fremuth, qualifizierte die Umweltschützer als »Restbestände von Neandertalern«.

Was immer in der Hainburger Au stattgefunden hatte, ein Aufstand, ein Protest, ein verspätetes Pfadfinderlager, es richtete sich auch gegen den bürokratischen Machtfilz zwischen Parteien, Gewerkschaft, Kammern und (halb-)staatlichen Großunternehmen. Es hatte in diesem konkreten Fall Erfolg – mit Langzeitwirkung. Aus der Hainburg-Bewegung ging eine neue politische Kraft hervor. Freda Meissner-Blau kandidierte für das Amt des Bundespräsidenten und schied chancenlos mit fünfeinhalb Prozent der Stimmen im ersten Wahlgang aus. Doch die Bewegung begann sich gegen den anfänglichen Widerstand der »Ur-Grünen« als Partei zu formieren. Zwei Jahre nach Hainburg zogen Abgeordnete einer »grünen« Partei ins Parlament ein. Von den »Hainburg-Veteranen« nahm nur Meissner-Blau ein Abgeordnetenmandat für kurze zwei Jahre an. Die internen Streitereien zermürbten sie. Von der parteiübergreifenden Allianz, die die Schlacht um die Bäume in der Au gewonnen hatte, blieb wenig übrig. In der Hainburger Au kreuzten sich Wirklichkeit und Politik, ausnahmsweise. Die Machtkartelle scheiterten für dieses Mal.

Falco wird mit »Rock Me Amadeus« Nr. 1 der US-Hitparade

»Er war von sich eingenommen, aber nicht überzeugt.«

Der Wiener Musiker Thomas Rabitsch gründete mit dem jungen Bassisten Johann Hölzel eine Band, die fulminant scheiterte. Rabitsch erinnert sich, wie der schweigsame »Hansi« zum Weltstar »Falco« wurde und woran sein Freund später zerbrach.

Das T-Shirt klebt an meinem Rücken. Ich bin völlig verschwitzt, dabei haben wir noch nicht zu spielen begonnen. Wir schleppen unser Equipment auf die Bühne und stimmen die Instrumente. Unsere neu gegründete Band hat heute Abend ihren ersten Auftritt. Wir haben uns auf den vielversprechenden Namen »Apokalypse« geeinigt. Der Initiator der Band ist ein ziemlich guter, aber recht schräger Gitarrist. Er hat einen gewissen Hansi Hölzel als Bassisten für unsere Band aufgetrieben. Hansi wirkt wie ein typischer Bassist. Er spricht nicht viel, spielt aber sehr gewissenhaft. Die Proben machen Spaß.

Bei dem von unserem Gitarristen veranstalteten »Jazz-Festival« im »Porr-Haus«, einem eher tristen Gewerkschaftssaal am Karlsplatz, werden sechs Bands auftreten. Die letzte Vorgruppe vor dem Hauptact werden wir sein. Unser Gitarrist hatte eine grenzgeniale Idee. Er veranstaltete dieses Festival, nur um unserer Band einen Auftritt zu verschaffen. Wer bucht sonst eine völlig unbekannte Truppe direkt vor dem Headliner?

Für unseren Auftritt habe ich mir einige Tasteninstrumente ausgeborgt. Ich stehe zwischen Hammond-Orgel, Fender-Piano, String-Maschine und zwei anderen Tastengeräten. Neidisch schaue ich zu unserem Bandinitiator. Er musste nur den Verstärker auf die Bühne wuchten und ist schon fertig. Während wir noch schleppen, spielt er sich schon mal warm. Wir müssen uns beeilen, sonst bleibt uns keine Zeit mehr zu spielen. Der scheinbar so geniale Trick unseres

Bandleaders entwickelt sich gerade zum Rohrkrepierer, weil alle Bands vor uns maßlos überzogen haben. Der Hauptact muss aber pünktlich beginnen und aufhören, weil danach polizeiliche »Sperrstunde« ist. Dazwischen sollen wir mit unserer apokalyptischen Frohbotschaft spielen. Es bleiben gerade noch zehn Minuten, um uns zu präsentieren. Ich gehe zum Gitarristen hinüber. »Du, des zahlt sich gar nimma aus.« – »Nein«, sagt er, »wir müssen spielen.«

Jahrzehnte später erinnert sich Thomas Rabitsch daran, was beim ersten Auftritt passierte:

»Mein Bruder am Schlagzeug und ich haben geglaubt, wir beginnen mit dem Stück X. Der Gitarrist und der Bassist, eben der Hansi Hölzel, haben geglaubt, wir spielen das Stück Y. Das Ergebnis war: Wir haben gleichzeitig zwei Stücke begonnen, in verschiedenen Tonarten, in verschiedenen Takten. Das hat natürlich sehr ›free‹ geklungen, im Unterschied zum Free-Jazz aber gänzlich unfreiwillig. Wir konnten uns dann nur noch in eine Geräuschorgie flüchten. Es war pures Chaos.

Wir hatten vorgehabt, eine Art von Musik zu spielen, die für uns zu schwer war. Um diesen Schwierigkeitsgrad zu meistern, probten wir ziemlich oft. Nichts davon konnten wir auch nur ansatzweise über die Bühne bringen. Es war ein klassisches Abenteuer von pubertären Musikern, ein furchtbarer Auftritt einer furchtbaren Band. Wir sind danach noch geschockt in der Garderobe gesessen und haben beschlossen, uns sofort wieder aufzulösen. ›Wahrscheinlich hören wir ganz auf mit der Musik‹, so war die Stimmung. Wir haben geschworen, wir werden über den ersten Auftritt nie ein Wort verlieren. Immerhin habe ich so Hansi Hölzel kennengelernt.

Ein halbes Jahr später habe ich ihn dann wieder getroffen, bei einer Jam-Session. Das wurde dann die Ausgangsbasis für die ›Hallucination Company‹. Bei dieser Formation war auch Hansi Lang dabei, zu dem Falco eine sehr enge Beziehung hatte. Lang war ein sehr charismatischer Typ. Er kam allerdings aus ›der Gosse‹. Zumindest sah er sich so, obwohl das nicht stimmte. Hansi Hölzel war ein bisserl der ›Gehobene‹. Die beiden verstanden sich extrem gut und wollten miteinander eine Band gründen. ›Neustart‹ sollte sie heißen, und die beiden haben auch miteinander ›Ganz Wien‹ getextet. Aus ›Neustart‹ ist nichts geworden, dafür aber wurde die ›Hallucination Company‹ zum Nukleus einer Generation von Popmusikern.

Wir kamen ja alle aus einem eher ›freakigen‹ Umfeld. Unsere ersten Auftritte hatten wir im März 1978. Wir spielten dieses Programm eine Woche lang im ›Haus der Begegnung‹ in der Bernoullistraße im 22. Bezirk und ab diesen Konzerten gab es uns plötzlich. Wir waren eine Musiktheatergruppe rund um Ludwig ›Wickerl‹ Adam, fast alle mit langen Haaren, langen Bärten und langen wallenden Gewändern oder Lederjacken. Plötzlich schnitt sich Falco, der früher schulterlanges Haar unter einer Pullmann-Kappe getragen hatte, die Haare und zog den einzigen Anzug, den er besessen hat, an. Er kam dann zu einem Auftritt so herein, total ›sleek‹ mit Sonnenbrille. Für uns hat er damals plötzlich ausgeschaut wie Alain Delon in seinen schönsten Jahren. Allein durch diesen Stilwechsel ist er aus der Gruppe optisch extrem herausgefallen. Er hat sich bewusst zu einer gewissen Art von Dekadenz hingewendet. Für uns Hippiefreaks war das natürlich extrem ›pomadig‹.

Sein erstes Auto war ein alter Opel Kadett, mit dem Peace-Zeichen vorne drauf, da saßen wir drinnen und plauderten. Es war gerade der Anfang von ›New Wave‹, da sagte er: ›Wirst sehen, Thomas, jetzt gibt's so viele Leute, die mit Musik anfangen, aber der Einzige, der überbleiben und Karriere machen wird, des bin i.‹ Das hat er damals postuliert. Ich habe mir gedacht: ›Na, ganz schön überzeugt von sich. Ich würde mich so etwas nie trauen.‹

Mit der ›Hallucination Company‹ spielten wir später in München für eine Abendgage von zwanzig Mark und eine warme Mahlzeit. Das war unser erstes ›Auslandsengagement‹. Im ›Marienkäfer‹ traten wir am ersten Abend vor drei Leuten auf, dann vor siebzehn, plötzlich vor zweihundert, und dann war es innerhalb einer Woche immer ausverkauft. So haben wir nach und nach die Münchner Szene und dann Deutschland erobert. Das ging nur über Mundpropaganda. Gagen waren für uns damals wirklich kein Thema. Das haben wir zwei, drei Jahre so betrieben.

Falco hat es aus unserem Kreis herausgeschafft und es später wirklich zu Weltruhm gebracht, aber es ging ja ›step by step‹. Zuerst Nummer eins in Österreich, dann in Deutschland, und auf einmal ging es ab. Es hat uns später in der Falco-Band natürlich auch mit Stolz erfüllt, eine Musik zu spielen, die keineswegs klassischer Austropop war. Wir hätten uns alle zehn Finger abgeschnitten, bevor wir gesagt hätten, unsere Musik ist Austropop. Das war für uns damals eher ein Schimpfwort.

Vom Geschäftlichen her war natürlich die Nummer eins in Amerika der Höhepunkt in Falcos Karriere. Aber es hat sehr viele Höhepunkte gegeben. Das erste Konzert in der Wiener Stadthalle Anfang der Achtzigerjahre. Plötzlich spielten wir vor 11.000 Leuten. Damals ist der erste große Hit ›Kommissar‹ herausgekommen. Später dann eine Tournee in Japan, die Deutschland-Tour oder das berühmte Regenkonzert auf der Donauinsel vor 120.000 Leuten.

Ich hatte ihn ein Jahr lang nicht gesehen, und die Sache nur aus dem fernen Wien mitverfolgt, weil wir damals nicht auf Tournee waren. Falco war aber auf Promotion-Tour durch die ganze Welt, um das Album ›Falco 3‹ zu bewerben, wo auch ›Amadeus‹, ›Jeannie‹ und ›Vienna Calling‹ drauf waren. ›Prince‹ war auf Platz eins in den Billboard-Charts, und plötzlich verdrängte Falco ›Prince‹ und war die Nummer eins in Amerika. Unglaublich, da ging ein Raunen durch die Stadt. Die Nachricht wurde ihm in einem Lokal im ersten Bezirk überbracht. Da war eine kleine private Feier mit seinem Plattenboss Markus Spiegel, seinem Manager Horst Bork und mit ein paar anderen Leuten. Die Legende sagt, dass er verunsichert darauf reagiert hat: ›So, das war es dann, wie kann ich das noch toppen?‹ Für ihn stellte sich die Frage, wie er auf diesem Erfolg aufbaut. Sollte er sich künstlerisch verändern oder sollte er bei seinen musikalischen Wurzeln bleiben? Sollte er eine Villa in New York oder in Los Angeles beziehen?

Als waschechter Wiener blieb er hier. Das war für ihn ein logischer Schritt. Falco war sehr auf österreichische Kultur und Identität bezogen und europäisch geerdet. Die amerikanische Lebensweise war ihm eher fremd. Das hat er sich gern im Fernsehen angeschaut, aber so wollte er nicht leben. Es war ihm auch sehr wichtig, dass ihn die Wiener Kulturszene schätzte, in der Literatur wie auch in der Malerei. Er war Oskar-Werner-Fan, H. C. Artmann hat er gemocht. Bei ihm in der Wohnung hing im Vorzimmer eine gerahmte Serviette. Wolfi Bauer hatte zusammen mit Hermann Nitsch und H. C. Artmann unterschrieben. ›Falco, du bist unser Superstar‹, stand darauf. Anerkennung von Leuten, vor denen er wirklich Respekt hatte, das war ihm wichtig.

Weil er in Wien geblieben ist, hat es mit einer US-Karriere nicht geklappt. Die Amis wollten den Star eben bei sich haben, mit Haut und Haar. Wir hatten schon Anfang 1986 einen kompletten US-Tourneeplan mit über fünfzig Auftritten. Zwei Wochen vor Tourbeginn hat der amerikanische Veranstalter abgesagt, weil kein zweiter Hit in Amerika nachfolgen konnte. Sie haben gesagt, mit einem Hit alleine ist eine Tournee zu riskant. Das Geschäft ist beinhart. Am Abend der Absage bin ich mit ihm bis zum Morgengrauen allein in seinem Hotelzimmer gesessen, und da war er plötzlich wieder der Hansi Hölzel wie zehn Jahre zuvor. Es war für mich damals ein ganz arges Gefühl zu merken, dass sich der Kreis wieder schließt und er vom ganzen Höhenflug wieder herunterkommt. Er hat dann auch wie der Hansi geredet, nicht mehr wie Falco.

Er war schon immer gehörig unter Druck, weil es eben ein Unterschied ist, ob eine große Band zusammen Erfolg hat oder ob es ein Solokünstler schafft. Vor der Öffentlichkeit bist du als Star dafür verantwortlich, was du von dir gibst, nicht nur musikalisch und in den Texten, sondern auch in Interviews. Die Medienorgel konnte er aber gut bedienen, er war ja beliebt für seine Schlagfertigkeit und für seine sogenannten ›Wiener Sager‹, mit denen er nicht geizte. Die Presse hat ihn dafür geliebt, aber auch gehasst, weil er durch seine Eloquenz sehr leicht arrogant wirkte.

Finanziell kam er Jahr für Jahr in immer größere Dimensionen. Mit der Nummer eins in Amerika kamen plötzlich gigantische Tantiemen. Das war noch in einer Zeit, in der es die Vinyl-Platte gab. Man konnte etwas verdienen, das ist heute nicht mehr so. Wenn Falco in Deutschland dreifach Platin gemacht hat, dann waren das 800.000 verkaufte Alben. Wenn du heute in Österreich Platin in CDs verkaufst, sind das 10.000 Stück. Das Musikgeschäft in der damaligen Form ist nicht mehr existent.

Österreich hat seine Lieder geprägt, nicht seine Lieder Österreich. Für mich war es ein entscheidender Moment, in dem ich das erste Mal Texte von ihm gelesen habe. Ich war völlig überrascht, weil ich ihn bis dato ausschließlich als Musiker kannte. Als stillen Bassisten, der sehr gut Funk spielen konnte und sehr ›tight‹ war. Aus diesem rhythmischen Talent heraus hat er als erster im deutschen Sprachraum auch den Rap entwickelt. Falco beschrieb in seinen Texten immer eine Situation oder eine ›Partie‹, wie es in Wien heißt, zum Beispiel die ›Helden von heute‹. Er schildert eine ›Mischpoche‹ und lässt aber immer offen, ob er sich dazu zählt, oder ob er sie ironisch von außen betrachtet. Falcos Texte leben von dieser Zweideutigkeit und von dieser Dialektik.

Er war von sich eingenommen, aber alles andere als von sich überzeugt. Er hat gewusst, er kann was bewegen. Er hat gewusst, er ist eine Erscheinung. Er hat gewusst, er kann polarisieren. Aber überzeugt war er nie von sich. Er war ein Einzelkind, und dadurch ist er auch ein bisserl scheuer und ein bisserl vorsichtiger gewesen. Erfolg macht in erster Linie einsam. Irgendwann bist du allein in deinem Hotelzimmer, nachdem du auf der Bühne warst vor 100.000 Leuten. Du willst aber nicht alleine sein. Du willst, dass die Show weitergeht. Du wirst abhängig von diesem Adrenalinstoß, den du hast, wenn du soweit emporgehoben wirst, dass es schon gespenstisch ist, und du in einer Art und Weise geliebt wirst, die unbeschreiblich ist. Aber dann bist du plötzlich alleine in deiner großen Suite, und da findest du einen prachtvollen Blumenstrauß und dort einen üppigen Obstkorb. Du stehst alleine in der Unterhose da, *legst dich ins Bett und denkst dir: ›So, jetzt bin ich wieder da und brauch wen.‹*

Dann kommt das Problem ›Frau‹. Da ist er sehr empfänglich gewesen, aber leider ein bisserl unfähig. Es fiel ihm schwer, zu unterscheiden zwischen einem Partner, einer Mitarbeiterin oder einem Fan. Es ist einfach schwer, auf jeden Fall, wenn man 25 ist. Es waren durchaus tolle Persönlichkeiten dabei. Ich kann mich zum Beispiel an die ›Syverl‹ erinnern, die es am längsten mit ihm ausgehalten hat. Wir haben sie in der Band alle sehr gern gehabt, als sie mit auf Tour war. Manche Frauen haben sich wirklich sehr um ihn gekümmert, nahezu mit Mutterinstinkt und Krankenschwesternappeal. Er hat oft Phasen gehabt, in denen er geglaubt hat, dass alle nur das eine wollen, nämlich sein Geld. Da hat er es oft nicht leicht gehabt.

Falco hat früh zu trinken begonnen. Schon als er mit der Tanzkapelle ›Spinning Wheel‹ auf Tournee war. Da spielte er jeden Tag bis vier Uhr früh. Sein Problem war, dass er Alkohol nicht vertragen hat. Er war oft drei Monate völlig trocken, da hat er nur Mineralwasser getrunken. Dann bekam er plötzlich etwas und war zwei Wochen völlig ›ausgeknipst‹. Alle anderen Drogen waren nur Randerscheinungen. Er hat sehr viel trainiert. Drei, vier Monate war er perfekt drauf, dann ein Umfaller. Das kann nur ein Tropfen Schnaps sein, und plötzlich ist die Flasche leer. Zwei Wochen haben wir dann gebraucht, um ihn wieder halbwegs in die Höhe zu bringen.«

Wie gut Falco war, können heutige Hörer ermessen, wenn sie »alte« Falco-Songs hören. Die Musik hat den Protagonisten überlebt. Hans Hölzel, der aus einer Laune heraus seinen Namen auf »Falco« änderte, weil ihn der damals bekannte DDR-Skispringer Falko Weißpflog beeindruckte, war der »Überflieger der Österreichischen Popszene« (Thomas Rabitsch). Das behütete Einzelkind wurde in der Wiener Ziegelofengasse geboren und besuchte die katholische Privatvolksschule der Piaristen, kaum dreihundert Meter von seinem Wohnhaus entfernt. Hansi war schon als Kleinkind hoch musikalisch, spielte Ziehharmonika und Klavier und trat bei einer

Weihnachtsfeier im Calasanz-Saal der Piaristenschule erstmals öffentlich auf. Der Siebenjährige spielte zur immensen Rührung seiner Mutter den »Donauwalzer«. Die weitere Schulkarriere verlief mit einem Gastspiel im Gymnasium in der Rainergasse durchaus durchwachsen. Für einen angehenden Popstar ist eine abgebrochene Schullaufbahn praktisch ein Karrieremuss. Hans Hölzel verfügte über die Gnade eines »absoluten Gehörs«. Er besuchte drei Semester lang das Jazz-Konservatorium in Wien und erhielt immerhin eine solide Grundausbildung am Bass. Entdeckt wurde der begabte Musiker schließlich von Ludwig »Wickerl« Adam, dem Gründer der »Hallucination Company«, mitten in der Fußgängerzone von Mödling. Dort spielte Hansi Hölzel als Straßenmusiker und beeindruckte den Profi durch sein lässiges, selbstbewusstes Auftreten.

Der Durchbruch kam mit der Bekanntschaft von Markus Spiegel. Der Chef des Platten-Labels »Gig-Records« hörte Falco mit seiner Nummer »Ganz Wien« und ließ Robert Ponger ein Album mit Falco produzieren. »Der Kommissar« wurde zum großen Erfolg. Falco wurde ein Star. »Wickerl« Adam über diese Zeit: »Er hat Sex, Drugs und Rock 'n' Roll gelebt im Versace-Anzug.« Der Welterfolg kam mit dem Wechsel zum holländischen Produzentenpaar Rob und Ferdi Bolland. Die beiden schneiderten ein kommerzielleres Kostüm für den Sänger und produzierten mit ihm die Single »Rock Me Amadeus«. Milos Forman hatte zu dieser Zeit die Geschichte Mozarts filmisch neu gedeutet. Im März des Jahres 1986 geschah das für einen österreichischen Musiker bis dato Einmalige: In nur sieben Wochen erreichte »Rock Me Amadeus« die Spitze der amerikanischen Billboard-Charts und verdrängte für drei Wochen den Superstar »Prince« mit der Single »Kiss«. Falco war in eine neue Dimension vorgedrungen.

Thomas Rabitsch war durch Jahre Wegbegleiter, Organist, Produzent und Chef der Falco-Band. Heute produziert er in seinem Studio am Wilhelminenberg viele österreichische Sänger und Bands. Falco starb am 6. Februar 1998 bei einem Autounfall in der Nähe von Puerto Plata in der Dominikanischen Republik.

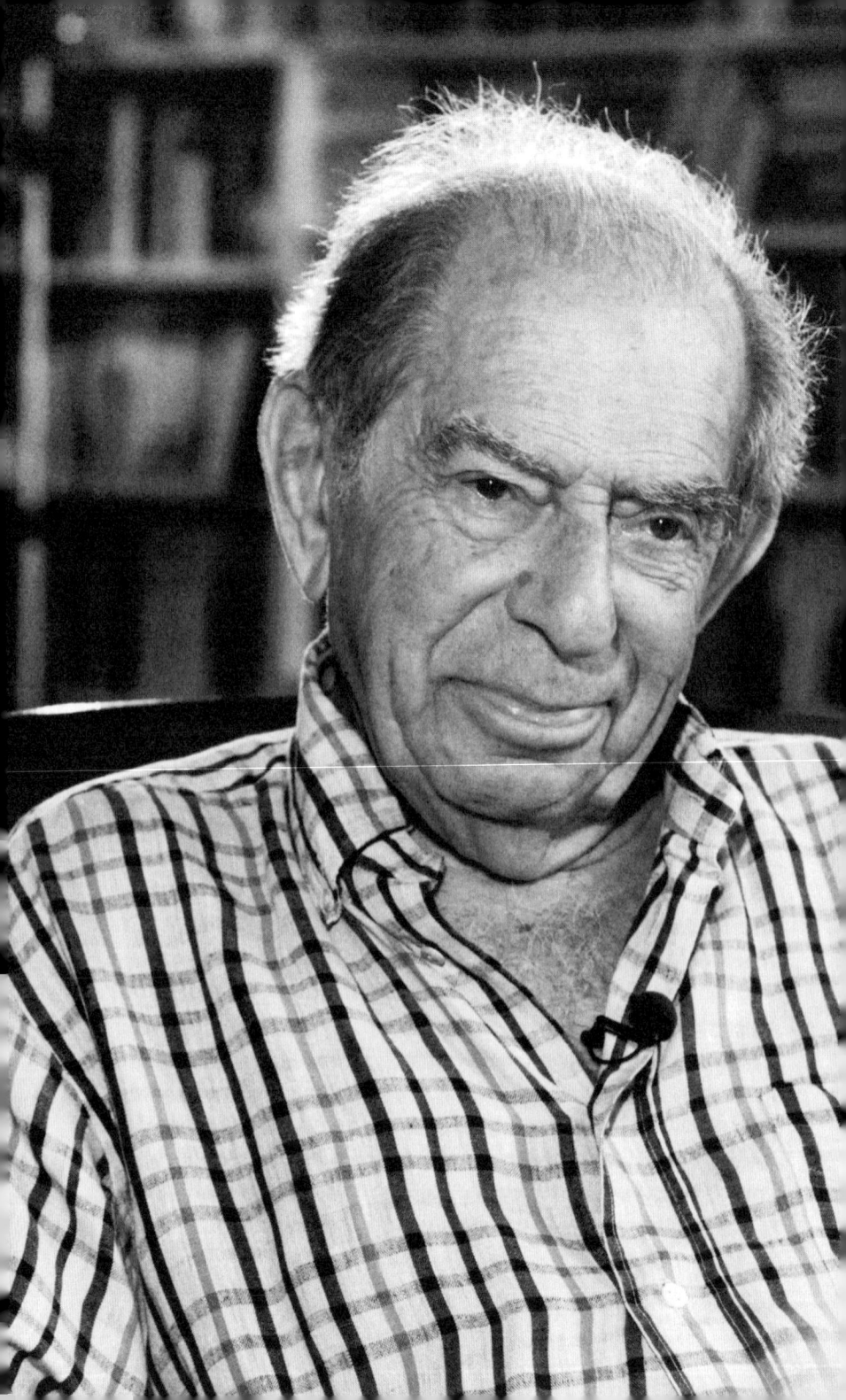

»Es ist auch um die Begleichung alter Rechnungen gegangen.«

Paul Lendvai begegnete in der Wiener Hofburg Bundespräsident Kurt Waldheim. Das Staatsoberhaupt versuchte den Journalisten davon zu überzeugen, dass ihm Unrecht getan wurde.

Ich bin auf dem Weg zu Bundespräsident Kurt Waldheim. Ein langer Gang durch den Leopoldinischen Trakt der Hofburg liegt vor mir. Ich gehe auf dem roten Teppich, der ins ehemalige Schlafzimmer von Kaiserin Maria Theresia führt. Der mit seidenem Purpurstoff tapezierte Saal dient heute als Empfangssalon zum Büro des Präsidenten. Hier werden Regierungen angelobt, Botschafter empfangen und Erklärungen für die Presse abgegeben. Der Gang durch den Leopoldinischen Trakt ist hell, vom Inneren Burghof dringt die Morgensonne in die imperialen Räume. Weiß, Gold, Rot sind die bestimmenden Farben. Das Haus Habsburg wusste zu beeindrucken. Die Republik hat die Symbolik der kaiserlichen Repräsentationsräume übernommen.

Der damalige Wiener Korrespondent des angesehenen britischen Wirtschaftsblattes »Financial Times«, Paul Lendvai, über einen besonderen Hofburgbesuch:

»Als ich den Vorraum zu seinen Amtsräumen betrat, erwartete mich Kurt Waldheim schon bei der barocken Standuhr. Es war eine Geste, die zeigte, wie wichtig ihm dieser Termin war. Normalerweise wird man hier von einem Sekretär empfangen und durch eine schmale Tapetentür zum Bundespräsidenten geführt. Das Wort Büro wäre unangemessen. Der wunderbare Raum diente schon Kaiser Joseph II. als Arbeitszimmer. Der ehemalige UNO-Generalsekretär hatte

mich zu sich gebeten, um über die Anschuldigungen zu sprechen, die seit dem Wahlkampf im Raum standen. Er wurde beschuldigt, über seine Dienstzeit in der Deutschen Wehrmacht nicht die volle Wahrheit gesagt zu haben. Nicht nur der Präsidentschaftskandidat, sondern ganz Österreich sah sich in aller Welt mit einer Welle von Abneigung konfrontiert. Es galt das Ansehen Österreichs wiederherzustellen. Als Journalist wollte ich dazu meinen Beitrag leisten. Der ältere Herr begrüßte mich freundlich, geleitete mich in sein Zimmer. Es war hell, hinter den Vorhängen erkannte ich den Heldenplatz, das Burgtor, die Museen. Es ist Wiens schönstes Büro. Am barocken Besprechungstisch hatte Kurt Waldheim schon alles vorbereiten lassen. Jede Menge Papiere und Bücher waren darauf ausgebreitet. Der Herr Bundespräsident konnte es kaum erwarten, zur Sache zu kommen. Er beugte sich über einen Stapel Unterlagen und begann zu erklären. Ein hagerer, schon leicht gebeugter Herr kämpfte mit seiner Vergangenheit. Kurt Waldheim war ein sehr einsamer Mann in der Hofburg. Ich spürte, wie wichtig es ihm war, mich – den Journalisten, der vor seiner Bestellung zum ORF-Chefredakteur und Intendanten der Kurzwelle jahrzehntelang für ein englisches Blatt geschrieben hatte – von seiner Unschuld zu überzeugen. Es war eine merkwürdige Situation. Er erklärte, ich fragte, er antwortete. Waldheim argumentierte, versuchte Behauptungen durch alte Wehrmachtsurkunden, Briefe, Dokumente zu widerlegen. Der Termin dauerte weitaus länger, als er anberaumt war. ›Müssen wir nicht aufhören, wartet nicht längst der nächste Besucher?‹, fragte ich. Als ich das Arbeitszimmer des Präsidenten durch die Tapetentüre verließ, stürzten sich ausländische Kollegen und Kamerateams auf mich. Ein Journalist, der mit Kurt Waldheim unter vier Augen über seine Kriegsvergangenheit sprach, war ein gefragter Interviewpartner. Menschlich und atmosphärisch war zwischen dem persönlichen Gespräch mit Kurt Waldheim und den Fragen der Kollegen ein ganz merkwürdiger Kontrast. Ich war nicht der Verteidiger Waldheims, sondern Österreichs. Das war ein Ereignis, das mich als früheren Auslandskorrespondenten direkt berührte. Ich hatte den Eindruck, auch Bruno Kreisky hat das offen gesagt, dass Österreich Unrecht geschah. Natürlich hatten viele zu dieser Geschichte durch Schweigen oder Ablenkung beigetragen, und sicherlich hat Kurt Waldheim in dieser Krisensituation auch versagt. Nachdem ich ein Buch über Antisemitismus geschrieben hatte und selbst jüdischer Herkunft bin, war garantiert, dass ich nichts verschweigen oder verdrängen würde.

Ich habe Kurt Waldheim persönlich als Botschafter, als Außenminister und als UN-Generalsekretär gekannt, war aber politisch überhaupt nicht in der österreichischen Innenpolitik engagiert. Dann brach dieser Sturm los. Ich hatte nichts davon gewusst. Ich hatte alle drei Autobiografien von Waldheim gelesen, und zwar auf Deutsch, auf Englisch und auf Französisch. Die deutsche Version schrieb übrigens ein bekannter österreichischer Journalist. Ich war überzeugt, und alles, was ich seitdem gelesen habe, hat mich darin bestätigt, dass Kurt Waldheim überhaupt nichts angestellt hatte. Es war eine Tragödie für ihn und für Österreich. Und vielleicht auch für die, die ihn angegriffen haben. Das beste Buch über diese Angelegenheit hat Simon Wiesenthal geschrieben. Ich bin ganz seiner Meinung: Waldheim hat die Wahrheit vertuscht, verdrängt, verschönt. Er hat sich angepasst und war ein Mitläufer. Und er hat während der Kampagne diesen fatalen Satz gesagt: ›Ich hab nur meine Pflicht getan.‹

Ich gehörte zu jenen, die vom ersten Augenblick an versucht haben, Schaden von Österreich abzuwenden. Ich habe Verschiedenes unternommen. Es gelang mir zum Beispiel, mit Kardinal Franz König, Simon Wiesenthal und Karl Schwarzenberg gemeinsame Überlegungen anzustellen, was man für das Ansehen Österreichs in dieser Situation tun konnte. Ich nahm auch im Außenministerium an einer kleinen Arbeitsgruppe teil. Wir diskutierten die möglichen Ursachen für Österreichs miserables internationales Ansehen in jenen Jahren. Bei der Waldheim-Affäre musste Österreich auch den Preis für die ausgebliebene Aufarbeitung der Mitschuld der älteren Generation in den Jahrzehnten nach 1945 zahlen.

Schließlich habe ich im Jahre 1987 zwei Wochen lang eine Vortragsreise durch Amerika unternommen und dabei in erster Linie über Österreich gesprochen. An der Columbia University in New York wollte man mir keine Möglichkeit bieten, einen Vortrag darüber zu halten, dass es in Österreich im Zweiten Weltkrieg auch Widerstand gegeben hatte. Mein Freund, Professor István Deák, ein aus Ungarn stammender, führender amerikanische Historiker, arrangierte dann, dass ich an seinem Institut sprechen durfte.

Als Antwort auf ein Interview des amerikanischen Botschafters in Wien, Roland Lauder, veröffentlichte ich einen Artikel in der ›Washington Post‹, in dem ich die Rolle Österreichs bei der Emigration von 270.000 Juden aus der Sowjetunion und Zehntausenden aus anderen osteuropäischen Ländern nach Israel beschrieb. Das hatte eine gewisse Wirkung. Ich war auch persönlich motiviert. Ich gehöre zu jener Generation, die 1956 die damalige Haltung der Österreicher und der österreichischen Regierung erlebte. Es war zum Teil auch eine Geste der Dankbarkeit gegenüber diesem Land, das genauso wie im Jahr 2000 ungerecht angegriffen wurde.

Ich habe Kurt Waldheim und seine Frau persönlich gekannt und ich habe ihn auch, ich sage es ganz offen, bedauert. Das alles hat eine solche Dynamik entfaltet. Nachdem diese internationale Historikerkommission festgestellt hatte, dass nichts war, außer Verdrängung oder Vertuschung, war das keine großen Berichte mehr wert. Ich war in jenen Jahren auch am internationalen Presseinstitut tätig und habe oft Vorträge gehalten. In Istanbul sprach mich ein führender türkischer Verleger bei einer Konferenz an: ›Ah, Sie kommen aus Österreich. Das ist doch unerhört, wir werden wegen der armenischen Sache immer angegriffen und bei Ihnen ist dieser Waldheim Präsident.‹

Da explodierte ich und antwortete: ›Wenn Sie bei einer Konferenz in Wien wären, würde ich Ihnen das Schicksal der Armenier nicht zum Vorwurf machen.‹ Es war wirklich unglaublich, wie Kurt Waldheim ein Synonym für Österreich und für das Amoralische und auch für die Mitschuld geworden war.

Man hat gesehen, wie aus einer scheinbar kleinen Geschichte eine große internationale Affäre wurde. Es war eine Warnung, dass man mit der Wahrheit sehr sorgfältig umgehen sollte. Verdrängen und Verschweigen können fatale Folgen haben. Es ist auch um die Begleichung alter Rechnungen gegangen. Waldheim war zehn Jahre lang Generalsekretär der Vereinten Nationen. New York hat eine sehr große jüdische Gemeinde, und er beging Stilfehler. Zum Beispiel war er in Israel nicht bereit, beim Besuch der Gedenkstätte in Yad Vashem eine jüdische Kippa aufzusetzen. Kleinigkeiten, aber sie zeigten ein fehlendes Sensorium. Plötzlich erschien in der ›New York Times‹ ein Bild, aufgenommen in Podgorica in Montenegro, das Waldheim mit zwei hochrangigen Offizieren der Deutschen Wehrmacht zeigte. Es stellte sich heraus, dass das ein Teil seiner Biografie war, den er nicht erzählt hatte. Damals lebten noch viel mehr Menschen, die aus Österreich vertrieben worden waren oder geflüchtet waren. Das war eine Bombe, auch weil es von jungen, sehr ehrgeizigen Leuten, die beim World Jewish Congress arbeiteten, ausgenützt wurde, um Karriere zu machen. Simon Wiesenthal schrieb in seinen Memoiren sehr klar, wie Israel Singer und Elan Steinberg vom WJC dem Kampf gegen den Antisemitismus durch diese Art von Auftritten und Drohungen geschadet haben. Man verliert das Gefühl für die Proportionen und vergisst, wie viel Schaden man für die gute Sache bewirken kann, wenn man auf diese Weise auftritt.

Für Waldheim selbst waren die Anschuldigungen eine unglaubliche Überraschung, aber natürlich hat er auch Dinge verheimlicht. Sicher hat man auch in der ÖVP-Kampagne gewisse Grenzen überschritten. Trotz allen tragischen Folgen war es positiv, dass Österreich begann, die Vergangenheit viel stärker, viel gründlicher, viel unbarmherziger, ohne Kaschieren aufzuarbeiten. In diesem Sinne war die Waldheim-Affäre ein positiver Beitrag zur österreichischen Nachkriegsgeschichte. Man hat diese Verdrängung und die Mitverantwortung ganz offen aufgearbeitet. Für ihn persönlich war es natürlich schlimm, vor allem, dass er in den USA auf die Watchlist *gesetzt wurde. Das war schon merkwürdig, da er seine ganze Karriere in Amerika gemacht hatte. Es war eigentlich unglaublich, wie jemand, der Berufsdiplomat war, in diese Lage kommen konnte. Für Kurt Waldheim und seine Familie war es eine Tragödie. Ich war damals wegen der ganzen Geschichte deprimiert. Ich musste viele Interviews geben und wurde für meine Tätigkeit auch kritisiert. Niemand hatte mich darum gebeten, auch Waldheim selbst oder seine Familie nicht. Ich war kein Waldheim-Experte, aber ich habe das alles erlebt und alle einschlägigen Bücher gelesen. In allen Biografien dieser Zeit war seine Geschichte anders dargestellt. Er hätte natürlich zurücktreten können. Aber er versuchte mit allen Fasern seines Wesens zu beweisen, dass er nichts angestellt hatte. Später, schrittweise, kamen dann selbstkritische Sätze. Auch in seinem Testament. Zum Schluss wusste er, wie er hätte handeln müssen.«*

Die Waldheim-Affäre hat Österreich 1986 erschüttert, das Land gespalten und eine späte Aufarbeitung des Beitrags vieler Österreicher im NS-Staat erzwungen. Die Geschichte begann am 2. März mit einem Artikel des »profil«-Journalisten Hubertus Czernin über »Waldheim und die SA«. Demnach war Waldheim Mitglied in der »Sturmabteilung« und im NS-Studentenbund gewesen. Zwei Tage später schrieb die »New York Times«, Waldheim habe 1942 und 1943 in einer Wehrmachtseinheit gedient, die brutal gegen Partisanen vorgegangen sei und griechische Juden in deutsche KZs deportiert habe. Am gleichen Tag veröffentlichte der »World Jewish Congress« in New York Dokumente. Darunter war eine unscharfe Fotografie, die Wehrmachtsleutnant Waldheim mit hochrangigen Offizieren aus dem Stab des Generals Alexander Löhr zeigte. Das Bild wurde zum Beleg für die Verwicklungen des Wehrmachtsoffiziers in Gräueltaten der Wehrmacht am Balkan bei der Partisanenbekämpfung. Waldheim, der weit von der Front entfernt gewesen war, musste durch die täglichen Wehrmachtsberichte über die Säuberungsaktionen Bescheid gewusst haben. Sein Wissen zu leugnen, war eine der Ungeschicklichkeiten Waldheims, die zu internationalen Protesten führten. Der frühere UN-Generalsekretär hatte unangemessen reagiert. Dabei war er vorgewarnt gewesen: Es war am Ende einer Besprechung in einer großbürgerlichen Wohnung am Wiener Lobkowitzplatz. Führende Mitarbeiter der ÖVP-Bundespartei waren die paar Schritte aus dem Palais Todesco auf der Kärntnerstraße in die Privatwohnung des früheren UN-Generalsekretärs Kurt Waldheim gegangen. Zu Beginn des Wahljahres 1986 sollten sich die »Waldheim-Leute« und die Wahlkampfmanager der Volkspartei in einem ersten Gespräch kennenlernen. Der frühere Außenminister unter Bundeskanzler Josef Klaus und spätere Kreisky-Protegé sollte als »unabhängiger« Kandidat das höchste Staatsamt für die Volkspartei erobern. Schon einmal war Waldheim angetreten und gegen den früheren Wiener Bürgermeister Franz Jonas klar gescheitert. Im Jänner 1986 standen die Chancen deutlich besser. Während Damen der Nobelkonditorei »Gerstner« Kanapees mit geräucherten Austern reichten, skizzierte ÖVP-Wahlkampfleiter Heribert Steinbauer die Strategie für die Kampagne gegen den SPÖ-Kandidaten Kurt Steyrer. Meinungsforscher Fritz Plasser hatte die Ausgangslage beschrieben. Waldheim lag stabil mit 54 Prozent Zustimmung vor Steyrer. Nach menschlichem Ermessen konnte nichts schiefgehen. Die Stimmung war gut, der Rahmen nobel und Kurt Waldheim wirkte im persönlichen Gespräch keineswegs so ungelenk wie in der Öffentlichkeit. Heribert Steinbauer flocht gegen Ende der Besprechung so nebenbei eine Warnung ein. »Die SPÖ wird irgendeine Nazigeschichte spielen, aber da ist nix dran. Lasst euch nicht nervös machen.«

Der Satz verhallte im großbürgerlichen Ambiente. Niemand fragte nach. Keiner dachte sich etwas dabei. Wochen später brach die mediale Hölle los. Aus einem – an sich bedeutungslosen – österreichischen Präsidentenwahlkampf wurde eine weltweite Affäre. Der einst angesehene Diplomat Waldheim wurde von der »New York Post« zum »Nazischlächter« gestempelt. In Österreich brachen zwischen gesellschaftlichen Gruppierungen Gräben des Hasses auf. Der »Jüdische Weltkongress«, eine eher kleinere Lobbyorganisation in New York, wurde für Millionen Österreicher zum Feindbild. Antisemitische Ressentiments brachen an die Oberfläche. Österreich wurde international, jedenfalls im angelsächsischen Raum, von seiner nicht anständig aufgearbeiteten Nazivergangenheit eingeholt. Anlass, nicht Ursache, war Waldheims lückenhafte Biografie, die in Wahrheit ein bekannter Wiener Journalist geschrieben hatte. Die Wehrstammkarte Waldheims war im Kriegsarchiv (mit seiner Zustimmung) ausgehoben worden. Wer den Anstoß zu dieser Recherche gab, ist bis dato unbewiesen. SPÖ-Präsidentschaftskandidat Kurt Steyrer vermutete, Hans Pusch, Kabinettschef von Fred Sinowatz, habe die Idee gehabt, Waldheim eine Nazivergangenheit »umzuhängen«. Eine andere Version: Auf einer Toilette im ORF habe Kurt Bergmann (ORF-Mann und später Direktor im ÖVP-Parlamentsklub) den Latrinentratsch zweier Kollegen mitgehört und so von der Intrige erfahren. Ein ORF-Journalist soll in der »Causa« eine Schlüsselrolle gespielt haben. Ihm wurde später verboten, sich zum Fall Waldheim zu äußern. Also buchstäblich eine »Häuslgeschichte«.

Die Waldheim-Affäre war vielschichtig und hatte sich schon über Jahre angebahnt. Der ehemalige UN-Generalsekretär, dessen Vita wohl mehrfach von allen Geheimdiensten beleuchtet worden war, bot sich auch durch ein patschertes Verhalten bei Interviews (»Ich hab nur meine Pflicht getan«) als Sündenbock geradezu an. In den USA war Kreiskys palästinenserfreundliche Politik mit Missfallen beobachtet worden. Die Schließung des Durchgangslagers für sowjetische Juden in Schönau nach einer terroristischen Erpressung war in Israel auf Empörung gestoßen. Der Empfang des in Italien wegen Kriegsverbrechen verurteilten Offiziers Walter Reder durch FPÖ-Verteidigungsminister Friedhelm Frischenschlager hatte Österreichs unklares Verhältnis zur Nazivergangenheit auf die internationale Agenda gesetzt. Mit dem sich anbahnenden Ende des Kalten Krieges zwischen Ost und West hatte Österreich seine Rolle verloren. Für die USA gab es kaum noch Gründe, Österreich die Diskussion über die gesellschaftliche Kollaboration vieler Österreicher mit dem NS-Regime weiter zu ersparen.

Für den »World Jewish Congress« wiederum bot die Causa Waldheim eine Chance, sich innerhalb der jüdischen Bevölkerung in Amerika als durchsetzungskräftige Lobbyorganisation zu profilieren. Die Angriffe gegen Waldheim mitten im Wahlkampf führten zu einer Polarisierung. Dem ÖVP-Wahlkampfstrategen Generalsekretär Michael Graff gelang es, mit dem Slogan »Wir wählen, wen wir wollen« die Stimmung der Bevölkerung aufzunehmen. Hans Dichand, Herausgeber der »Kronen Zeitung«, nahm für Waldheim und die sogenannte »Wehrmachtsgeneration« Partei.

Bereits im ersten Wahlgang blieb der »unabhängige« ÖVP-Kandidat nur knapp unter der 50-Prozent-Marke, die er in der Stichwahl locker übersprang. Sein SPÖ-Gegenkandidat, der Hautarzt Kurt Steyrer, klagte nach der Wahl: Es sei dumm gewesen, die Nazikarte auszuspielen. Paradoxerweise änderte der hoch emotionale Wahlkampf am Stimmverhalten wenig. Waldheim erhielt am 8. Juni 1986 ziemlich genau jene 54 Prozent der Stimmen, die er in den Meinungsumfragen vor der Kampagne auch schon gehabt hatte.

Die »Affäre Waldheim« und eine teils übers Ziel schießende Debatte bewirkten einen Selbstreinigungsprozess, der mit den Restitutionsverhandlungen zwischen US-Staatssekretär Stuart Eisenstadt und Bundeskanzler Wolfgang Schüssel einen formalen Abschluss fand. Bundeskanzler Franz Vranitzky hatte schon bei einer Rede im Parlament jene Worte gefunden, die gesagt werden mussten: »Wir bekennen uns zu allen Taten unserer Geschichte und zu den Taten aller Teile unseres Volkes, zu den guten wie zu den bösen; und so, wie wir die guten für uns in Anspruch nehmen, haben wir uns für die bösen zu entschuldigen – bei den Überlebenden und bei den Nachkommen der Toten.«

In seinem politischen Testament schrieb Kurt Waldheim im Juni 2007: »Ich bedaure zutiefst, dass ich unter dem äußeren Druck monströser Beschuldigungen, die mit meinem Leben und meinem Denken nichts zu tun hatten, viel zu spät zu den NS-Verbrechen umfassend und unmissverständlich Stellung genommen habe.« Und sein Nach-Nachfolger Heinz Fischer fand beim Requiem im Stephansdom versöhnliche Worte: »Dem Menschen und dem Bundespräsidenten Kurt Waldheim ist Unrecht geschehen, wenn ihm Handlungen, bis hin zu Kriegsverbrechen, angelastet wurden, die er nicht begangen hat.«

Kurt Waldheim wurde zu einer Projektionsfläche für das schlechte Gewissen einer Generation im Umgang mit den Ereignissen während der NS-Zeit und den Versäumnissen danach. Seine Wahl im Juni 1986 markierte einen politischen Wendepunkt. Im gleichen Jahr trat Bundeskanzler Sinowatz zurück, die erste rot-blaue Koalition zerbrach. Drei Monate nach Waldheims Wahl wurde Jörg Haider Parteivorsitzender der FPÖ.

Die Wahl Jörg Haiders zum FPÖ-Obmann 1986

»Die Kärntner haben gesehen, dass es ohne Köpferollen nicht ging.«

Der Gurker Bürgermeister Siegfried Kampl hat den Sturz von FPÖ-Vizekanzler Norbert Steger am Innsbrucker FPÖ-Parteitag im September 1986 mitgeplant und Jörg Haider im Triumph auf seinen Schultern getragen.

Die Spannung ist mit den Händen zu greifen. Viele Delegierte im Saal sind erschöpft, aufgeregt, verschwitzt. Die letzten Stunden waren Emotion pur. Der Moment der Entscheidung ist da. Endlich. Nach vierzehn Stunden mit Reden und Gegenreden, Versöhnungsangeboten und Vermittlungsversuchen wird jetzt abgestimmt. Wer soll die FPÖ in die Zukunft führen? Der liberale Vizekanzler Norbert Steger oder der junge Unruhestifter aus Kärnten, Jörg Haider? Wir, die Kärntner Delegierten, stehen geschlossen hinter unserem Jörg. Es muss sich etwas ändern in der Parteiführung, davon sind wir überzeugt. Die rot-blaue Koalition unter der Führung von Franz Vranitzky schadet der FPÖ. Unser Parteiobmann Norbert Steger kann in der Regierung keine freiheitlichen Positionen umsetzen. Ich bin einer, der bei den Vorbereitungen für den Parteitag dabei war. Es gibt eine große Unzufriedenheit mit der Regierungskonstellation. Das ist der eigentliche Grund für den Frust der Delegierten. Wir wissen, die Wähler werden uns dafür bestrafen. In den Umfragen liegen wir nur noch bei 3,5 Prozent. Uns droht der Untergang als Partei. Jörg hat das in seiner Rede auf den Punkt gebracht: »Wir sind in Gefahr, als politische Gruppierung in die Bedeutungslosigkeit abzurutschen, sodass sich nach 1987 nicht mehr die Frage stellt, ob wir als Regierungspartner oder politische Kraft in Frage kommen!« *Jetzt geht es darum, das Ruder herumzureißen. In stunden- und nächtelangen Diskussionen haben wir überlegt, wie wir die Dele-*

gierten der anderen Bundesländer gewinnen können. *Die wichtigsten Besprechungen haben in meinem Wohnzimmer stattgefunden. Wir sind die ganze Nacht zusammengesessen. Da haben wir wirklich die Weichen gestellt.*

Haider hat auch gute Vorarbeit geleistet. *Ich glaube, er hat mit jeder einzelnen Ortsgruppe in Kärnten und mit allen Delegierten gesprochen.* »Wo soll es hingehen«, *fragte er.* »Seid ihr damit einverstanden?« *Wir Kärntner sind die stärkste Landesgruppe der FPÖ. Und wir sind geschlossen. In Wien hat Jörg bei den Burschenschaften Stimmung für einen Führungswechsel gemacht. Die Kollegen aus Oberösterreich haben wir jedenfalls auf unserer Seite. Schließlich ist der Jörg aus Bad Goisern, also geborener Oberösterreicher. Wir haben für den Parteitag eine genaue Strategie vorbereitet. Die Kärntner haben einen Leitantrag an die Bundespartei eingebracht. Darüber hat am Parteitag jeder von uns gesprochen.*

Wir haben vereinbart, dass sich die Kärntner Delegierten nicht alle in einen Block zusammensetzen, sondern in dem großen Saal gut verteilen. Im Kleinen kann man ja auch besser Gespräche führen. Wenn ein oder zwei Kärntner an einem Tisch sitzen, kann man Einfluss nehmen und sagen: »Passt auf, wir haben in Kärnten schon so viel gemacht, und wir sind am besten Weg zur Erneuerung. Im Bund haben wir nur noch 3,5, in Kärnten schon 12 Prozent.«

Steger hat ja sogar noch ein Versöhnungsangebot gemacht. »Ergreife, Jörg, meine Hand und schlage sie nicht aus«, *hat er gesagt. Ganz dramatisch, ganz pathetisch. Der Saal hat stehend applaudiert. Ich glaube, in diesem Moment war die Mehrheit der Delegierten noch auf Stegers Seite. Der Druck auf Haider muss enorm gewesen sein. Aber er ist einfach sitzen geblieben und hat seine Pfeife gestopft. Minutenlang. Dann war der Moment vorbei. Kampfabstimmung.*

Steger hätte seinen Kompromiss durchgebracht, wenn er ihn früher angeboten hätte. Aber er hat die Hand erst ausgestreckt, als er gesehen hat, wie viel Zuspruch Jörg Haider bekommt. Dabei hat vor dem Parteitagsbeginn die Trachtenkapelle noch »Wahre Freunde

sollen nicht wanken« gespielt. Aus den ehemaligen Parteifreunden
sind erbitterte Gegner geworden. Die Delegierten werfen ihre Wahl-
zettel in die Kartons. Es ist ein langwieriges Verfahren. Beide Kan-
didaten haben ihre Anhänger um sich geschart. Schon rein optisch
liegen Welten zwischen den beiden. Hier der Wiener Rechtsanwalt
mit Schnauzbart und Brille. Der Vizekanzler trägt einen dunklen
Anzug und spricht mit sonorer Stimme. Dort ein junger Mann im
hellen Trachtenleinenanzug. Er nimmt sich kein Blatt vor den Mund.
Jörg wirkt viel jünger als Steger, dabei trennen sie nur sechs Jahre.
Der junge Mann ist nervös. Das sehe ich an der Art, wie er sich im-
mer wieder über die Nase streicht. Kein Wunder, es geht um viel.
Für Jörg Haider und für die FPÖ.

23.15 Uhr.»Wahlberechtigt: 456. Ungültig: 14. Dr. Steger: 179«,
noch während die Zahlen verlesen werden, brandet Jubel auf. Jörg
sitzt auf seinem Platz und schreibt irgendetwas. Er hat ein gleichmü-
tiges Gesicht aufgesetzt und tut möglichst unbeteiligt.»Dr. Haider:
263«. Ein Aufschrei geht durch den Saal. Gernot Rumpold klopft
ihm von hinten auf die Schulter. Jetzt erst steht Jörg auf, grinst und
verbeugt sich. Ehefrau Claudia bekommt ein Bussi auf die Wange,
dann geht es ans Händeschütteln. Unsere Mitstreiter sind aufge-
sprungen und applaudieren begeistert. Wir haben gesiegt. Mitten
im Gedränge steht Jörg Haider plötzlich unmittelbar vor meinem
Freund Reinhard Gaugg und mir. Von der Jubelstimmung inspi-
riert, heben wir Jörg auf unsere Schultern. Sein Gewicht spüren
wir kaum. Der Saal tobt. Fotografen und Fernsehkameras drängen
sich um uns.

Bürgermeister Siegfried Kampl weiß, welche Stimmung Jörg Haider
an die Spitze der FPÖ gebracht hat:

»Als unser Landesparteiobmann hatte Jörg Haider die Schwäche
der Führung in Wien seit Monaten erkannt. Dabei war er erst seit
drei Jahren unser Landeschef. 1983 hatte eine neue Ära in Kärnten
begonnen. Er hat die ganze Organisation umgekrempelt. Für Jörg

war es selbstverständlich, möglichst viel Kontakt zur Bevölkerung zu haben. Immer wieder tauchte er bei Hochzeiten, Geburtstagen und anderen Festivitäten auf, um mit den Menschen zu reden. Die Leute sahen: Da ist einer, der uns zuhört. Da ist einer, der uns versteht. Da ist einer, von dem ich eine Antwort bekomme. Plötzlich kamen Menschen zu uns, die uns früher nie gewählt hätten. Kärnten war durch und durch rot dominiert. Die Roten hatten ja alle Posten besetzt. Das empfanden viele als unerträglich. Die Gewerkschaft machte freiheitlichen Betriebsräten im Betrieb nur Schwierigkeiten. So ging es seit Jahrzehnten, und alle wussten es. Ich und viele andere waren sicher, dass Jörg Haider das ändern würde. Die Kärntner haben gesehen, dass es ohne Köpferollen nicht ging. Wenn es den Parteitag in Innsbruck nicht gegeben hätte, wäre die freiheitliche Partei zerfallen, oder es wäre eine andere Partei entstanden.«

Die Monate zwischen März und September 1986 schrieben österreichische Geschichte. Die »Waldheim-Affäre« erschütterte das Land, emotionalisierte alle politischen Debatten und führte de facto zu einer Staatskrise. In Wien regierte zu diesem Zeitpunkt die SPÖ in einer Koalition mit der FPÖ. Das Kabinett Sinowatz/Steger war im Frühjahr 1986 am Ende. Der kleine Koalitionspartner, vom liberalen Wiener Rechtsanwalt Norbert Steger geführt, stand vor dem Zerfall. Die national-konservativen Funktionäre in den Bundesländern hatten die Zusammenarbeit mit »den Roten« nur zähneknirschend mitgetragen. Die Causa Waldheim erregte die »Kriegsgeneration«, die sich durch die Attacken auf den Wehrmachtsoffizier Waldheim getroffen fühlte. Die teilweise überzogenen Angriffe aus dem Ausland führten zu einer eisernen »Abwehrhaltung«. Nachdem Waldheim am 8. Juni im zweiten Wahlgang von fast 54 Prozent zum Bundespräsidenten gewählt wurde, zog SPÖ-Bundeskanzler Fred Sinowatz die Konsequenz. Er trat zurück. Zu diesem Zeitpunkt glaubten alle, dass bei den kommenden Nationalratswahlen ein Machtwechsel möglich sei. Die Freiheitlichen waren in Meinungsumfragen unter die zum politischen Überleben notwendige Schwelle gesunken. Für die SPÖ sollte Finanzminister Franz Vranitzky das Steuer herumreißen. Der smarte Ex-Banker versuchte die SPÖ zu modernisieren und setzte symbolische Akzente. Die »sozialistische« Partei wurde zur Sozialdemokratie.

Der junge Kärntner FPÖ-Landesobmann Jörg Haider zermürbte durch gezielte Nadelstiche die eigene Regierungsmannschaft in Wien. Die innerparteilichen Konflikte wurden mit Härte geführt. Haider war als Landesparteisekretär nach Klagenfurt geholt worden. Er begann sofort am Sessel seines Förderers Mario Ferrari-Brunnenfeld zu sägen, der als Staatssekretär in Wien Teil der ungeliebten blauen Regierungsmannschaft war. Kärnten wurde zur (Funktionärs-) Basis für Haiders Sprung an die Parteispitze. Mit dem jungen Oberösterreicher Norbert Gugerbauer bildete Haider eine Allianz gegen Norbert Steger. Gugerbauer wurde später Haiders Generalsekretär und 1990 Spitzenkandidat bei der Nationalratswahl.

Auf dem Parteitag in Innsbruck kam es am 15. September 1986 zum offenen Machtkampf um die Führung der FPÖ. Es war auch ein ideologischer Richtungsstreit. Jörg Haider wollte die FPÖ wieder fest im (deutsch-)nationalen Lager verankern und die beim Wähler gescheiterte Öffnung der FPÖ zu einer liberalen Partei nach dem Muster der deutschen FDP stoppen.

Haider gewann die Kraftprobe. Er wurde nach fast vierzehnstündiger Debatte gewählt. Letzte Versuche Stegers, mit der auf offener Bühne verkündeten Kandidatur von Verteidigungsminister Helmut Krünes die Wahl Haiders zu vereiteln, scheiterten. Krünes war beiden Kontrahenten im Wort und plötzlich eines Doppelspiels verdächtig.

Unmittelbar nach Haiders Wahl telefonierte Norbert Steger mit Bundeskanzler Vranitzky. Wenige Tage später beendete der SPÖ-Vorsitzende die Regierungszusammenarbeit mit der FPÖ. Im Vorfeld hatte es Angebote an Haider gegeben, als Staatssekretär in eine SPÖ-geführte Koalition einzutreten, wenn er im Gegenzug seine Attacken einstellen würde. Vranitzkys ablehnende Haltung gegenüber der FPÖ und Jörg Haider wurzelte nicht nur in parteitaktischen Überlegungen, sie war Folge seiner Prägung in einem antifaschistischen Elternhaus. Vranitzky war zu keinen Konzessionen an den rechten Rand bereit. Haider glaubte, die Koalition mit der SPÖ fortsetzen zu können und behauptete, vor dem Parteitag auch entsprechende Signale erhalten zu haben. Bei den Neuwahlen am 23. November 1986 blieb die SPÖ trotz deutlicher Verluste mit 43 Prozent Nummer eins. Die ÖVP und ihr Spitzenkandidat Alois Mock verfehlten um 88.000 Stimmen die Mehrheit. Jörg Haider gelang, es den Stimmenanteil seiner Freiheitlichen zu verdoppeln. Im Jänner kam es zur Neuauflage einer Großen Koalition von SPÖ und ÖVP. Sie konnte den Aufstieg Haiders zur Nummer zwei bei den Wahlen im Jahr 1999 nicht verhindern.

»Leonard Bernstein hat nie wieder mit Kreisky gesprochen.«

Hannes Androsch über den gescheiterten Versöhnungsversuch, den der Dirigent Leonard Bernstein zwischen ihm und Altkanzler Bruno Kreisky unternahm.

Hannes Androsch hat eine kurzfristige Einladung von Leonard Bernstein in dessen Suite in das Wiener Nobelhotel »Bristol« erhalten. Der berühmte Dirigent hat im Frühjahr seine Oper »A Quiet Place« an der Staatsoper dirigiert. Es war die europäische Erstaufführung. Jetzt, im Oktober, weilt der amerikanische Maestro wieder in Wien. Er ist ein Freund dieser Stadt, er dirigiert die Wiener Philharmoniker bei mehreren Konzerten im Musikverein.

Es sind die Tage um »Jom Kippur«, dem höchsten jüdischen Feiertag: Der Tag der Versöhnung. Für den Juden Bernstein ist »Jom Kippur« eine wunderbare Gelegenheit, Hannes Androsch und den gealterten Sonnenkönig miteinander zu versöhnen. Seit dem erzwungen Rücktritt von Androsch als Vizekanzler halten die beiden Abstand voneinander. Gläubige Juden haben zu Jom Kippur die religiöse Pflicht, Feindseligkeiten mit ihren Mitmenschen zu beenden. Doch Bruno Kreisky ist kein religiöser Mensch. Er ist erklärter Agnostiker. Sein persönliches Verhältnis zum Judentum gilt als zwiespältig. Aber vielleicht ist ihm eine klärende Aussprache selbst ein Bedürfnis.

»Wie schön, dass Sie kommen konnten«, begrüßt der Weltstar die Neuankömmlinge. Noch stehen sie im schmalen Vorraum der Suite. Gemurmel im Hintergrund. Von hier aus kann Hannes Androsch nicht erkennen, wer sich im Wohnraum aufhält. Doch dann ist die tiefe, sonore Stimme Bruno Kreiskys zu vernehmen.

»Bitte, kommen Sie doch weiter!«, sagt Bernstein zum Ehepaar Androsch und lässt ihnen den Vortritt. Einige Schritte und sie stehen

mitten in der Bristol-Suite. Während Bernstein ein paar verbindliche Worte spricht, treffen sich für Sekunden die Blicke von Kreisky und Androsch. Wie alt Kreisky geworden ist, denkt Androsch. Alt und gebrechlich. Die Haare sind dünn geworden, ein weißer Vollbart umrahmt sein Gesicht. Aus Fernsehaufnahmen weiß Androsch, wie der gealterte Bruno Kreisky aussieht. Doch hier, in der unmittelbaren Begegnung, spürt er, wie lange ihre Differenzen her sind.

Hannes Androsch erinnert sich an den spätabendlichen Besuch im Wiener Hotel »Bristol«:

»Wir sind zum Dessert dazu gekommen. Bernstein wollte den seit fast zwölf Jahren zuerst schwelenden, dann offenen Konflikt zwischen Kreisky und mir wieder in Ordnung bringen. Ich ahnte spätestens beim Betreten der Suite, dass da etwas im Busch war. Bernstein hat den Konflikt zwischen Kreisky und mir nicht verstanden und den Streit zwischen uns Sozialdemokraten für einen großen Blödsinn gehalten. Er dachte, er könne ihn durch einen Handschlag zwischen Kreisky und mir beilegen.

Im Rückblick ist aus einem 1974 geführten Sechs-Augen-Gespräch mit Bruno Kreisky, dem damaligen Wiener Bürgermeister Leopold Gratz und mir der Beginn des Zerwürfnisses, das fast ein Jahrzehnt die österreichische Politik beherrscht und der Sozialdemokratie schweren Schaden zugefügt hat, konstruiert worden. Es ist damals um die anstehende Bundespräsidentenkandidatur gegangen. Kreisky fragte Toni Benya und Wissenschaftsministerin Hertha Firnberg, wer nach dem Tod von Bundespräsident Franz Jonas für das Amt kandidieren sollte. Und er fragte gleichzeitig Poldi Gratz und mich. Unsere Antwort war: ›Wir haben immer den besten geschickt, das müsstest du machen. Damit kein Missverständnis aufkommt, keiner von uns sieht sich in der Lage, dir nachzufolgen. Das ist das Dilemma.‹

›Das geht schon wegen meiner jüdischen Herkunft nicht‹, antwortete Kreisky.

Wir: ›Du bist Bundeskanzler geworden, das ist doch heute kein Thema mehr.‹ Damit war das Thema erledigt. Kreisky machte aus zwei unterschiedlichen Geschichten eine Legende, weil er bis zu seinem Lebensende immer in Beweisnotstand war, warum er mich schließlich hinausgedrängt hat. Irgendwann trafen Poldi Gratz, der damalige Wiener Bürgermeister, und ich an einem Sonntagvormittag in der Prater Hauptallee zusammen, nicht zuletzt, um zu vermeiden, dass man uns auseinanderdividiert. Es gibt ja immer Kandidaten, die sich an solchen Spielen erfreuen. Es war ein schöner Sonntagvormittag im Frühjahr. Wir gingen die Prater Hauptallee zum Lusthaus hinunter und rasteten dort. Wir trugen uns, weil es gewünscht wurde, ins Gästebuch ein. Jahre später kam Kreisky ins Lusthaus, und auch ihm wurde das Gästebuch gezeigt. ›Schaun's, der Gratz und der Androsch waren auch schon bei uns.‹ Das nahm er – Jahre später – als Beweis für seine Behauptung, wir beide hätten schon damals gegen ihn konspiriert. Er ortete überall eine Verschwörung und wurde mit den Jahren misstrauischer. Je misstrauischer er wurde, umso zugänglicher wurde er für Intriganten und Einflüsterer. Kreisky war ein Meister darin, Vorfällen nachträglich eine ihm opportune Bedeutung beizumessen.

Ein gutes Beispiel dafür ist auch die Geschichte rund um die Steuerberatungskanzlei ›Consultatio‹. Obwohl sie bereits 1970 ins Handelsregister eingetragen worden war, wurde die angebliche Unvereinbarkeit meiner Position als Finanzminister mit einer Beteiligung an dieser Kanzlei erst viel später ein Thema. Kreisky betonte immer wieder, dass er nichts davon gewusst hatte. Alle wussten, dass ich an der Steuerberatungskanzlei beteiligt war. Kreisky hat die ›Consultatio‹ sogar besucht. Im Spätsommer 1975 war er am Firmensitz in der Holzmeistergasse zu Besuch, aber später hatte er plötzlich Gedächtnislücken. Kein Mensch in der SPÖ verstand das. Wenn man einen Hund schlagen will, findet man einen Stecken. Das hat ihm viel Glaubwürdigkeit gekostet. Es kann kein Zufall sein, dass ihn die ›Consultatio‹ erst störte, nachdem ich den Wunsch geäußert hatte, Präsident der Nationalbank zu werden.

Nach den Wahlen im Jahr 1975 sagte ich bei einem der üblichen Sonntagvormittagstreffen: ›Es wäre vielleicht gut, wenn ich mich aus der Regierung zurückziehe. Ich bin schon lange genug Finanzminister.‹ Das war nicht sehr gescheit von mir, es war halb im Ernst halb im Spaß gemeint. Aber ihn hat es sehr getroffen. Erst recht, als ich später tatsächlich gerne in die Nationalbank gegangen wäre. Ihn hat gestört, dass ich dann deutlich mehr verdient hätte, mehr als er selbst. Das hat bei ihm auch immer eine wesentliche Rolle gespielt. Er hat sich da in heillose Widersprüche verwickelt, mit teilweise sehr persönlichen und kleinlichen Vorwürfen. Selbst bei ausländischen Ministerkollegen hat er sich beschwert: ›Stell Dir vor, der Androsch hat Maßhemden.‹ Dabei trug Kreisky selbst immer Maßhemden, Maßschuhe und sogar Maßkrawatten, aber ›quod licet jovi, non licet bovi‹.

Die Differenzen wurden immer unüberbrückbarer. Ich erinnere mich genau an den Rat eines väterlichen Freundes, der Ende 1979 bei einem Spaziergang am Grundlsee zu mir sagte: ›Hau ihm den Finanzminister hin, bevor er dich hinaushaut!‹ Aber ich war in einer Zwangslage. ›Schau, er ist schwer krank und ich führe praktisch als Vizekanzler die Geschäfte. Niemand würde das verstehen, wenn ich jetzt gehe‹, antwortete ich und blieb. Bis sich der Rücktritt 1981 nicht mehr vermeiden ließ.

Bei diesem Konflikt spielte auch die zunehmende Krankheit Kreiskys eine große Rolle. In Verbindung mit Misstrauen und Einflüsterungen entstand ein giftiger Cocktail. Die Journalisten hatten den Geruchssinn eines Schweißhundes, wenn es wo schweißelt, dann sind sie an der G'schicht dran. Diese journalistischen Mechanismen hat er auch genutzt, auch dann noch, als er sich schon nach Mallorca zurückgezogen hatte. Damals war Kreisky schon sehr einsam, krank und verbittert. Seine Niereninsuffizienz hatte seine Persönlichkeit verändert. Er hatte schon eine Nierentransplantation hinter sich, die er 1985 in Hannover durchführen ließ. Insgeheim hoffte er, bei der Bundespräsidentenwahl 1986 antreten zu können, aber das war völlig illusorisch.

Kreisky war an jenem Abend im Bristol verschlossen und grantig. Auch der Abschied verlief mürrisch. Mühsam stand Kreisky auf und verließ, gefolgt von seiner Frau Vera, den Raum. Er sprach kein einziges Wort mit mir. Ich denke, er fühlte sich in dieser Situation bedrängt. Leonard Bernstein hat mit Bruno Kreisky nach dem gescheiterten Versöhnungsversuch kein Wort mehr gesprochen. Er war einfach enttäuscht und hat das Verhalten von Kreisky als persönliche Beleidigung und Zurückweisung empfunden.«

Hannes Androsch traf mit Kreisky danach nie mehr zusammen, erwies ihm aber die letzte Ehre. Kreisky war in der Marmorhalle des Parlaments aufgebahrt. Die »Kronen Zeitung« brachte das Foto von Androsch vor Kreiskys Sarg auf der Titelseite.

Es war der politische und menschliche Konflikt zwischen zwei extrem erfolgreichen, aber unterschiedlich sozialisierten Personen. Hannes Androsch kann die »Generation Österreich« symbolisieren. Er wurde im Jahr des sogenannten Anschlusses, wenige Tage nach dem Einmarsch deutscher Truppen in Österreich, geboren. Als Kind erlebte er die Kriegswirren der letzten Tage, erlitt Vertreibung und Heimkehr in ein zerstörtes Wien. Androsch wuchs als Volksschüler in dem neuen Staat auf. Sein »Großwerden« ist die Erfolgsgeschichte der Zweiten Republik, seine Karriere verlief deckungsgleich mit dem Aufstieg der Sozialisten zur bestimmenden politischen Kraft.

Die biografischen Wurzeln seines Förderers, Mentors und unerbittlichen Gegenspielers, Bruno Kreisky, reichen tiefer in die Erste Republik, fast in die k. u. k. Monarchie zurück. Kreisky kam aus großbürgerlichem Haus, der andere aufstrebende Sozialist, Hannes Androsch, stammt aus einer »immer schon roten« Wiener Familie.

Die brutale Auseinandersetzung zwischen Kreisky mit Androsch kann nicht auf eine konstruierte Vater-Sohn-Beziehung reduziert werden. Es war nur vordergründig ein Konflikt unterschiedlicher Charaktere und Generationen. Der Streit hat de facto die SPÖ gespalten und viele Jahre der sozialistischen Alleinregierung überschattet und die politische Kraft geschwächt. In den ersten Jahren der SPÖ-Alleinregierung konnte die Partei, gestützt auf eine klare absolute Mehrheit, Reformpolitik betreiben. In der Nach-68iger-Generation konnten sozialdemokratische Politiker in ganz Europa ihre Segel voll in den Wind des gesellschaftlichen Wandels drehen und flott Fahrt aufnehmen. Der Kapitän war ein charismatischer Staatsmann. Am Steuerrad drehte ein jugendlicher Held, ein fescher Politiker neuen Stils: Hannes Androsch. Er erkannte bald, dass die wahre Macht in einer Regierung der Finanzminister hat. Er bestimmte den Kurs, den er mit dem mächtigen Gewerkschaftschef Anton Benya absprach. Bald galt Androsch gemeinsam mit Wiens Bürgermeister Leopold Gratz als »Kronprinz«, auch wenn beide diese Bezeichnung nur auf eine Apfelsorte angewendet wissen wollten.

Die Weichen für die Kreisky-Nachfolge wurden schon 1976 gestellt. Der »Sonnenkönig« machte den Finanzminister zum Vizekanzler. Beide Politikerpersönlichkeiten emanzipierten sich aber voneinander. Ihre Distanz wuchs mit der Nähe zur Macht. Kreisky glaubte, nach zwei Wahltriumphen vom wirtschaftspolitischen Wissen seines Finanzministers nicht mehr abhängig zu sein. Androsch wiederum definierte seinen Aufstieg nicht mehr nur abgeleitet von Kreiskys Gunst. Sachpolitisch vertrat Androsch einen Hartwährungskurs. Die faktische Anbindung des Schillings an die D-Mark machte Wirtschaft und Währung stark, verschärfte aber den Wettbewerbsdruck. Kreisky wollte den Schilling eher abwerten und so Konkurrenzfähigkeit sichern. Im Links-Rechts-Schema wurde Androsch zum »rechten« Sozialisten, er nahm den späteren Schröder-Kurs vorweg. Kreisky rückte mit dem Alter weiter nach links. Sein Satz von den »Milliarden Schulden, die ihn weniger stören als ein paar tausend Arbeitslose mehr« ging in die Geschichte ein und half eine Wahl zu gewinnen. Jahre später führte diese Haltung zur schweren Krise der verstaatlichten Industrie, die de facto bankrott war, und von Kreiskys Nachfolgern Fred Sinowatz und Franz Vranitzky durch Privatisierung gerettet werden musste.

Die Unvereinbarkeit, wenn ein Finanzminister als Eigentümer einer Steuerberatungskanzlei Aufträge aus der verstaatlichten oder staatsnahen Industrie annimmt, wurde für Kreisky erst im Zuge der Auseinandersetzungen zum Problem. Der Großbürger mit Mietvilla in Grinzing sah es mit Missvergnügen, als sein junger Finanzminister mit zumindest eigenwilligen Finanzkonstrukten eine Villa im Heurigenort Neustift am Walde erwarb. Auch große Männer sind vor kleinlichem Neid nicht gefeit. Beide SPÖ-Politiker kauften beim Nobelschneider Knize am Wiener Graben, aber Kreisky warf Androsch den Besitz von 107 Anzügen vor. Beider Umgebungen lancierten böse Gerüchte über den jeweils anderen. Androsch war eher in der Parteihierarchie verankert, Kreisky spielte am Klavier der Medien. Manche Töne waren falsch.

Der Fall des Eisernen Vorhanges an der ungarisch-
österreichischen Grenze 1989

»Ich glaube, dass das eines der großen Bilder der europäischen Geschichte geworden ist.«

Alois Mocks persönlicher Sekretär Martin Eichtinger ist auf ei-
nem Foto zu sehen, das bald historisch werden sollte. Am 27.
Juni 1989 durchschnitten der österreichische Außenminister
Alois Mock und sein ungarischer Kollege Gyula Horn den
Stacheldraht des Eisernen Vorhangs, der Europa Jahrzehnte ge-
trennt hatte.

*Zwei Politiker in einem schwarzen Mercedes. Österreichs Außen-
minister Alois Mock und sein ungarischer Kollege fahren gemeinsam vom Wiener Ballhausplatz zum Grenzübergang Klingenbach.
Ich bin im kleinen Konvoi mit dabei. Kurz nach der Grenzstation bie-
gen die sechs Wagen auf einen staubigen Feldweg ein. Wir parken
neben einem Bulldozer und gehen das letzte Stück zu Fuß. Mock
und sein ungarischer Kollege wollen gemeinsam den Stacheldraht
durchschneiden. Es ist ein symbolischer Akt. Aus Wien sind zwei
Busse mit Journalisten gekommen. Sie sind schon am Ort des
Geschehens. Die Kamerateams haben ihre Stative aufgebaut. Das
ungarische Protokoll hat auf zwei schwarzen »Stockerln« fein säu-
berlich überdimensionierte Drahtscheren bereitgelegt. Die beiden
Minister lassen die vorbereiteten Bauhandschuhe liegen. Unser
Fotograf Bernhard Holzner hofft auf gute Bilder, die möglicherweise Geschichte schreiben werden. Das passende Wetter haben wir
jedenfalls. Es ist ein wunderschöner Tag, heiß und trocken.*

Botschafter Martin Eichtinger erinnert sich daran, dass es im Juni
1989 gar nicht so einfach war, eine Stelle zu finden, an der der

Eiserne Vorhang an Österreichs Grenze zu Ungarn noch vollständig erhalten war:

»Es war sieben Wochen nach Beginn des Abbaus des Stacheldrahtverhaus, und die vorderste Linie war schon niedergerissen worden. So fuhren wir von Wien über den Grenzübergang bei Klingenbach auf ungarisches Gebiet zur zweiten Linie und haben dort noch ein intaktes Stück dieses Stacheldrahtzauns gefunden. Allerdings war auch dieses schon relativ kurz. Als wir eintrafen, war bereits eine große Menschenmenge versammelt. Der damalige Landeshauptmann des Burgenlandes und der ungarische Botschafter in Wien begrüßten uns. Es war eine hochrangige Delegation, die sich dort versammelt hatte. Den Ministern wurde gezeigt, wie sie mit den überdimensionierten Drahtschneidern umzugehen hatten. Ich habe später in den Memoiren von Gyula Horn gelesen, dass er sich sehr geärgert hat, weil sein großer Bolzenschneider nicht funktionierte, während Alois Mock hurtig begann, den Draht durchzuschneiden.

Der Wiener Fotograf Bernhard Holzner hat damals Regie geführt und die Minister gebeten, die Seite zu wechseln. Denn die Herren standen für die symbolhaften Fotos auf ungarischem Territorium mit Blickrichtung nach Österreich. Wegen des Gegenlichts hätte er aber keine guten Bilder machen können. So hat Holzner die Minister auf die andere Seite des Zauns dirigiert. Dort haben sie noch einmal begonnen, den Stacheldraht durchzuschneiden. Alle Anwesenden haben sich sofort gebückt, und jeder hat Stücke des durchtrennten Stacheldrahts gesammelt.

Das Bild, das später zum Symbol für die Beseitigung der Trennung Europas wurde, hat eine eigene Geschichte. Alois Mock hatte bei allen offiziellen Terminen einen Fotografen dabei: Bernhard Holzner, den wir liebevoll ›Hopi‹ nannten, weil er faktisch schon zum Inventar gehörte. ›Hopi‹ ist schon Anfang Mai an die Grenze gefahren, als bekannt wurde, dass die ungarischen Soldaten den Grenzzaun abbauen würden.

Er hat sehr viele Filme verbraucht und die Fotos an österreichi-sche Tageszeitungen und das Fernsehen geschickt. Das Interesse war jedoch gering. Holzner hat sich darüber ziemlich geärgert: ›Kein Schwein interessiert sich für diese Bilder.‹ ›Hopi‹ ist dann enttäuscht zum damaligen Pressesprecher des Außenministers, Gerhard Ziegler, gegangen und hat ihm sein Leid geklagt. Es war Anfang Mai 1989, als Ziegler dem Vizekanzler davon erzählte. Alois Mock reagierte spontan und meinte, dass dieses Ereignis öffentlich bekannt gemacht werden müsse. So haben die Überlegungen be-gonnen. Alois Mock hatte den historischen Moment mit dem Instinkt eines politischen Profis und dem Geschichtsbewusstsein eines Staatsmannes erkannt. Er wusste um die symbolkräftige Bedeutung eines solchen Bildes.

Die Zeit war reif für die Beseitigung der künstlichen Trennlinie in Europa. Es war von Anfang an Alois Mocks klarer Wille, die offizi-elle Beseitigung des Grenzzauns gemeinsam mit dem ungarischen Außenminister durchzuführen. Das Projekt war nicht ganz unum-stritten. Sogar im Außenministerium wurde dieser Termin hinterfragt. Das Motto lautete: ›Wir haben den Eisernen Vorhang nicht aufge-baut, warum sollte ihn der österreichische Außenminister entfer-nen?‹ Aber Mock wischte die Bedenken vom Tisch. Die ungarische Seite zögerte. Sie waren sich nicht sicher, was eine solche symbo-lische Aktion für den damals noch bestehenden Ostblock bedeuten könnte. Wochen später kam die Zustimmung von der ungarischen Seite. Für Ende Juni war bereits ein bilaterales Gespräch zwischen Gyula Horn und Alois Mock geplant. Dieser Termin wurde nun mit den Vorbereitungen für den symbolischen Akt der Durchschneidung des Eisernen Vorhangs verknüpft.

Zum Zeitpunkt des Treffens der beiden Außenminister ahnte ich nicht, wie groß die weltweite Aufmerksamkeit für diesen Augenblick sein würde. Das änderte sich, als wir zur Pressekonferenz ins Rat-haus von Sopron fuhren. Angesichts der vielen internationalen Jour-nalisten und Kamerateams in diesem wunderschönen Saal war klar, das war ein historischer Augenblick.

Mit der Entfernung des Stacheldrahtes ging die ungarische Regierung ein großes politisches Risiko ein. Der Druck aus der DDR auf Ungarn begann zu steigen. In Ungarn gab es traditionell sehr viele Bürger aus der DDR, die auf den Campingplätzen rund um den Plattensee Urlaub machten. Die DDR-Bürger durften nur in sozialistische ›Bruderländer‹ fahren. Dabei blieb die Grenze offiziell geschlossen. Die Ungarn kontrollierten weiterhin. Es fiel nur der Stacheldraht als Symbol der Trennung weg. Dennoch nutzten Tausende DDR-Bürger die nicht mehr durch Zäune und Wachtürme abgesicherte Grenze zur Flucht. Das brachte die ungarische Regierung in große Verlegenheit. Die DDR sprach sehr massive wirtschaftliche Drohungen aus. Im Sommer flüchteten DDR-Bürger auch in die westdeutsche Botschaft in Prag und wurden mit Korridorzügen in den Westen gebracht. Alles befand sich im Umbruch. Der Eiserne Vorhang fiel endgültig, als im November die Berliner Mauer überrannt wurde.

Aber am Beginn stand dieses Foto. Das Bild wurde von den Menschen im Osten als Sensation gewertet. Es war ein Signal, dass es zu wesentlichen Veränderungen kommen würde. Ich habe bei diesem historischen Ereignis keine wichtige Rolle gespielt, aber mit der wachsenden Bedeutung dieses Bildes war ich natürlich glücklich, dabei gewesen zu sein. Mein Sohn kam eines Tages aus der Schule nach Hause und rief: ›Papi, du bist in meinem Geografiebuch.‹«

Der Wiener Fotograf Bernhard Holzner machte 1989 das Bild seines Lebens. Eher zufällig, denn die Weltpresse verschlief ein Jahrhundertereignis. Die kommunistische Volksrepublik Ungarn hatte im Frühjahr mit dem Abbau der veralteten Grenzbefestigungen begonnen. Die Minenfelder waren schon vor einiger Zeit geräumt worden, aber Wachtürme und Stacheldrahtverhaue symbolisierten noch immer die Unfreiheit im kommunistischen Ostblock. Während die Machthaber der »Deutschen Demokratischen Republik« ihre Mauer durch Berlin pflegten und keine Lücke zuließen, wollten die ungarischen Kommunisten die teuren Grenzanlagen nicht sanieren. Die

Stacheldrahtverhaue waren rostig geworden. Die Grenztruppen begannen nach dem Winter mit der Demontage. Langsam, fast unbemerkt, fiel der Eiserne Vorhang.

Entsprechende Pressemeldungen schafften es nicht auf die Titelseiten der internationalen Zeitungen. »Hopi« ärgerte das. Ungarn hatte schon 1988 Reisefreiheit für seine Bürger eingeführt, die das zu Zehntausenden nutzten, um auf der Wiener Mariahilfer Straße (»Magyarhilfer Straße«) einzukaufen. Für den Eisernen Vorhang gegenüber Österreich fehlte jeder Sinn, seine Erhaltung kam teuer. Schritt für Schritt wagten die Ungarn den Abbau, immer auf die Reaktion aus Moskau wartend. Michael Gorbatschow ließ die Ungarn gewähren. Er hatte mit seiner »Perestroika« und »Glasnost« genug zu tun. Die Grenzsperren wurden entfernt. Sichtbar für die Welt wurde das im Juni. Holzners Bildidee entwickelte Dynamik. Diesmal schaffte es »Hopi« über die internationalen Agenturen auf die Titelseiten der Weltpresse. Nicht immer wurde der Ort des Geschehens richtig verortet. Eine Zeitung in New Mexico siedelte den Fall des Eisernen Vorhangs an der Grenze zwischen »Australia« und »Hungary« an. Aber Zehntausende DDR-Bürger wussten genau, wo diese Grenze lag. Sie versuchten die Mauer zu umgehen und nach ihrem Urlaub am Plattensee in den Westen zu flüchten. Im August veranstaltete die Paneuropa-Union unter dem Ehrenschutz von Otto (von) Habsburg ein »Picknick« auf einer staubigen Wiese bei Fertőrákos. Walburga Douglas, die Tochter des Kaisersohns, hielt eine Rede. Es ging um Freiheit und um ein gemeinsames Europa. Im Vorfeld wurde vereinbart, den Grenzzaun zu öffnen. Ungarische Zollbeamte rückten mit ihren Stempelkissen aus. Der Grenzübertritt am Feld sollte bürokratisch ordentlich erfolgen. Doch zum »Picknick« kamen Tausende DDR-Bürger. Sie wussten, die Grenze öffnet sich. Mehr als 600 Menschen, darunter viele Familien mit Kleinkindern, nützten die Gelegenheit zur Flucht in den Westen. Das Chaos wurde inszeniert oder zumindest geduldet. Eigentlich galt der Schießbefehl. Es war die größte Massenflucht seit dem Bau der Berliner Mauer.

Die Fernsehbilder der in die Freiheit drängenden Familien mit Kindern, die vor Freude weinten und vor Freude jubelten, waren auch in der DDR zu sehen. Sie verstärkten den Druck auf das Regime. Die Wahl des Datums für das »Picknick« war kein Zufall. Am 18. August wurde in der k. u. k. Monarchie der Geburtstag von Kaiser Franz Joseph gefeiert. Otto (von) Habsburg hatte in Ungarn informelle Gespräche geführt und das paneuropäische »Picknick« mit Duldung der kommunistischen Behörden organisiert. Am 11. September öffnete Ungarn offiziell seine Grenzen für DDR-Bürger. Die Schleusen ließen sich nicht mehr schließen. Der Druck war zu groß geworden. Im November fiel die Berliner Mauer. Das Ende des Ostblocks manifestierte sich in einem weiteren Symbolbild.

Ironie der Zeitgeschichte: An jener Stelle, an der Alois Mock und Gyula Horn die Drahtzangen ansetzten, blieb die Grenze zwischen Österreich und Ungarn geschlossen – trotz des Wegfalls der Grenzkontrollen durch das Schengen-Abkommen. Erst im Mai 2009 entfernte Österreich eine Fahrverbotstafel.

Der Serienmörder Jack Unterweger

»Er hat das Interview in der Höhle des Löwen genossen.«

Jack Unterweger war wegen Mordes an einer Prostituierten zu lebenslanger Haft verurteilt worden. Er wurde vorzeitig aus der Haft entlassen und betätigte sich als Schriftsteller und Journalist. Im Frühjahr 1991 interviewte Jack Unterweger den Leiter der Kriminalabteilung im Wiener Sicherheitsbüro. Max Edelbacher ahnte nicht, dass sein Gesprächspartner weitere Frauen getötet hatte.

»Sie wissen schon, ich komme wegen des Interviews für Ö1.« Nein, ich habe das Radiointerview nicht vergessen, schließlich hat die Pressestelle der Polizeidirektion Wien die Genehmigung dafür erteilt. Seit ich mit den Mordfällen im Wiener Prostituiertenmilieu betraut bin, stehe ich besonders unter Druck. Ich bitte den Reporter herein, meine Sekretärin serviert Kaffee. Wir plaudern ein wenig über die geplante Reportage. Jack Unterweger erklärt mir, dass er bereits mit einigen Prostituierten gesprochen hat. Junge Frauen, die hier in Wien auf den Straßenstrich gehen, und dabei jede Nacht ihr Leben riskieren. Am Strich geht die Angst um. Wer wird die Nächste sein? Der ORF-Mann stellt sein Tonbandgerät, ein professionelles »Nagra«, auf meinen Schreibtisch. Mit der Angewohnheit eines Kriminalisten mustere ich ihn. Jack Unterweger hat gepflegte Hände. Der Mann scheint Wert auf sein Erscheinungsbild zu legen: Die kurz geschnittenen Haare sind adrett gescheitelt, die Kleidung leger, aber ordentlich. Er trägt ein kurzärmliges Sporthemd und Jeans, ist charmant und eloquent. Das sind wohl Voraussetzungen für seinen Beruf als Reporter. »So, Herr Hofrat, ich bin so weit«, sagt Unterweger und platziert das Mikrofon. Er lächelt, doch das Lächeln erreicht seine Augen nicht.

Hofrat Max Edelbacher über das Interview, das ein Serienmörder mit ihm geführt hat:

»Ich war eigentlich naiv und unvorbereitet und habe angenommen, er ist Journalist, auch weil er mit dem ORF-Gerät ausgestattet war. Es war kein unangenehmes Gespräch. Verraten konnte ich zum damaligen Zeitpunkt über die Prostituiertenmorde selbst bei größter Fahrlässigkeit nichts, weil wir ja keine Ahnung hatten. Die beiden amerikanischen Profiler, die wir später kennenlernten, sagten, es gibt eine Art Spiel von Serienmördern, die ganz bewusst den Kontakt zur Polizei suchen, um sich selbst besser darzustellen. Mir persönlich hat der Name Jack Unterweger vor dem Interview nichts gesagt. Ich habe zu Hause meiner Gattin und meiner Tochter von diesem Interview erzählt. Die jüngere Tochter studierte damals Publizistik und die beiden Frauen machten mich darauf aufmerksam, dass Unterweger einer dieser modernen Schriftsteller war, ein ›Häf'n-Poet‹, und dass er auch schon im ›Club 2‹ aufgetreten war. Da wurde mir erst seine strafrechtliche Vergangenheit bewusst und ich sah ihn mit anderen Augen. Diese Verunsicherung hat sich durch einen Hinweis eines pensionierten Kriminalbeamten aus Salzburg gesteigert. Eine Woche nach der Ausstrahlung des Interviews kam ein Brief vom Kollegen: ›Schaut euch diesen Jack Unterweger an, ich habe gegen ihn ermittelt. Er hat eine junge Deutsche getötet, deshalb ist er zu lebenslanger Haft verurteilt worden.‹ Dieser Salzburger Kriminalbeamte hatte auch in einem zweiten Mordfall gegen Jack Unterweger ermittelt. Dieser zweite Fall war aber nicht Teil des Gerichtsverfahrens. Der Salzburger Polizist machte uns auch darauf aufmerksam, dass der Täter immer den gleichen »Modus Operandi« wählte. Die Mädchen wurden immer mit den eigenen Büstenhaltern oder Höschen stranguliert. Das war eine Handschrift, die in all diesen Mordfällen wiederkehrte. Zuerst brauchten wir lange, um zu erkennen, dass wir es mit einem Serientäter zu tun hatten. Denn drei Opfer wurden erst viel später gefunden. Dann vermuteten wir aufgrund der Tatorte, dass es sich um einen Mörder handelte, der sehr viel in Österreich unterwegs war. Der Erkenntnisprozess der Polizei war schwieriger, als die Konfrontation mit Jack Unterweger selbst. Wir waren ein Viererteam, das ermittelt hat. Die meisten Gespräche habe ich gemeinsam mit Ernst Geiger durchgeführt, der auch die ›Sonderkommission Jack Unterweger‹ leitete.

Unterweger erzählte mir einmal, dass er dem ORF eine Reportage über das amerikanische Rotlichtmilieu verkaufen wollte. Er hatte sich dafür sogar in einem Prostituiertenhotel im ›Redlight District‹ von Los Angeles einquartiert. Dort führte er auch Interviews mit Polizisten. Er war ganz stolz, dass er in einem Wagen der ›Los Angeles Police‹ mitfahren durfte. Mich hat das gewundert, denn sein Englisch war nicht so prächtig. Daher war ich überrascht, als er tatsächlich mit einer Art Dokumentation gekommen ist.«

Die Rollen sind neu verteilt. Jack Unterweger erscheint heute nicht als smarter Radioreporter, er ist offiziell zu einer Vernehmung in die Rossauer Kaserne geladen. Er ist Verdächtiger. Anwesend sind auch die Kriminalinspektoren Ernst Hoffmann und Alfred Gary. Thema der Vernehmung ist Unterwegers Mädchenmord im Jahre 1977. Das allgegenwärtige Lächeln ist weggewischt. Komisch, erst heute fällt mir auf, wie klein und schmächtig der Mann ist. Ob ich ihm schon gezielte Fragen stellen soll? Besser nicht. Eine alte Polizeiweisheit lautet: Lass die Leute erst einmal kommen, schau was präsentiert wird. Es ist ohnehin schwierig genug, eine Brücke des Vertrauens aufzubauen. Wenn jemand sich öffnet und sich darstellt, muss der vernehmende Beamte Geduld haben und sein Gegenüber reden lassen. Trotzdem geht mir eine Frage nicht und nicht aus dem Kopf: Warum sucht ein zu lebenslanger Haft verurteilter Mörder Kontakt zur Polizei? Ich bin mir sicher, dass er seinen letzten Auftritt in der »Höhle des Löwen«, professionell mit ORF-Mikrofon ausgestattet, genossen hat. Hat ihn die Eitelkeit eines Serienmörders zu mir ins Sicherheitsbüro getrieben? Vielleicht wollte er zeigen, wie schlau der Täter, wie dumm die Polizei ist. Vielleicht wollte er auch den Ermittlungsstand ausloten. Ich kann mir vorstellen, dass er es genossen hat, die Ängste, über die er mich befragt hat, selbst verursacht zu haben.

Ich frage ihn nach den Hintergründen der seinerzeitigen Tat, nach dem Motiv. Warum musste das Mädchen sterben? Wie ist sie gestorben? Der sonst so gesprächige Unterweger gibt sich wortkarg. Er lässt die Jalousie herunter, wie wir in der Polizeisprache sagen. Zuerst:»Ich kann mich nimmer erinnern.« Dann:»Ich hab ein Blackout gehabt.« Totale Unterbrechung der Kommunikation. Die Brücke zu den noch ungeklärten Mordfällen lässt sich nicht schlagen. Die zweistündige Einvernahme verläuft ergebnislos. Als Jack Unterweger die Rossauer Kaserne verlässt, weiß er, dass die Jagd eröffnet ist.

Max Edelbacher beschreibt das damalige Dilemma der Polizei-Ermittler:

»Ahnen kann man viel, aber da die Beweislast auf den Schultern der Polizei liegt, mussten wir etwas Handfestes liefern. Wir haben die Observationsgruppe auf Jack Unterweger angesetzt. Wir wollten ihm einen Prostituiertenkontakt nachweisen. Ein Katz- und Maus-Spiel begann. Unterweger hatte eine sehr wohlhabende Freundin, die ihm seine Wohnung im achten Bezirk finanzierte. Er hatte eine spezielle Wirkung auf Frauen. Das hat uns wirklich verblüfft. Nach der Festnahme konnten wir sein Privatleben ein bisschen durchleuchten. Er wirkte einerseits sehr charmant, er konnte auch sehr gut zuhören. Bei vielen Frauen, auch sehr gescheiten Frauen, die psychisch etwas labiler waren und ein gewisses Anlehnungsbedürfnis hatten, kam er besonders gut an. In ganz bestimmten Fällen rastete Jack Unterweger aus. Wenn die Frauen nicht so ›gespurt haben‹, wenn er sexuelle Leistungen einforderte, hat er den Dominanten gespielt. Es gab auch zwei oder drei Fälle, in denen er gewalttätig wurde. Ernst Geiger und ich waren überzeugt, dass Jack Unterweger der gesuchte Frauenmörder war. Unterweger hat sicherlich gespürt, dass sich die Polizei für ihn interessiert. Das war ihm sehr unan-

*genehm, und hat seine Flucht beschleunigt. Er ist mit seiner da-
maligen Freundin Bianca in die Schweiz und von dort nach Florida
geflüchtet.«*

Am 5. Juni 1991 wurde im »Journal-Panorama« auf Ö1 eine Reportage von Jack Unterweger über die Ängste von Prostituierten
am Wiener Straßenstrich gesendet. Der Moderator kündigte den
Beitrag mit folgenden Worten an:»Seit 1988 sind in Graz drei
Prostituierte ermordet worden, von einer vierten fehlt seit Monaten jede Spur, und die Polizei geht davon aus, dass auch sie nicht
mehr am Leben ist ... Alle diese seit 1983 ungeklärten Mordfälle
haben eines gemeinsam: Die Opfer waren Prostituierte, die in erster Linie am Straßenstrich arbeiteten. Trotzdem geht das Geschäft
dort weiter, wenn auch Angst herrscht. Der Schriftsteller Jack
Unterweger ist zwei Nächte lang an die Schauplätze seiner Kindheit
und Jugend zurückgekehrt. Er kennt das Milieu. Seine eigene
Tante ist 1967 von ihrem letzten Kunden ermordet worden. Jack
Unterweger hat seine Schreibmaschine mit einem Mikrofon ver-
tauscht, um eine Momentaufnahme zu machen für unser heutiges
»Journal-Panorama«.

In Unterwegers Beitrag kommen viele Prostituierte zu Wort. Sie
erzählen ihm von ihren Ängsten und versuchen den Mörder zu
charakterisieren.»Der ist krank der Mensch. Da er privat nicht verstanden wird, hat er sich gedacht, vielleicht mache ich einen Mord.
Umso mehr diskutiert wird, umso besessener wird er. Ich fühle es,
dass binnen vierzehn Tagen oder drei Wochen die Nächste dran
ist«, vertraute sich eine Prostituierte dem Mörder Jack Unterweger
an.

Der Mann, der wegen Mordes an einer jungen Frau zu lebenslanger Haft verurteilt wurde, hat sich im Gefängnis schriftstel-
lerisch betätigt und sich so die vorzeitige Entlassung buchstäblich »erschrieben«. Zahlreiche Prominente der österreichischen
Kulturszene unterschrieben eine Bittschrift für die vorzeitige
bedingte Haftentlassung des Mörders. Jack Unterweger galt als

Musterbeispiel einer erfolgreichen Resozialisierung und wurde unter anderem von den Journalisten Günther Nenning und Peter Huemer besonders gefördert. Es folgten ein »Club 2«-Auftritt als geläuterter Verbrecher und Lesungen aus seinen Werken, unter anderem aus seiner Autobiografie »Fegefeuer«. Nach seiner Haftentlassung hielt Jack Unterweger Vorträge, in denen er über die österreichischen Haftbedingungen klagte. Dabei genoss der verurteilte Mörder schon während der Haft in der Sonderanstalt Wien-Favoriten besondere Privilegien und zahlreiche »Ausgänge«. Eine wohlhabende Geliebte finanzierte ihm eine Luxuswohnung in Wien-Josefstadt. Unterweger konnte auf eine langjährige kriminelle Vergangenheit zurückblicken. Er war nicht nur wegen Mordes, sondern auch wegen Nötigung, Diebstahls und Körperverletzung im Gefängnis gewesen.

Sechs Monate nachdem der »Häf'n-Literat« frei gegangen war, begann eine beispiellose Serie von Prostituiertenmorden. Insgesamt elf Frauen in Wien, Graz, Bregenz und Prag, sowie in Los Angeles wurden ermordet. Die Tatort Fotos zeigten nackte Frauenleichen, die vom Täter mit gespreizten Beinen zur Schau gestellt wurden. Sie waren mit ihrer eigenen Unterwäsche, die zu einem Henkersknoten gebunden war, erdrosselt worden. Die »Handschrift« des Täters war immer die gleiche. Am 1. September 1991 lautete die Chronik-Schlagzeile des »Kurier«: »Heißer Tipp bei Suche nach Dirnenmörder – ist der ›Würger‹ ein ehemaliger Lebenslanger? Viele Parallelen.«

Am 27. Februar 1992 wurden Unterweger und seine minderjährige Freundin in Miami vom FBI festgenommen. Sie wollten einen Scheck einlösen. Das Paar wurde kurz darauf nach Österreich überstellt. Am 29. Juni 1994 fällte ein Grazer Geschworenengericht in einem Indizienprozess das Urteil. Lebenslange Haft wegen neunfachen Mordes. Unterweger leugnete die Taten. In zwei weiteren Fällen wurde er wegen fehlender Beweise freigesprochen. Erstmals wurden DNA-Tests in einem Schwurgerichtsprozess eingesetzt. In der darauffolgenden Nacht beging Jack Unterweger in der Justizanstalt Graz-Karlau Selbstmord. Er erhängte sich mit der Kordel seiner Jogginghose. Sie war zu einem Henkersknoten gebunden worden.

Der Fall »Lucona« und Udo Proksch

»Wenn das stimmt, muss man die Republik sprengen.«

Richter Hans-Christian Leiningen-Westerburg entdeckte bei einer Gerichtsexpedition in den Indischen Ozean das Wrack des Handelsschiffs »Lucona«. Damit konnte der Beweis erbracht werden, dass der Demel-Besitzer Udo Proksch bei einem versuchten Versicherungsbetrug das Schiff mit seiner Besatzung sprengen ließ. Die Affäre, über die zwei Minister stürzten, endete mit einer Verurteilung wegen sechsfachen Mordes.

»I bin's, dein Präsident!«, scherze ich beim Betreten des Verhörraums. Der Angesprochene grantelt zurück: »Des hat schon der Joschi Holaubek g'sagt«. Der Mitte Fünfzigjährige meint damit den legendären Wiener Polizeipräsidenten. Der Versuch, witzig zu sein, ist gescheitert. Die Umgebung lädt auch nicht zum Scherzen ein. Wir befinden uns im »Halbgesperre« des Wiener Straflandesgerichts. Hier besprechen sich Strafverteidiger mit ihren Mandanten, hier werden die Präsidentenverhöre durchgeführt. »Mein Name ist Leiningen. Ich bin Ihr Richter und wollte Sie fragen, ob Sie irgendetwas Neues sagen wollen«, stelle ich mich dem prominenten Untersuchungshäftling vor. Ich mustere den Mann eingehend. Er sieht nicht aus wie auf den Fotos, die wir von ihm haben. Das kantige, tief gebräunte Gesicht ist teilweise unter einem schwarzen Vollbart verborgen, der Haaransatz schütter. Obwohl ich unzählige Fotos und Fernsehaufnahmen des Societylieblings gesehen habe, hätte ich ihn nicht erkannt. Der Schönheitschirurg in Manila hat ganze Arbeit geleistet. »Nein«, antwortet Udo Proksch.

Udo Proksch war schon einmal in Untersuchungshaft. Damals konnte er flüchten und kam mehr oder weniger freiwillig wieder retour. Niemand hätte ihn erkannt. Oberst Alfred »Django« Rupf, der

legendäre Chef der Flughafenpolizei, hat ihn vernommen, weil er
mit einem falschen Pass eingereist war. Nach einer Stunde sagte
Proksch zu Rupf :»Kennst mi ned?« I bin der Udo.«
*   Jetzt möchte ich wissen, was Proksch wieder nach Österreich*
geführt hat.»Warum sind Sie eigentlich zurückgekommen?«, frage
ich den U-Häftling.»Sie werden bald sehen, Herr von Leiningen,
es gibt wichtigere Dinge als die Freiheit.«»Aha, und zwar?«–»Sie
werden bald die Wahrheit wissen.«
*   Der Demel-Eigentümer, Brillen-Designer und nach eigenen An-*
gaben Schweinehirt wartet hier im»Grauen Haus« auf seinen Pro-
zess. Der Untergang der von ihm gecharterten»Lucona« und vor
allem der Tod von sechs Menschen soll endlich geklärt werden.

Richter Hans-Christian Leiningen-Westerburg erinnert sich an einen der spektakulärsten Prozesse der Zweiten Republik. Auf der
Anklagebank saß Udo Proksch, Liebling der Wiener Schickeria. Er
wurde beschuldigt, im Rahmen eines versuchten Versicherungs-
betrugs sechs Menschen getötet zu haben.

»In den Verhandlungen wurde ich von allen Beteiligten massiv ange-
logen. Manche Lügen waren schwer zu durchschauen, andere wa-
ren durchsichtiger. Beispielsweise hat eine Dame, deren Gunst der
Womanizer nicht mehr in Anspruch nahm, im Zeugenstand behaup-
tet, er hätte ihr Schiffspläne gezeigt und erklärt, wie wichtig dieses
Schiff für ihn sei. ›Mein Gott, die Arme‹, hat er auf der Anklagebank
gemurmelt. ›Schaun's, lass' ma des!‹ Keine Aggression, kein Auf-
bäumen gegen die Lüge. Für einen Mann, der immer große Gesten
geliebt hat, zog Proksch wenig Show ab. Er verteidigte sich auch
nicht, er kämpfte nicht um einen Freispruch. Das war umso erstaun-
licher, als es um außergewöhnlich viel ging. Staatsanwalt Erich
Müller hatte die Anklage schon am ersten Verhandlungstag von vor-
sätzlicher Gefährdung mit Sprengmitteln auf Mord ausgedehnt. Udo
Proksch versuchte nicht, andere mit hineinzuziehen oder die Schuld
abzuwälzen. Das war bemerkenswert.

236

Bismarck sagte, dass nie so viel gelogen wird wie vor einem Krieg oder nach einer Jagd. Er hat vergessen hinzuzufügen, dass nirgends öfter die Unwahrheit gesagt wird als vor Gericht. Außerdem wurde von allen Seiten Druck ausgeübt. Es waren nicht nur die Freimaurer, die intervenieren wollten, auch der CV machte massiv Druck. Es war eine interessante Konstellation. Ich habe dieses Machtspiel auch persönlich gespürt. Rechtsanwalt Werner Masser ist einmal zu mir gekommen und hat gesagt: ›Sie müssen den Proksch unbedingt verurteilen. Sie müssen das christliche Abendland retten.‹ Das war der Endpunkt einer Entwicklung mit unglaublichen Interventionen. Dafür wurden später Minister verurteilt, wegen Beweisunterdrückung und Fälschung von Urkunden. Dass es zu dieser Anklage überhaupt kam, war ein Wunder. Die Staatsanwaltschaft hatte kein Interesse an diesem Prozess. Ich habe versucht, das Gerichtsverfahren allein auf das Rechtliche zu beschränken. Das war nicht leicht, weil es so viele Interessen gab. Mir war es wichtig, keinen politischen Prozess daraus zu machen.

Den ersten Prozesstag habe ich gehasst. Ich war auch aufgeregt. Die Staatsanwälte haben einen unglaublichen Zinober aufgeführt. Normalerweise steht ein Staatsanwalt auf und redet irgendetwas und niemand hört ihm zu. Aber in diesem Prozess haben sie mit Overheadprojektor und Leinwand wirklich toll gearbeitet. Ich mag so etwas nicht besonders. Außerdem wollte ich, dass der Prozess zumindest am Anfang in der Waage blieb.

Proksch hat in der Hauptverhandlung versucht, auf seine Art eine Show abzuziehen. Wenn ich ihn nach seinem Beruf fragte, und er ›Schweinehirt‹ antwortete, dann war das vielleicht beim ersten Mal ganz witzig, aber nicht beim 22. Mal. Die Show war also schwach. Schon am ersten Verhandlungstag sind mich die Journalisten, allen voran Hans Pretterebner und Gerald Freihofner von der ›Wochenpresse‹, sehr kritisch angegangen, weil sie davon überzeugt waren, dass ich Proksch freisprechen werde. Der Umgang mit Journalisten im Allgemeinen ist für den Richter eines brisanten Verfahrens eine heikle Angelegenheit. Einerseits muss er der

Presse bestimmte Vorgangsweisen erklären, andererseits steht immer die Drohung eines Disziplinarverfahrens im Raum, wenn es wieder einmal heißt: ›Der Leininger hat gesagt.‹

Als man mir diesen Akt zugeteilt hat, habe ich mir das Buch ›Der Fall Lucona‹ von Hans Pretterebner gekauft. Wenn das stimmt, was da drinnen steht, habe ich mir gedacht, dann muss man die Republik sprengen. So kann es ja nicht gewesen sein, dachte ich. So war es aber tatsächlich. Denn im Verlauf des Prozesses stellte sich heraus, dass das Buch von Pretterebner eine Zusammenfassung des Akteninhalts war. Der Autor hatte nichts erfunden. Es standen Ungeheuerlichkeiten in den Akten. Wer da interveniert hat – der Außenminister, der Innenminister, der ORF-Generaldirektor, adelige Damen – für einen durchaus schillernden Typen, um es vorsichtig zu formulieren. Niki Lauda hat Udo Proksch im Gefängnis besucht. Da frage ich mich, was für Charisma und Charme dieser Mann gehabt haben muss, dass er diese Leute so überzeugen konnte.

Oder war diese Gesellschaft einfach so kaputt? Er hat sicher die Rolle des Hofnarren gespielt. Bei den Damen hat er vermutlich besondere Kunststücke gekonnt. Es war unglaublich, welche Frauen ihn im Gefängnis besucht haben. Eine schöner als die andere. Die fünf schönsten Frauen von Wien sind dort im Straflandesgericht vor dem Besuchszimmer gesessen, einträchtig nebeneinander. Es sind ja gar nicht alle hochoffiziell als Geliebte aufgetreten.

Meine Entscheidung, nach dem Wrack zu suchen, hat das Interesse der Journalisten noch gesteigert. Ich wollte wissen, was mit diesem Schiff wirklich passiert ist. Denn ein Mord ohne Leiche ist eine blöde G'schicht. Ich bin von völlig falschen Voraussetzungen ausgegangen, die von Firmen, die daran verdienen wollten, noch bestärkt wurden. Wenn das Schiff gesunken ist, dann finden wir es auch, hieß es. Allein die Schiffsmiete dafür kostete 22.000 Dollar pro Tag.

Ich weiß nicht, wie die Geschworenen entschieden hätten, wenn ich die ›Lucona‹ nicht gefunden hätte. Ich erinnere mich, wie ich auf dem gecharterten Suchschiff im Indischen Ozean vor einem

Bildschirm saß, der seit drei Wochen ein fades Bild gezeigt hatte. Der Meeresboden war völlig eben. Vor Suchbeginn wussten wir das nicht, weil diese Gegend ozeanografisch nicht erfasst war. Wäre der Meeresboden zerklüftet gewesen, hätte es keine Chance gegeben, das Schiff zu finden. Das Bild wurde von einer Kamera, die an einem ferngesteuerten U-Boot montiert war, übertragen. Wir haben hier zum ersten Mal mit einem Glasfaserkabel gearbeitet. Alles, was wir hier unternahmen, war neu und improvisiert. Nach drei Wochen vergeblicher Suche waren wir frustriert. Es war kurz vor Mitternacht, und ich war müde. Angestrengt starrte ich auf den Schirm. Plötzlich schob sich etwas ins Bild, das ein Schiffswrack hätte sein können. Das Jagdfieber packte mich. Werden wir heute Nacht fündig? Werden sich die hohen Kosten und die Mühen der vergangenen drei Wochen endlich auszahlen? Ich konnte es kaum erwarten, dass unsere über Joystick gesteuerte Kamera detailliertere Bilder lieferte. Leider war es schwierig, mit Amerikanern zu arbeiten. Wir konnten sie nicht antreiben. Sie gingen ihr Tempo, unabhängig davon, was passierte. Kurz vor Mitternacht fanden wir ein Schiffswrack am Meeresgrund mitten im Indischen Ozean. Um Punkt zwölf Uhr stand die Mannschaft, die es gefunden hatte, auf und ging schlafen. Die andere Schicht kam. Die neuen Leute konnten die Geräte aber nicht so gut bedienen und setzten das U-Boot prompt in den Schlamm. Wir sahen tagelang nichts mehr. Auf fast 6.000 Meter Tiefe gibt es keine Strömung. Der aufgewirbelte Schlamm nahm uns die Sicht.

Unser Kapitän hatte einen Bildschirm und ein GPS und sollte das Schiff genau auf den am Schirm eingezeichneten Koordinaten halten, damit wir über dem Wrack blieben. Das konnte nur der erste Steuermann, nicht aber der Kapitän. Deshalb brachten wir den Steuermann dazu, dass er seine Schicht verlängerte. Drei Tage vergingen, ehe wir unsere Suche wieder aufnehmen konnten. Die Stimmung war angespannt. Ich war nicht sicher, ob wir unseren Fund noch einmal sichten würden. Die Crew und ich einigten uns darauf, den gleichen Kurs langsam noch einmal abzufahren. Es *funktionierte, wir fanden die Stelle. Es war still im Schiff, aber in meinem Kopf hörte ich die ersten Takte von ›Also, sprach Zarathustra‹.*

Auf den Bildern wurde klar, dass es sich tatsächlich um ein Schiff handelte, nur ein Stück vom Bug fehlte. Immer wieder ließen wir unser künstliches Auge schwenken, um den Schiffsnamen zu entdecken. Vergeblich, das Wrack lag so, dass die Aufschrift verdeckt war. Vorne fehlte ein Stück vom Bug. Aber die Trümmer am Meeresgrund schauten genauso aus wie die ›Lucona‹, die ich von zahlreichen Plänen und Fotos kannte. Es gab nur zwei gleichartig gebaute Schiffe. Dann sichteten wir einen Eisenteil, auf dem ›Grosshöflein‹ stand. Jetzt bestand kein Zweifel mehr, dass es sich um die Lucona handelte. Wie sonst käme ein Metallstück aus Großhöflein in den Indischen Ozean?

Wie ich aus Zeugenaussagen wusste, war das Schiff innerhalb von dreißig Sekunden gesunken. Das war an sich ungewöhnlich, aber wir haben das in Wien im Modellversuch nachgeprüft. Das Schiff hatte drei Schotten. Ein Bugschott, ein Hauptschott und ein Maschinenraumschott. Die Explosion war im vordersten Teil. Der Sprengsatz hat das Bugschott vollkommen zerstört. Durch die Wucht der Detonation wurde die Ladung des Schiffes verschoben und dadurch auch das Hauptschott massiv beschädigt. Die ›Lucona‹ sank innerhalb von dreißig Sekunden. Nur jene Besatzungsmitglieder, die mit viel Glück in ein losgerissenes Schlauchboot kamen, konnten sich retten. Sechs Menschen starben.

Während des ganzen Prozesses hat Udo Proksch geglaubt, dass er auf irgendeine Art entlastet werden würde. Wer ihm da etwas versprochen hatte, weiß ich nicht. Ich hätte gern gewusst, ob er irgendjemanden schützte. ›Sie werden bald die Wahrheit erfahren‹, hat er ständig wiederholt. Aber ich habe sie nie erfahren. Ich habe nie einen Angeklagten erlebt, der sich schlechter verteidigte. Er hat es auch seinen Verteidigern extrem schwer gemacht. Dabei wäre es für ihn sehr leicht gewesen mit einer bloßen Verurteilung wegen Betrugs davonzukommen. Zwölf Jahre nachdem die ›Lucona‹ untergegangen war, hätte er dem Gericht irgendein G'schichtl erzählen

können. Es ist ein völliger Unsinn, selbst wenn er die Versicherung betrügen wollte, einen Frachter zu versenken. Er ist ja immerhin auch ein paar Millionen wert. Die übliche Vorgangsweise bei solchen Betrügereien ist, dass man einen afrikanischen Hafen anläuft, das rostige Schiff neu lackiert und einen anderen Namen auf den Bug schreibt. Niemand hätte Proksch beweisen können, dass das Schiff gesprengt wurde und untergegangen ist. Er hat auch immer seinen Partner, Hans Peter Daimler, als reinen Befehlsempfänger verteidigt.
Der ›Fall Lucona‹ war ein unglaublicher Skandal. Die Journalisten waren damals noch nicht die vierte Macht im Staat. Daher konnte man viel mehr, wie der Kreisky gesagt hat, ›unter der Tuchent machen.‹ Heutzutage wäre so etwas einfach nicht mehr möglich.«

Die »Affäre Lucona« hatte alle Zutaten für einen Hollywood-Film. Das Drehbuch wäre vermutlich wegen zu großer Unwahrscheinlichkeiten abgelehnt worden. Ein ehemaliger Schweinehirt, Waffenfanatiker und Brillendesigner kaufte auf Kredit die traditionsreiche Konditorei »Demel«, richtete dort im Stockwerk überm Schaumschnittenparadies einen diskreten »Club 45« ein, wo er die neue Schickeria des mit Bruno Kreisky an die Staatsmacht gelangten »roten Adels« verköstigte. Im noblen Rahmen wurde so manches, auch politisches, Geschäft eingefädelt. Proksch hatte 1974 den »Club 45« gegründet. An der noblen Adresse am Wiener Kohlmarkt verkehrten bald Regierungspolitiker, hohe Beamte und Karrieristen aller Art. Sie konnten dort, wie es der damalige Fernsehdirektor, spätere Minister und Bürgermeister Helmut Zilk in einem Brief an Proksch unumwunden schrieb, »fressen und saufen ohne zu brennen«. Der Demel-Chef selbst sonnte sich in der Aufmerksamkeit mächtiger Männer und schöner Frauen. Vor allem die Frauen umschwärmten den übergewichtigen, ein wenig ungepflegten Mann. »Fad bin i selber«, so hat Leopold Gratz die Anziehungskraft von Proksch einmal mit einem Schuss Selbstironie umschrieben. Der kahlköpfige Gastgeber unterhielt mit derben Späßen, fuchtelte gelegentlich mit seiner Pistole herum und wurde zum Wiener Szeneoriginal. Seriöse Schauspielerinnen erlagen seinem Charme, ebenso Szene-Künstler, ORF-Generaldirektoren, Auto-Rennfahrer und die neue politische Elite. Auf diese Weise entstand ein Netzwerk und eine gewisse Abhängigkeit von Proksch. Später wussten alle in Wien, dass Proksch heimlich Kameras zur Beobachtung der Prominenz in den Separees des Club 45 eingebaut hatte. So ließ sich mancher vielleicht unter Hinweis auf kompromittierende Fotos ein wenig erpressen.

Am 23. Jänner 1977 sank ein Frachter im Indischen Ozean, ein paar hundert Seemeilen von den Malediven entfernt. Die »Lucona« war im oberitalienischen Hafen Chioggia im Auftrag einer nebulosen Schweizer Zapata AG mit einer angeblichen Uranerz-Aufbereitungsanlage beladen worden. Die Ladung war bei der »schwarzen« Bundesländer-Versicherung auf 212 Millionen Schilling versichert worden. Das war in jenen Tagen eine Menge Geld. Am Dreikönigstag war die »Lucona« in See gestochen. Das endgültige Reiseziel kannte nicht einmal der holländische Kapitän. In der Mitte des Indischen Ozeans erschütterte eine mächtige Explosion den Kahn. Sechs Matrosen konnten nicht mehr gerettet werden. Der Kapitän und fünf Crewmitglieder überlebten und wurden von einem türkischen Frachter aus dem Meer gefischt. Die österreichische Versicherung, unterstützt von deutschen und Schweizer Rückversicherungen, verweigerte nach langem Tauziehen die Auszahlung. Es kam zu einem langwierigen Prozess um die Begleichung der Schadenssumme. Er wurde mit aller Härte und mit politischer Begleitmusik geführt. Die Versicherungen argumentierten, dass an Bord der »Lucona« keine sündteure »Uranfabrik« war, sondern Schrott aus einem aufgelassenen Industriebetrieb in der Nähe von Wien.

Die Causa wurde durch einen Mann mit doppelter Identität noch komplizierter, als sie es ohnehin schon gewesen war. Udo Proksch, alias Serge Kirchhofer, changierte zwischen charmanter Fassade eines Wiener Originals, politischem Günstling, lächerlichem Hanswurst und gewalttätigem Großmaul. Er heiratete die Burgschauspielerin Erika Pluhar, organisierte für Bruno Kreisky eine teure Inseratenkampagne, hatte ein Verhältnis mit Daphne Wagner, der Enkelin des Komponisten Richard Wagner, und bewies sich in der Hofzuckerbäckerei Demel als Auslagenarrangeur. Nebenbei pflegte er Kontakte zur internationalen Politik und war, wie später bewiesen wurde, Agent des DDR-Geheimdienstes. Gemeinsam mit Rudi Wein, dem Besitzer des Szenenlokals »Gutruf«, betrieb Udo Proksch eine Firma, die hochtechnische Produkte an die DDR verkaufte. Proksch und Wein hatten einander 1957 in Moskau bei den kommunistischen Weltjugendspielen kennengelernt. Rudi Wein (Deckname »Der Prokurist«) war, das belegen Dokumente, die erst im Jahr 2012 gefunden wurden, kein kleiner Spion, der große Sprüche im Hinterzimmer eines Kaffeehauses klopfte. Wein war Chef der Wiener Niederlassung des DDR-Auslandsgeheimdienstes.

Es dauerte acht Jahre bis Privatdetektive, Journalisten und recherchierende Anwälte den Verdacht gegen den bestens vernetzten Udo Proksch so erhärten konnten, dass den Wiener Justizbehörden keine Wahl blieb. Am 15. Februar 1985 wurde Proksch gemeinsam mit Hans Peter Daimler wegen des Verdachts auf Versicherungsbetrug verhaftet, aber bereits dreizehn Tage später wieder auf freien Fuß gesetzt. Die Kontakte des Society-Löwen hatten sich bezahlt gemacht. Doch die Recherchen der Journalisten Hans Pretterebner und Gerald Freihofner, die ihre Informationen aus der bürgerlichen Rechtsanwaltskanzlei von Werner Masser erhielten, setzten die Behörden unter Druck. Schon kurz nach dem Untergang der »Lucona« notierte der Advokat seinen Verdacht in ein Tagebuch. Der Anwalt war es auch, der verhinderte, dass die Versicherungssumme von 212 Millionen Schilling an Proksch überwiesen wurde. Werner Masser engagierte einen Salzburger Detektiv, Dietmar Guggenbichler. Dieser recherchierte und erstattete nach sechsjähriger Arbeit Strafanzeige gegen Proksch. Er lieferte seinem CV-Bundesbruder Gerald Freihofner von der »Wochenpresse« Informationen. Fast wöchentlich berichtete der Journalist über die Affäre. Das Buch von Hans Pretterebner führte zu entsetzten Kommentaren in der deutschen Presse. Im »Spiegel« urteilte Siegfried Kogelfranz: »Der Skandal der Skandale rankt sich um den buntesten Hund von Wien und würde die Fantasie jedes Krimiautors überfordern.« Der Doyen des österreichischen Journalismus, Otto Schulmeister, sah in der »Presse« das Abendland untergehen. »Eine Krise des Vertrauens in die Demokratie zieht hier herauf, die viel gefährlicher ist als alle Links- und Rechtsextremisten zusammen.«

Unter strikter Geheimhaltung hatte Pretterebner sein Buch in der Großdruckerei Ueberreuter in Korneuburg produzieren lassen. Obwohl das Buch kaum Neues enthielt, hatte die Zusammenfassung der Ungeheuerlichkeiten rund um die Causa Proksch politische Sprengkraft. »Der Fall Lucona« wurde innerhalb von wenigen Tagen zum Bestseller. Und das, obwohl der Wiener Rechtsanwalt Gabriel Lansky noch während des Drucks die Beschlagnahme von Pretterebners Buch erwirken wollte. Udo Proksch wurde in dem Buch unverblümt des versuchten Versicherungsbetruges bezichtigt. Die Zeitungen berichteten anfangs eher zögerlich. Viele Wiener Journalisten waren mit dem angeblichen »Paradiesvogel« Proksch befreundet. Hans Pretterebner gehörte zur eher raren Spezies eines rechts-konservativen Journalisten, ihm galt keinesfalls die Sympathie der Branche. Viele wollten einfach nicht wahrhaben, wie sich Minister, Gerichtspräsidenten, Oberstaatsanwälte und Staatsschauspielerinnen, Hocharistokratie, fantastische Maler und Zeitungsherausgeber vor den Karren eines Verbrechers hatten spannen lassen, der letztlich wegen sechsfachen Mordes zu lebenslanger Haft verurteilt werden sollte. Schließlich erzwang ein parlamentarischer Untersuchungsausschuss den Rücktritt von Innenminister Karl Blecha und Außenminister Leopold Gratz. Letzterer hielt seinem Kumpan Proksch auch dann noch die Stange, als längst klar war, dass es nicht mehr um eine »Gaude« Wienerischer Prägung, sondern um ein Kapitalverbrechen ging. »Das ist politische Medienjustiz. Unfassbare Schmutzkübel werden da ausgegossen. Aber ich bin und bleibe Udos Freund«, klagte der hohe Politiker Leopold Gratz öffentlich Auch Proksch sah sich in die Enge getrieben und ergriff Anfang 1988, nachdem Pretterebener seinen Bestseller »Der Fall Lucona« veröffentlicht hatte, die Flucht. Die Justiz gab sich alle Mühe, ihn nicht zu finden. Bis Proksch selbst am 2. Oktober 1989 unter dem Namen Alfred Semrad durch die Schwechater Passkontrolle marschierte und nach einem Hinweis der britischen Behörden festgenommen wurde.

Udo Proksch wurde schließlich 1992 in einem aufsehenerregenden Prozess wegen sechsfachen Mordes verurteilt. Er starb im Jahr 2001 in der Strafanstalt Graz-Karlau.

»Ein Mann, der solche Taten begeht, kann einem nicht wirklich leidtun.«

Untersuchungsrichter Erik Nauta beschreibt den Moment, in dem der Briefbombenattentäter und vierfache Mörder Franz Fuchs bei den Vernehmungen zusammenbrach und zu weinen begann.

Es riecht nach Desinfektionsmitteln und Medikamenten. Unwillkürlich werden meine Schritte langsamer. Hinter einer der weißen Türen liegt der Mann, den ich zum Sprechen bringen soll. Franz Fuchs. Er steht unter dringendem Verdacht, vier Menschen getötet und mehr als zwölf Opfer verletzt zu haben. Seit vier Jahren hält eine Serie von Briefbombenattentaten und Sprengfallen die Republik in Atem. Meine Ermittlungen als Untersuchungsrichter sollen die blutigen Ereignisse der letzten Jahre aufklären.

Als ich das Krankenzimmer betrete, herrscht vollkommene Stille. Franz Fuchs liegt regungslos im Bett. Er starrt mich an. »Mein Name ist Dr. Erik Nauta. Ich bin der Untersuchungsrichter«, stelle ich mich vor. Keine Reaktion. Ist der Mann überhaupt in der Lage zu antworten? Bei seiner Verhaftung hat Franz Fuchs eine Explosion ausgelöst, die ihm beide Hände abriss. Die Ärzte haben mir versichert, dass er mittlerweile vernehmungsfähig ist. Er sieht blass aus, seine Armstümpfe sind dick verbunden. Doch sein Blick ist wach und abweisend. Franz Fuchs hat keinen so jungen U-Richter erwartet. Ich sehe das Erstaunen in seinen Augen. »Ich will nicht reden«, sagt er brüsk und wendet den Blick ab.

Die nächste Runde. Diesmal sitzen wir einander in einem Vernehmungsraum der Justiz gegenüber. Soweit es mir möglich ist, bemühe ich mich um eine angenehme Atmosphäre. Ich will versuchen, das Vertrauen des U-Häftlings zu gewinnen. Das ist schwierig, denn Franz Fuchs ist extrem misstrauisch. Justiz und Polizei sind für ihn der Feind. Neben den Politikern und vor allem neben den Ausländern, die er durch Briefbomben und terroristische Anschläge aus dem Land vertreiben wollte. Durch betont ruhige Argumentation habe ich versucht, Franz Fuchs davon zu überzeugen, dass ich die Voruntersuchung objektiv führen werde. Ich will heute die Umstände seiner Verhaftung besprechen. Durch die Explosion wurden nicht nur Franz Fuchs die Hände abgerissen, sondern auch zwei Polizisten verletzt.

»Herr Fuchs, die Staatsanwaltschaft hat beantragt, Voruntersuchungen wegen Mordversuchs an den beiden Polizisten einzuleiten«, eröffne ich die Vernehmung. Die Reaktion lässt nicht lange auf sich warten. Farbe kriecht in das bleiche Gesicht des U-Häftlings. »Ich wollte nur mir selbst das Leben nehmen«, stößt er hervor. Franz Fuchs beginnt sich zu verteidigen. Meine Strategie geht auf. Einige Zeit später schiebt er seinen Pullover hinauf und zeigt mir eine großflächige Brandwunde am Bauch. Dann erzählt der mutmaßliche Attentäter wie er zu dieser Verletzung gekommen ist.

Der 1. Oktober 1997 war für Franz Fuchs ein ganz besonderer Tag. Seit Tagen rechnete er mit seiner Verhaftung. Er fühlte sich ständig beobachtet. An diesem 1. Oktober hatte er besondere Verfolgungsängste. Es war der Tag, an dem mit der Rasterfahndung eine neue Fahndungsmethode gesetzlich möglich geworden war. Auch Fuchs wusste von der neuen Polizeistrategie. Er rechnete damit, dass Gendarmen in dieser Nacht kommen und ihn festnehmen würden. Darauf hatte er sich vorbereitet, er wollte sich das Leben nehmen. Er saß die ganze Nacht im Auto vor seinem Haus und wartete. Irgendwann kamen zwei Anrainerinnen die Straße entlanggefahren und wunderten sich, wer da im Dunklen allein in seinem Auto saß. Die Frauen fuhren langsamer und warfen einen Blick in das stehende Fahrzeug. Für Franz Fuchs waren sie Polizeispitzel. Er wurde nervös und beging den entscheidenden Fehler. Fuchs fuhr den Damen nach und blinkte sie an. Die Frauen bekamen es mit der Angst zu tun und riefen die Gendarmerie. Er hielt hinter dem Auto der zwei Frauen und wartete. Unbemerkt näherte sich von hinten das Gendarmerie-Fahrzeug. Die beiden Beamten stiegen aus und klopften an sein Wagenfenster:»Lenker- und Fahrzeugkontrolle!« Franz Fuchs hatte nur einen Gedanken:»Jetzt haben sie mich.« Er stieg aus und zündete den Selbstschussapparat, den er in den Tagen zuvor gebaut hatte. Sieben Sekunden nach der Zündung sollte der Schuss losgehen und ihn töten. Doch die selbst gebastelte Waffe detonierte zu früh. Die Sprengladung tötete ihn nicht. Franz Fuchs erlitt einen Streifschuss am Bauch. Der Rückstoß riss ihm aber beide Hände weg und verletzte die Polizisten.

Mittlerweile weiß ich, dass Fuchs Wert auf Perfektion legt. Außer diesem Selbstschussapparat hatte er noch weitere Sprengsätze in der Wohnung aufgebaut. Eine Handgranate, die er selbst mit Nitroglyzerin gefüllt hatte, und eine Sprengfalle, die als Blumentopf getarnt war. Das wäre eine verheerende Bombe mit Splitterwirkung gewesen. Der Blumentopf war mit Sprengstoff gefüllt. Oben im Erdreich befanden sich Nägel und Glasscherben. Er wollte diese Bombe in Radkersburg einsetzen. Dort gab es eine slowenische Minderheit, die sich bemühte, den Minderheitenstatus zu erlangen. Wäre ihnen das gelungen, dann hätte Fuchs die Bombe dort vor dem Vereinsheim eingesetzt. Zuletzt wollte Franz Fuchs diesen Blumentopf zur Selbstverteidigung verwenden. Er hat ihn neben seinem Bett im Schlafzimmer aufgestellt und einen Schalter einge- baut.»Wenn die Ermittler in der Nacht kommen, dann drücke ich auf den Knopf und wir fahren alle in den Himmel«, hat er zu mir gesagt.

Bei den Einvernahmen zeigt der U-Häftling ein breites Spektrum von Gefühlsregungen. Mir gegenüber ist er immer um einen höfli- chen, korrekten Umgangston bemüht, er kann aber auch trotzig und aggressiv werden. Immer wieder stocken die Vernehmungen. Dann ziehe ich mein Steirerg'wandl an und philosophiere mit ihm. Es ge- lingt mir immer wieder, ihn über die Ideologie zum Sprechen zu bringen. Franz Fuchs legt Wert auf Fairness. Er kann schnell nervös werden, wenn ich ihn überraschend mit Beweismitteln konfrontiere, mit denen er nicht gerechnet hat. Da wird er fallweise auch aggres-

siv. Ich kann das steuern. Ich gebe ihm einfach Gelegenheit, sich zu verteidigen, weil ja jede Menge belastendes Beweismaterial vorhanden ist, etwa handschriftliche Aufzeichnungen für einen weiteren Bekennerbrief und Schaltpläne für eine fünfte Briefbombenserie. »Hoppala, jetzt hab ich zu viel gesagt«, bemerkt er nach einer Weile. Es ist ein Katz- und Maus-Spiel. Die Opfer und die Familien der Ermordeten erwarten von mir, dass ich diesen Fall restlos aufkläre. Vier Jahre lang hat niemand gewusst, ob es sich um einen Einzeltäter oder eine terroristische Vereinigung handelt. Mit den Bekennerbriefen der »Bajuwarischen Befreiungsarmee« wollte Fuchs das Bestehen einer Organisation vortäuschen.

Mir ist jedenfalls klar, dass Franz Fuchs ein Einzeltäter ist. Zu jedem einzelnen Briefbombenopfer äußert er sich hoch emotional. Der Mann ist von Hass zerfressen. Es stört ihn, dass in der Regierung Minister mit -ic, -ek, und -ky sitzen, wie Vranizky, Busek, Michalek, Verzetnitsch, und keine »deutschen« Namen vorkommen. Er kann mir zu jedem Briefbombenopfer erklären, warum der oder die eine Bombe bekommen hat. Lotte Ingrisch, die Stiefmutter des damaligen Innenministers Caspar Einem, hat die Briefbombe deswegen bekommen, weil sie das Libretto für die Oper »Verlobung Christi« geschrieben hat. Pfarrer Janisch, ein Opfer der ersten Bombenserie, hat er regelrecht verhöhnt.

In wenigen Minuten beginnt die nächste Vernehmung. Das Thema sind die Toten von Oberwart. Ich lege die Tatortfotos zurück auf den Tisch. Die Bilder der Toten sind schockierend. Es geht nicht nur um Ausländerfeindlichkeit im politischen Sinn, sondern um kaltblütigen Mord durch heimtückische Sprengfallen. Ich darf jedoch den mutmaßlichen Täter meine Verachtung nicht spüren lassen, wenn ich ein Geständnis bekommen will. Fuchs betritt den Raum. Ohne lange Einleitung konfrontiere ich ihn mit den Tatortfotos von Oberwart. Fuchs schließt die Augen und hält den Armstumpf schützend vor sein Gesicht. Es ist unmöglich, ihn dazu zu bewegen, die Fotos anzusehen. Erst als ich die Fotos entferne, bemerke ich, dass Tränen über seine Wangen laufen. Franz Fuchs weint. In diesem

Moment bin ich dem vollen Geständnis sehr nahe. Es ist offensichtlich, dass den Attentäter Schuldgefühle plagen, obwohl er das nicht eingestehen kann.

Fuchs hat von der Notwendigkeit dieses Anschlags im Interesse der Befreiung des bajuwarischen Lebensraumes von Zuwanderern aus Indien gesprochen, erläutert Erik Nauta fünfzehn Jahre nach der Vernehmung:

»Überraschend war für mich, wie verletzlich Fuchs reagierte, wenn ich ihn auch in weiteren Vernehmungen auf die Toten von Oberwart ansprach. Er gestand ein, dass er kein Blut sehen konnte und begann jedes Mal zu weinen, wenn ich dieses Thema ansprach. Umgekehrt hat Fuchs mir genau erläutert, wie er die Bombe von Oberwart konstruiert hat. Ich erinnere mich noch deutlich. Er hatte damals so ein blaues Joggingjackerl über seinen Armstümpfen, und wir haben ihm dann einen Kugelschreiber in den Bund gesteckt, und er hat uns mit der Begeisterung eines Bastlers das Innenleben der Bombe gezeichnet. In der Anfangsphase der Vernehmungen hat er versucht, es so darzustellen, als wäre er nur ein kleines Mitglied dieser ›Bajuwarischen Befreiungsarmee‹ gewesen. Er hat nie ein umfassendes Geständnis abgelegt, aber er hat in vielen Punkten Teilgeständnisse abgegeben.

Er hatte eine schwere Persönlichkeitsstörung. Aufgrund dieser geistigen Abnormität war er aber nicht unzurechnungsfähig, er hat sehr genau gewusst, was er tut. Persönlich war er der Meinung, eine Heldentat für die Allgemeinheit erbracht zu haben. Er war schwer paranoid. Auf meine Frage, warum die Briefbombenserien im Abstand von vier Monaten erfolgt sind, ist er aggressiv geworden. Denn es waren nicht vier Monate, sondern genau 123 Tage. Auch das hatte einen symbolischen Charakter. Er wollte signalisieren: 1, 2, 3, Bumm. In seinen Vorkehrungen war er um Perfektion bemüht. Er hat sich bemüht, DNA-Spuren zu vermeiden. Es wurden eigene Kältesensoren bei den Briefbomben eingesetzt, damit niemand

die Bomben auf diese Weise entschärfen konnte. Er hat sich wirklich auf die Ermittlungen eingestellt und dann im Gegenzug in den Bekennerbriefen die Ermittler verhöhnt. Diese Briefe waren überwiegend zynisch. Er hatte kein Mitleid mit seinen Opfern.
Ich habe viel Zeit mit Franz Fuchs verbracht. Er war als Person bedauernswert, weil in seinem Leben so viel schief gegangen ist. Aber ein Mann, der solche Taten begeht, kann mir nicht leid tun. Unsere Aufgabe ist es, die Allgemeinheit vor solchen Personen zu schützen.«

Es war der 3. Dezember 1993, kurz nach elf Uhr vormittags. Im Hartberger Pfarrhof öffnete Pfarrer August Janisch einen etwas dickeren Briefumschlag. Er glaubte, jemand würde ihm Dokumente für eine Trauung zusenden. Ein Lichtblitz durchzuckte den Raum. Die erste Briefbombe einer ganzen Serie explodierte in diesem Augenblick. Pfarrer Janisch hatte Glück. Er wurde nur leicht verletzt. Doch der Schock saß tief. Mit dem ersten Sprengstoffattentat begann in Österreich eine beispiellose Serie. Nach knapp vier Jahren würde der Attentäter vier Menschen getötet und mehr als ein Dutzend verletzt haben.

Der schwerste Anschlag galt im Februar 1995 einer Roma-Siedlung in der Nähe von Oberwart. Eine heimtückische Rohrbombe detonierte in dem Moment, als vier Männer aus der Siedlung mit dem seltsamen Gegenstand hantierten. Die gewaltige Explosion tötete alle vier. Ein zynisches Schild am Weg hatte die Männer aus den Häusern gelockt. »Roma zurück nach Indien.« Einen Tag später wurde ein Mitarbeiter des burgenländischen Umweltdienstes im vorwiegend von kroatischen Burgenländern bewohnten Ort Stinatz durch eine Sprengfalle schwer verletzt. Der damals noch unbekannte Täter versteckte sich hinter dem Pseudonym einer »Bajuwarischen Befreiungsarmee BBA«. So zeichnete er seine langen und wirren Bekennerbriefe, die er mit pseudohistorischen Erklärungen über die germanische Besiedlung Österreichs garnierte.

Zwei Tage nach den ersten Sprengstoffbriefen wurde Wiens Bürgermeister Helmut Zilk das prominenteste Opfer der ersten Serie. Nach der Heimkehr von einer Auslandsreise öffnete der Politiker in seiner Privatwohnung in der Wiener Naglergasse die Post. Die Detonation einer Briefbombe zerfetzte Zilk mehrere Finger der linken Hand. Zilk erlitt einen großen Blutverlust und schwebte im Allgemeinen Krankenhaus in Lebensgefahr. Zu den Adressaten der ersten Serie gehörten auch die damalige Frauenministerin Johanna Dohnal, die Grün-Politikerinnen Madeleine Petrovic und Terezija Stoisits sowie Caritas-Präsident Helmut Schüller. Das Land wurde in Alarmzustand versetzt. So konnten viele Sendungen abgefangen und entschärft werden. Die Briefbomben waren gefinkelt konstruiert und stellten die Männer vom Entminungsdienst vor schwierige Aufgaben.

Die für Lotte Ingrisch gedachte Briefsendung im Dezember 1996 sollte der letzte Anschlagsversuch des Franz Fuchs sein. Nach vier Jahren hatte der Fahndungsdruck massiv zugenommen. Dennoch führte erst »Kommissar Zufall« auf die Spur des Täters. In der Nacht auf den 2. Oktober 1997 wurde Fuchs im südsteirischen Ort Gralla verhaftet.

Am 9. März 1999 wurde Fuchs am Landesgericht Graz zu lebenslanger Haft und Einweisung in eine Anstalt für geistig abnorme Rechtsbrecher verurteilt. Während des Gerichtsverfahrens hatte er durch Skandieren von Parolen wie »Es lebe die BBA!« seinen Ausschluss aus dem Prozess provoziert. Ein Jahr nach seiner Verurteilung beging Franz Fuchs in der Haft Selbstmord.

EU-Beitrittsverhandlungen

»Die Pizzadiplomatie hat gewirkt.«

Wolfgang Schüssel lüftet ein wenig den Vorhang über die
Ereignisse bei den EU-Beitrittsverhandlungen im März 1994, die
über die Zukunft Österreichs entschieden haben.

*Alle haben Hunger. Kein Wunder, mittlerweile ist es mitten in der
Nacht. Aber die Verhandlungen nehmen kein Ende. Ganz im Gegenteil, die Positionen zwischen der EU-Delegation und uns Österreichern scheinen sich verhärtet zu haben. Die Verhandlungen
stehen auf Messers Schneide. Jacques Delors hat auf eine österreichische Äußerung gerade ziemlich ungut reagiert. Die Stimmung ist angespannt, die Verhandler sind abgespannt. Interne
Besprechungen, Sitzungen und Verhandlungsrunden wechseln einander ab. Auch in der Nacht wird weiterverhandelt, lobbyiert und
diskutiert. Das Hotel haben wir sinnlos gebucht. Jeder von uns weiß,
es geht um viel, schlafen kannst du zu Hause. In diesen Stunden
werden die Weichen für die nächsten Jahrzehnte gestellt. Wir sind
mit Adrenalin aufgepumpt und das hält uns wach. Da brauchst du
keinen Schlaf, da bist du voll da. Ein bisserl Kaffee hilft, wobei der in
Brüssel extrem schlecht ist. Wenigstens essen sollten wir. Ich beu-
ge mich zu Leo Maderthaner, dem Wirtschaftskammerpräsidenten:
»Kannst du etwas zu essen organisieren«, frage ich. Vielleicht können wir so die Stimmung zu unseren Gunsten beeinflussen. Einige
Zeit später geht die Türe auf und Leo kommt mit einem großen
Stapel Pizzen herein. Ich habe keine Ahnung, woher er die mitten in
der Nacht organisiert hat. Die Verhandlungen werden unterbrochen.
Alle stürzen sich auf die Pizza-Schnitten. Als wir unsere nächtliche
Sitzung wieder aufnehmen, spüre ich es sofort. Die Atmosphäre ist
anders, viel entspannter. Die Pizzadiplomatie hat gewirkt.*

Der damalige Wirtschaftsminister Wolfgang Schüssel erinnert sich an zwei anstrengende Tage und Nächte in Brüssel. Er lernte wahre Freunde Österreichs kennen.

»Die Verhandlungen waren nicht in diesem eigenartigen Gebäude, in dem die Kommission heute ihren Sitz hat, sondern im Nebenhaus, einem Sechzigerjahre-Gebäude ohne Stil und Charme. Jedes Land hat individuelle Beitrittsverhandlungen geführt. Chefverhandler war der griechische Außenminister Theodoros Pangalos, weil Griechenland damals turnusmäßig den Ratsvorsitz innehatte. Er war ein bulliger Grieche mit ziemlicher Härte in den Verhandlungen. Unsere Leute kamen ziemlich geschockt aus den Gesprächen und hatten das Gefühl, dass das noch sehr mühsam werden würde. Die Dossiers wurden bei uns aufgeteilt. Jeder war für ein bestimmtes Thema verantwortlich. Klarerweise war Franz Fischler für die Agrarverhandlungen zuständig, ich habe mich stark um Grundverkehrsthemen gekümmert, den Transitvertrag bearbeitete Viktor Klima und Alois Mock koordinierte alles.

Das erste und einfachste Thema war der Grundverkehr. Letztlich wurde eine sinnvolle Lösung gefunden, die bis heute gehalten hat. Das zweite Thema, der Agrarmarkt, war viel schwieriger. Unsere Bauernvertreter hatten sich auf eine ziemlich unrealistische Verhandlungslinie festgelegt. Sie wollten keine sofortige Einbindung in den Binnenmarkt, sondern lange Übergangsfristen. Jeder Brüssel-Profi wusste, es wird für Österreich keine ›Extrawurst gebraten‹, wir werden mit Sicherheit den ›Big bang‹ akzeptieren müssen. Das wollte man bis zum Schluss nicht hören. Es war aber ein Knackpunkt – take it or leave it.

Wir haben uns dann in einer intensiven Nachtsitzung in einem Kammerl im Verhandlungsgebäude zusammengesetzt. Unser Ziel war es, einen innerösterreichischen Pakt zu schließen, um die Folgen eines raschen Binnenmarktbeitritts für die einzelnen Wirtschaftsbereiche abzufedern. Besonders die Bauern und die Nahrungsmittelindustrie waren massiv betroffen. Es ging um rund vierzig Milliarden Schilling für die gesamte Periode, die zum Teil von den Ländern, hauptsächlich aber vom Bund und teilweise über die Förderprogramme der Union gekommen sind. In dieser Nacht hat es eine große Übereinstimmung gegeben. Die Sozialpartner und die Ländervertreter haben großartig mitgearbeitet. Dabei waren jedenfalls Franz Fischler, Ferdinand Lacina, Brigitte Ederer und ich. Ebenso alle Sozialpartner und Ländervertreter – Vorarlbergs Landeshauptmann Martin Purtscher, der Steirer Josef Krainer und Wiens Vizebürgermeister Hans Mayr. Er wurde schriftlich fixiert, unterschrieben und blieb die Basis für die nächsten zwanzig Jahre. Beim Hinausgehen ist der Präsident der Landwirtschaftskammer, Rudolf Schwarzböck, zu mir gekommen, hat mich umarmt und gesagt: ›Ich weiß ganz genau, dass wir das zu Hause nicht überleben werden, aber wir tragen das mit, weil wir wissen, dass das für unser Land existenziell notwendig ist.‹ Es ist heute kaum mehr vorstellbar, aber so war die Stimmung.

Trotzdem standen in der zweiten Nacht die Verhandlungen auf Messers Schneide. Alois Mock drohte sogar die Verhandlungen abzubrechen. Er sagte: ›Es hat keinen Sinn, wir werden da nicht ernst genommen. Wir kommen mit unseren Hauptanliegen zu wenig durch.‹ Tatsächlich stand eine Zeit lang die Drohung im Raum: Wir fahren heim. Mock war enttäuscht, dass ihm, dem glühenden Europäer, in Brüssel nicht abgenommen wurde, dass er wirklich mit vollstem Herzen für eine gute und berechtigte Sache kämpfte. Das haben die Bürger zu Hause auch mitbekommen: Da rang einer wirklich mit seinem Gewissen, mit seiner ganzen Gesundheit. Letztlich haben dies auch die Verhandlungspartner begriffen. Alois Mock hat diese Verhandlungen in einer wirklich bewundernswerten Art durchgestanden.

Wir mussten bei den verschiedenen Ländern ein sehr präzises Lobbying machen, um unsere Interessen auch besser erklären zu können. Franz Fischler und ich haben dann in den Verhandlungspausen jede Delegation persönlich besucht und unsere Argumente vorgetragen. Dabei gab es auch heitere Erlebnisse. Wir kamen etwa mitten in der Nacht zur luxemburgischen Delegation, klopften an, bekamen keine Antwort. Ich machte die Tür leise auf, alles war finster. Ich dachte mir: ›Aha, da ist nix.‹ Vorm Rausgehen sah ich dann, daß der luxemburgische Außenminister dort in einem Lehnstuhl saß und schlief. Er ist durch unser Eintreten aufgewacht und dann haben wir mit ihm sehr freundschaftlich geredet. Zum Teil war es sehr skurril, was sich da abgespielt hat. Manche Delegationen waren gut vorbereitet, haben genau gewusst, worum es geht, andere waren vollkommen blank.

Der deutsche Außenminister Klaus Kinkel, ein großer Österreich-Freund, war zunächst nicht anwesend, er war auf einer Afrikatournee. Alois Mock rief beim deutschen Bundeskanzler Helmut Kohl an. Von Wien aus halfen Bundeskanzler Franz Vranitzky und Erhard Busek. Kohl beorderte dann Klaus Kinkel zurück. Dieser musste seine Afrikareise abbrechen. Er hat uns dann in den entscheidenden Stunden in Brüssel sehr unterstützt. Klaus Kinkel drängte den griechischen Vorsitzenden, er solle endlich einen positiven Abschluss finden. Natürlich wird bei solchen Verhandlungen auch gestritten, manchmal mit dem Florett, manchmal mit erhobener Lautstärke. Immer aber ist es wichtig, Argumente zur Hand zu haben. Du musst die Dossiers kennen und die eigene Truppe muss ein Team sein. Das waren wir damals. Ich glaube, dass dieser Geist von Brüssel unterschätzt wird. Wir haben gewusst, da geht's eigentlich um den Eintritt in eine neue Welt.

Zuletzt waren auch die Finanzfragen ein wichtiges Thema. Kommissionspräsident Jacques Delors hat hier die letzte Schlucht zwischen den österreichischen Erwartungen und der EU überbrückt. Die Kommission hat immer gewisse Fonds und Rücklagen, die sie nicht ganz offenlegt. Da ist Delors über seinen Schatten gesprungen. Das werden wir ihm nie vergessen. Ich denke mir, dass der Respekt vor Alois Mock, vor seiner Krankheit und vor seiner Standhaftigkeit auch mitgespielt hat.

Eine Sache, die bis zum Schluss dramatisch geblieben ist, war der Transitvertrag. Viktor Klima, damals Verkehrsminister, hatte we-

nig Spielraum bei den Verhandlungen. Aber die EU-Kommission und der griechische Vorsitz wollten um jeden Preis den Transitvertrag durchlöchern. Daher standen die Verhandlungen vor dem Abbruch. Wiens Vizebürgermeister Hans Mayr war in dieser Phase extrem wichtig. Er hat zu seinem Parteifreund gesagt: ›Pass auf, Viktor, mach dir keine Sorgen, wir kriegen das schon hin.‹ Auch aus Wien kamen ermutigende Signale, wobei dann die Deutschen heikel waren und darauf bestanden, dass die Übergangsfristen von zehn auf neun Jahre verkürzt wurden.

In Summe war es eine spannende Geschichte. In Österreich haben die meisten Zuseher der Fernsehnachrichten ungefähr gewusst, worum es ging. Bei den anderen europäischen Partnern hat kein Mensch begriffen, warum sich die Österreicher beim Transit oder bei der Landwirtschaft oder beim Grundverkehr so sperrten. Es gab aber auch sehr positive persönliche Verbindungen. Helmut Kohl war ja dreißig Jahre Sommergast in St. Gilgen am Wolfgangsee. Er liebte Österreich wirklich und wollte uns um jeden Preis in der EU haben. Schwieriger war Frankreich. Da könnte noch eine historische Verformung eine Rolle gespielt haben. Bundeskanzler Franz Vranitzky hat später erzählt, dass er zwei oder drei Mal in Paris mit seinem sozialdemokratischen Parteifreund François Mitterand gesprochen hat. Jedes Mal hat er ein ziemlich harsches ›Nein‹ zu einem EU-Beitritt Österreichs gehört. Erst nachdem Helmut Kohl bei Mitterand massiv interveniert hatte, sagte Mitterand dann ziemlich verärgert zu Vranitzky: ›Gut, ich werde jetzt dem EU-Eintritt des dritten deutschen Staates nichts mehr in den Weg legen.‹ Das hat Vranitzky zu Recht verärgert.

Aber das Verhältnis zu Frankreich blieb sehr schwierig und spannungsgeladen. Obwohl gerade Alois Mock mit dem österreichischen Beitrittsantrag extra so lange gewartet hatte, damit er ihn dem französischen Vorsitz überreichen konnte. Das hat aber wenig gebracht, die Franzosen waren uns gegenüber bis zum Schluss reserviert. Ich werde nie vergessen: Als alles fertig war, kamen die Delegationen in den runden Saal oben im Kommissionsgebäude. Feierliche Reden wurden gehalten, jedes EU-Land war mit zwei Personen vertreten. Ich traute meinen Augen nicht – da standen zwei leere Sessel bei den EG-Mitgliedern. Frankreich war nicht anwesend! Unglaublich und unverständlich.«

Im Frühsommer 1989 fiel der Eiserne Vorhang, der Europa immerhin 44 Jahre lang geteilt hatte. Fast zeitgleich übergab der damalige Außenminister Alois Mock das offizielle Beitrittsansuchen Österreichs zur Europäischen Gemeinschaft (EG). Es war kein Zufall. Diesem formlosen Brief war eine lange innerösterreichische Debatte vorausgegangen, ob und wann Österreich den »Brief nach Brüssel« abschicken sollte. Die Frage der Neutralität wurde zwischen den Parteien kontroversiell diskutiert. Jahrzehntelang war die Mitgliedschaft in der Europäischen Wirtschaftsgemeinschaft (EWG) als unerreichbares Fernziel gehandelt worden. In den Sechzigerjahren leistete Italien Widerstand gegen eine Aufnahme Österreichs wegen der Südtirol-Frage. Unter Hinweis auf die österreichische Neutralität kam aus Moskau immer wieder ein warnendes »Njet«, wenn heimische Politiker vorsichtig wegen eines EWG-Beitritts anklopften.

Mit dem Zerfall der Sowjetunion und seiner Einflusssphäre wendete sich 1989 das Blatt. Das sowjetische Staatsoberhaupt Michail Gorbatschow signalisierte, dass er eine Beitrittsinitiative zumindest stillschweigend hinnehmen würde. Auch Frankreichs Bedenken gegen einen zweiten »Anschluss« Österreichs an eine von Deutschland dominierte Europäische Gemeinschaft konnten entkräftet werden. Alois Mock konnte den Brief zur Post bringen, nachdem in das Beitrittsansuchen ein »Neutralitätsvorbehalt« aufgenommen worden war. Österreich war zu diesem Zeitpunkt wirtschaftlich weitgehend in die Europäische Gemeinschaft integriert.

In Österreich wurde der Beitritt zur EG seit Mitte der Achtzigerjahre zunehmend angestrebt, um nachteilige Auswirkungen des entstehenden europäischen Binnenmarkts auf die Wettbewerbsfähigkeit der österreichischen Wirtschaft abzuwehren. Fast zwei

Drittel aller Exporte Österreichs gingen an Mitgliedsstaaten der EU. Zusätzlich erwarteten sich die österreichischen Politiker, vor allem aber die Vertreter der Wirtschaft, Druck aus Brüssel zum Abbau von kammerstaatlichen Regelungen und eine Liberalisierung des Wirtschaftslebens. Man wollte sich zu notwendigen Modernisierungsmaßnahmen »zwingen« lassen.

Nach fast vierjähriger Wartezeit wurden die Beitrittsverhandlungen offiziell im Februar 1993 begonnen. Die EG wollte – mit Schweden, Finnland und Norwegen – gleich ein Paket wirtschaftlich erfolgreicher Staaten in die Gemeinschaft aufnehmen. Obwohl zahlreiche Kapitel sehr rasch geschlossen werden konnten, blieben für die entscheidende Schlussrunde in Brüssel einige harte Nüsse. In den Morgenstunden des 2. März konnten die Verhandlungen nach einem Sitzungsmarathon abgeschlossen werden. Legendär ist das spontane »Busserl« von Außenminister Alois Mock für seine SPÖ-Kollegin Brigitte Ederer am Morgen danach. In den kritischen Stunden haben – für die österreichische Delegation – Finanzminister Ferdinand Lacina und Wirtschaftsminister Wolfgang Schüssel Alois Mock intensiv unterstützt, der damals schon von seiner beginnenden Krankheit gezeichnet war.

Die Volksabstimmung über den EU-Beitritt wurde am 12. Juni 1994 ein großer Erfolg für die rot-schwarze Koalition. Bei einer Wahlbeteiligung von 81 Prozent stimmten exakt zwei Drittel (66,58 Prozent) für den Beitritt. Österreich trat am 1. Jänner 1995 mit Schweden und Finnland der Europäischen Union bei. Vor der Unterzeichnung des Beitrittsvertrages auf der griechischen Insel Korfu stritt die Koalition, wer tatsächlich das historische Dokument signieren durfte. Europa-Staatssekretärin Brigitte Ederer durfte nicht, dafür unterschrieb ein weitgehend unbekannter Sektionschef des Kanzleramts. Auch Bundespräsident Thomas Klestil wollte in Korfu mit aller Macht aufs Gruppenfoto. Die griechischen Gastgeber stellten einen weiteren Sessel zum Tisch.

Das Grubenunglück von Lassing

»Ich bin's, der Georg, es geht mir gut, nur die Füße sind kalt.«

Die damalige steirische Landeshauptfrau Waltraud Klasnic erzählt vom Grubenunglück in Lassing, bei dem zehn Bergleute ums Leben gekommen sind. Sie erinnert sich an den Moment der Rettung des verschütteten Bergmannes Georg Hainzl und an seinen ersten Satz: »Vater, was willst, ich bin schon da!«

Der Mann ist klein, zart und drahtig. Dennoch ist er heute Abend der Größte. Er hat mich kniend gebeten, in den Berg einfahren zu dürfen, um seinen Freund Georg zu retten. Jeder hier weiß, wie gefährlich die Aktion ist. Jeder hofft auf ein Wunder. Vor neuneinhalb Tagen wurde Georg Hainzl verschüttet, wenig später auch die zehnköpfige Rettungsmannschaft. Seitdem wird fieberhaft gesucht, gebohrt, gehofft und gebetet. Heute um neun Uhr abends dann die Sensation: Die Bohrungen stießen auf einen Hohlraum, Klopfzeichen waren zu hören. Kurz darauf drang Georgs Stimme an die Oberfläche. Eine kleine Kamera wurde nach unten gelassen. Das Bild zeigte einen Mann auf einem Tisch sitzend, unverletzt. Er sprach ins Mikrofon: »Ich bin's, der Georg, es geht mir gut, nur die Füße sind kalt.« Sofort wurden Georgs Eltern und seine schwangere Braut Susi geholt. Jetzt stehen wir alle gemeinsam um den Schacht und hoffen. Irgendjemand fordert Susi auf, Georg etwas Aufmunterndes zuzurufen. Sie schaut mich an: »Was soll ich sagen?« Sag ihm: »Ich liebe dich!« Susi beugt sich vor und ruft hinunter: »Schurl, i hob di gern.« Der Retter wird an einem dünnen Seil hinunter gelassen. »Wir brauchen eine Jacke«, schreit er herauf. Wenig später ist der große Moment da. Georg Hainzl, der »Schurl«, wie ihn hier alle nennen, wird heraufgezogen. Die Scheinwerfer sind abgeschaltet, um ihn nach fast zehn Tagen Dunkelheit nicht zu blenden. Er ist bleich, aber unverletzt. *Georg Hainzl sieht seine Eltern und seine Verlobte Susi neben dem Schacht stehen.* »Vater, was willst denn, i bin scho do.« *Das Rettungsauto aus dem Landeskrankenhaus ist eingetroffen. Die Ärztin bringt den Geretteten in den Wagen. Sein Gesicht ist schwarz vor Ruß. Obwohl viele Leute hier versammelt sind, ist es ganz still. Die Menschen schweigen. Der Rettungswagen startet und fährt los. Zuerst zaghaft, dann immer lauter, beginnen die Menschen zu singen* »Großer Gott, wir loben Dich«.

Waltraut Klasnic beschreibt die dramatischen Stunden in Lassing:

»Ich war am frühen Abend bei Georg Hainzls Braut, die ein Baby erwartete. Sie war sehr traurig und hat gemeint, sie wisse nicht, wie es jetzt weitergehen soll. Georgs Eltern haben sie getröstet. Ich fuhr dann mit dem Bürgermeister in den Pfarrhof. Im dem Moment kam ein Anruf. ›Wir hören Klopfzeichen‹, sagte eine Stimme. Pfarrer Paul Scheichenberger, das ist mir unvergesslich, schrie: ›Jetzt hob i heut in der Früh verkündet, es ist die Totenmesse, und jetzt klopft er.‹ Er war in einem Ausnahmezustand. Wir fuhren zur Grube, dort herrschte große Aufregung. Man hat mir gesagt, wir müssten eine Sitzung abhalten, um zu klären, ob ein Rettungstrupp in die Grube einfahren dürfe. Die Gefahr war ja sehr groß. Es waren schon so viele Menschen unten.*

Die Rettung von Georg Hainzl gelang fast zehn Tage nach der Katastrophe. Am Nachmittag des 17. Juli war ich verständigt worden, dass ein Bergwerksunglück mit einem Verschütteten stattgefunden hatte. Bei uns in Graz waren die europäischen Umweltminister im Rahmen der EU-Präsidentschaft zu Gast. Am Abend gab es einen Empfang auf Schloss Eggenberg. Angela Merkel, die damals deutsche Umweltministerin war, hatte Geburtstag und saß neben mir. Mit Lassing wurde laufend Kontakt gehalten, gegen zehn Uhr abends informierte mich mein Pressesprecher Herwig Hösele, dass sich die Situation massiv verschlechtert hatte. Wir verließen das Bankett und sind von Graz nach Lassing in die Obersteiermark gefahren und dort ungefähr um Mitternacht angekommen. Als ich aus dem Auto stieg, habe ich sofort die Stimmung der Leute gespürt. Es war den Menschen kalt, obwohl es mitten im Sommer war. Die Menschen waren verstört. Sie haben gewartet. Geschieht ein Wunder oder nicht?

Ich habe mich dann um die Angehörigen gekümmert, die in dieser Nacht gehofft und geglaubt haben, bis in der Früh könnte alles wieder in Ordnung sein. Im Nebenzimmer des Gasthauses, ein paar hundert Meter von der Grube entfernt, war das Rote Kreuz stationiert. Die Mütter, die Ehefrauen und die Kinder sind in diesem Gastraum beisammen gesessen, haben sich gegenseitig gestärkt, aber auch ziemlich aggressiv miteinander gesprochen. Ich habe versucht, einer Ehefrau zu erklären, dass ihr Mann auch eine Mutter hat, die leidet. Ich habe versucht, den Menschen Hoffnung für den nächsten Tag zu geben.

Um Mitternacht, als ich nach Lassing kam, sind die Einsatzkräfte davon ausgegangen, dass sie die Kumpel heraufholen können, deshalb waren ja das Rote Kreuz und die Hilfszüge da. Am nächsten Tag haben sie versucht, eine Maschine einzusetzen, damit ein Zusatzstollen gegraben wird, um unter Umständen jemanden zu retten. Da waren alle noch voll Hoffnung. Wir haben auch am zweiten und am dritten und am fünften Tag noch immer geglaubt, dass wir die Kumpel bergen können. Ich kann mir nicht vorstellen, was geschehen wäre, wenn dort jemand gesagt hätte, es ist vorbei. Die Hoffnung war so groß, und dieser Wille, etwas zu verändern. Am Freitag ist das Unglück passiert und am Sonntag, eine Woche später, hörten wir Klopfzeichen. Bald darauf gelang die Rettung von Georg Hainzl. Da gab es Sonden, da gab es Bohrungen, da gab es akustische Geräte. Hainzl war ja in einem sogenannten »Jausenraum«, in dem es doch noch so viel Sauerstoff gab, dass er überleben konnte. Aber er konnte sich kaum bewegen. Darum musste auch jemand hinunterklettern, um ihm heraufzuhelfen.

Dieses Ereignis hat die Hoffnung wieder neu belebt. Der Georg hat es ja überlebt. Vielleicht waren die anderen auch irgendwo da unten, wo sie die Einsatzkräfte noch suchen und finden konnten. Dieses Glück war uns nicht geschenkt. Als Georg Hainzl gerettet wurde, haben wir versucht, wieder neue Kraft zu schöpfen und zu glauben.

In Lassing war kein einziger Mensch, der nicht auf eine gute Nachricht gehofft hat.

Damals ging es nicht nur um die Sensation. Alle haben gezittert: ›Hoffentlich geht's gut aus, da möchte ich dabei sein.‹ Es hat sich jeder betroffen gefühlt, und ich bin überzeugt, die, die dort waren, werden das ihr ganzes Leben lang nicht vergessen. Die Erde war in Bewegung, und niemand wusste, wann es endlich aufhören würde. Trotzdem, niemand dachte darüber nach, ob es ihn selbst trifft. Wo kann ich helfen, haben alle gefragt. Das war Lassing. Das habe ich vorher und nachher in diesem Ausmaß nicht mehr wieder erlebt. Es ist unvorstellbar, dass eine solche Zeit Menschen nicht berührt und nicht verändert.

Jeder wusste, dass zehn Männer in die Grube gegangen sind, um Georg Hainzl zu retten. Wir haben auch gemerkt, dass nicht nur in Lassing, sondern in ganz Österreich viele Menschen mitgelitten und in Gedanken teilgenommen haben. Man hat ständig versucht, noch eine bessere Suchmöglichkeit oder ein anderes Bohrgerät zu finden. Da gab es sehr, sehr viele Schwierigkeiten. Das Unglück ist an einem Freitag passiert. Am Samstag hieß es, das Gerät darf nicht geliefert werden, weil heute LKW-Fahrverbot gilt. Ich habe das ignoriert und eine Weisung erteilt. ›Die fahren jetzt und aus, das nehme ich auf mich.‹

Wir dürfen nicht vergessen, dass zehn Menschen nicht mehr leben. Keiner von den Rettungskräften ist zurückgekommen. Wir wissen, dass sie im Berg sind. Es war auch eine sehr schwierige Entscheidung der Verantwortlichen, den Familien zu erklären, dass sie nicht mehr weitersuchen. Eigentlich heißt es: Keiner darf im Berg bleiben, kein Kumpel bleibt unten. Man sucht nach ihm. Aber das war nicht möglich. Es hätte unendlich viel Geld gekostet, und niemand wusste, wo und wie wir wirklich weitersuchen können.

Aber im Herzen haben die Frauen doch gemeint, es wäre ihnen lieber, die Rettungskräfte könnten die Männer bergen. Aber gemeinsam sind wir in sehr langen Gesprächen übereingekommen, eine Gedenkstätte zu errichten. Wir haben dann Anfang September eine Stunde des Trostes mit Bischof Johann Weber gestaltet. Ich wollte etwas tun, damit jeder die Würde spürt und damit niemand vergisst, was es heißt, sein Leben einzusetzen.

In diesen Tagen in Lassing habe ich gesehen, dass es die ›heile Familie‹ nicht immer gibt. Das Miteinander-Umgehen war recht schwierig. Diese Familien haben sich trotzdem großartig verhalten. Ich bin während dieser Tage zwischen Lassing und Graz hin und her gependelt, aber gedanklich war ich eigentlich immer dort. Ich konnte sowieso nicht gut schlafen. Ich habe einfach gespürt, dass es meine Aufgabe ist, mit den Menschen ein Stück mitzugehen.

Das Schwierigste war die Hilflosigkeit. Du möchtest helfen und du versuchst, alles zusammen zu holen an Menschen, an Wissen, an Geräten, und trotzdem, du kannst nichts ausrichten. Diese Grenze zu erkennen, das ist das Schwerste im Leben. Diese Grenze zu akzeptieren, das ist wahrscheinlich die bitterste Lehre im Leben, aber wir müssen sie annehmen.

Ich habe damals gesagt, und ich bleibe auch heute dabei: Der Herrgott hat entschieden. Wir müssen in unserem Leben zur Kenntnis nehmen, dass in fünf Minuten alles anders sein kann. Ich habe fest daran geglaubt, dass es gut ausgehen wird. Für Georg Hainzl ist es gut ausgegangen.

Ich habe Georg dann viele Monate nach seiner Rettung mit seiner knapp vor der Geburt stehenden Braut wieder getroffen. Ich habe gewusst, er braucht Ruhe, um sich selbst zu finden. Ich wollte mit ihm besprechen, wie es in seinem Leben weiter geht und ob ich ihm helfen kann. Er hat mir bei dem Treffen gesagt, dass er Lkw-Fahrer werden wolle, zugleich aber unverblümt gesagt, sein Fuß sei taub. ›Georg, was hättest gern‹, fragte ich ihn. ›An Lkw unterm Orsch‹, antwortete er.

Das Grubenunglück von Lassing, unweit der obersteirischen Industriestadt Liezen, war die größte Bergwerkskatastrophe der Zweiten Republik. In den Vormittagsstunden des 17. Juli 1998 brach die Decke einer illegal gebauten Sohle ein. Wasser und Schlamm drangen ins Werk ein. Sechzig Meter unter der idyllischen Oberfläche stürzten Stollen und Schächte in sich zusammen. An der Oberfläche wurde die Katastrophe kurz vor Mittag spürbar. Bewohner der Häuser oberhalb der Einbruchstelle spürten ein »komisches Knistern«. Sie verließen ihre Häuser und bemerkten, dass die Mauern bereits zur Seite knickten. Auf einer Wiese begann sich ein Krater zu bilden, er füllte sich mit braunem Wasser. Der Einsturz erfolgte wie in Zeitlupe. Unaufhaltsam.

Die Werksleitung hatte mit dem verschütteten Kumpel Georg Hainzl noch Telefonkontakt. »Wir holen dich da raus«, sagten sie. Eine zehnköpfige Rettungsmannschaft fuhr ins Bergwerk ein. Die Männer sollten Georg retten, aber auch die Stollen sichern. Der Kontakt mit Georg Hainzl riss gegen drei Uhr Nachmittag ab. Auch vom Rettungstrupp hörte die Werksleitung nichts mehr. Die neun Kumpel und ein Geologe wurden verschüttet und nie mehr gefunden.

Die Lage wurde immer bedrohlicher. Als ein zweiter Schlammeinbruch die Grube implodieren ließ, setzte der »Horror in Zeitlupe« ein. Der Strom fiel aus. Die Lichtmasten standen schief. Ein weiteres Haus versank im Krater. Handys funktionierten nicht mehr. »Es ist komplett ruhig geworden«, erinnert sich der Vizebürgermeister. »Und dann hat der Schrecken der Nacht begonnen.« Die damalige steirische Landeshauptfrau Waltraud Klasnic eilte an den Unglücksort, sprach den Frauen der Vermissten Trost zu. »Ein Land weint«, fasste sie die Stimmung zusammen. »Ich weiß nicht, wo der liebe Gott ist«, blieb Lassings Pfarrer Paul Scheichenberger sprachlos.

Neun Tage nach der Katastrophe erreichte eine Bohrung der OMV-Spezialisten den eingeschlossenen Kumpel Georg Hainzl. In sechzig Meter Tiefe wurde ein Vorraum einer Jausenkammer angebohrt. »Ist da wer?«, rief Bergungsleiter Leopold Abraham in die Tiefe. Mit einem Echo rechnete niemand. Dann die legendäre Antwort. »Ja, ich bin's, der Georg. Es geht mir gut, nur die Füße sind kalt.«

Auf einem Tisch liegend, ohne Nahrung in absoluter Dunkelheit, hat Hainzl überlebt. Das »Wunder von Lassing« machte weltweit Schlagzeilen. Wieder keimte Hoffnung auch für die zehn anderen Vermissten auf. Vergeblich. Nach neunzehn Tagen wurden die Rettungsversuche eingestellt.

Nach Hainzls Rettung wurde die Frage nach der Verantwortung für die Katastrophe immer dringlicher gestellt. Im Wiener Parlament musste der damalige Justizminister Nikolaus Michalek die behördlichen Ermittlungen verteidigen. Ein deutscher Sachverständiger wurde hinzugezogen. »Die Überschreitung des Abbauhorizontes dürfte mit hoher Wahrscheinlichkeit zumindest mitursächlich für das Grubenunglück gewesen sein«, meinte er in einem Gutachten. Im Gerichtsverfahren wurden zwei Jahre später der Werksleiter und der Berghauptmann verurteilt, weil sie die zehnköpfige Sicherungstruppe noch ins Bergwerk hinunterließen und weil zuvor im Bergwerk zu dicht an die Oberfläche herangearbeitet worden war. Der rein finanzielle Schaden des Grubenunglücks, den der Eigentümer der Naintsch Mineralwerke, Rio Tinto, begleichen musste, belief sich auf dreißig Millionen Euro. An die zehn toten Männer erinnert heute ein schlichte Gedenkstätte. Der Bergbaubetrieb unter Tag ist eingestellt worden.

Die steirische Landeshauptfrau Waltraud Klasnic gewann am 15. Oktober 2000 die erste Landtagswahl nach der Katastrophe. Mit einem Stimmenplus von elf Prozentpunkten erreichte sie den größten Zuwachs, der je bei einer Landeswahl in der Steiermark erzielt worden war. Fünf Jahre später war der Sympathiebonus, den sich Klasnic durch ihre Haltung in Lassing erarbeitet hatte, verbraucht. Sie wurde nach internen Streitigkeiten in der steirischen Volkspartei 2005 abgewählt. Die Exlandeshauptfrau wirkt heute als ehrenamtliche »Opfer-Beauftragte« der Katholischen Kirche.

»Auf einmal war der Tod so nah.«

Anton Mattle koordinierte als Bürgermeister und Vorsitzender
der Lawinenkommission nach dem schweren Lawinenunglück
von Galtür die Suchmannschaften.

*Ich sehe vom Computerbildschirm auf. Irre ich mich oder ist es
dunkler im Raum geworden? Ich versuche mich wieder auf den
Text zu konzentrieren. Das Rundschreiben soll heute noch hinausgehen. Ich will die Bevölkerung von Galtür und unsere Gäste darüber informieren, dass für Donnerstag eine wesentliche Wetterver-
besserung angesagt ist. Bis dahin sollen sich die Leute noch gegenseitig mit Lebensmitteln aushelfen. Am Nachmittag gab es aber
noch ein unheimlich starkes Schneegestöber und starken Wind mit
Windgeschwindigkeiten von siebzig bis achtzig Stundenkilometern.
Hoffentlich stimmt die Wetterprognose.
Ich habe mich nicht geirrt. Es wird immer dunkler. Was bedeutet
das? Das Fenster ist plötzlich von einer dicken Staubschicht überzogen. Ich springe auf und laufe aus dem Gemeindeamt. Auch alle
anderen haben das Gebäude verlassen. Schreiende, schneebe-
deckte Menschen kommen uns entgegen. Ich weiß, was das heißt.
Eine Lawine ist bis in den Ortskern vorgedrungen. Von hier aus
habe ich keinen Überblick. Ich laufe zur Kirche. Schneemassen tür-
men sich auf der Straße. Es muss eine große, eine verheerende
Lawine abgegangen sein. Vermutlich gibt es Verschüttete.*

Anton Mattle erinnert sich an seinen schwersten Tag als Bürgermeister von Galtür im Tiroler Paznauntal:

*»Ich bin dann zurück ins Gemeindeamt gerannt, um den Notruf aus-
zulösen. Ich glaube aber, die wahre Alarmierung war diese Ver-*

finsterung. *Die Staubwolke, die stets einer Lawine vorauseilt, hat sich über das ganze Dorf gelegt. Wahrscheinlich haben sehr viele Einheimische da schon gespürt, dass eine große Lawine abgegangen ist. Es ist unglaublich, wohin die Schneemassen überall vorgedrungen sind. Es bleibt zwar die Hoffnung, dass die Rettungskräfte die Verschütteten lebend bergen können. Mit jeder Minute, mit jeder Stunde, die verstreicht, wird die Hoffnung etwas geringer.*

Ich glaube nicht, dass die Menschen bei einem Schneesturm der mit siebzig bis achtzig Stundenkilometern getobt hat, die Sirene noch hörten. Aber die erfahrenen Leute von der Bergrettung und von der Feuerwehr, die wussten, jetzt müssen wir raus. Jetzt müssen wir helfen. Durch den raschen Einsatz der Suchmannschaften konnten im Randbereich der Lawine noch viele Menschen lebend aus den Schneemassen befreit werden. Wir waren in Galtür auf ein solches Unglück vorbereitet. Die Rettungsstruktur und die notwendige Gerätschaft waren vorhanden. Die Suchmannschaften konnten sich schnell formieren. Wichtig war es, die vielen Gäste, die uns helfen wollten, in diese Suchketten einzubinden, damit wir effizient und schnell graben konnten. So hatten wir immer auch ausgeruhte Leute für die Bergungsarbeit.

Die Tage vor dem 23. Februar sind alle ähnlich abgelaufen. Die erste Tätigkeit der Gemeindefunktionäre war, sich zu treffen, um Wetterdaten auszuwerten und um Kontakt mit der Zentralanstalt für Meteorologie aufzunehmen, die die Situation bewertete. Es mussten neue Sperren verfügt oder vielleicht Sperren aufgehoben werden. Wir diskutierten über Evakuierungen. Anschließend haben wir jeden Tag mit den Gästen und den Einheimischen gesprochen, um zu erklären, warum wir welche Maßnahmen setzten. Wir haben die Leute auch über die Versorgungslage informiert. Jeden Nachmittag haben wir sie zu einer Veranstaltung eingeladen. Es war wichtig, neben den Informationen über die Wetterlage unterhaltende Veranstaltungen anzubieten. Nach einer Woche, in der nichts passiert ist, haben die Leute die Absperrungen nicht mehr ganz so ernst genommen. Ich habe die Menschen aufgefordert, nicht über die Schranken zu steigen und auch veranlasst, dass bei allen Absperrungen Posten aufgestellt wurden, um die Leute zu ermahnen, dass die Sperren durchaus Sinn machen. Wertvoll war, dass viele Ärzte im Dorf zu Gast waren. Viele haben sich in den Vortagen schon bei mir im Rahmen der Informationsgespräche gemeldet und ihre Hilfe angeboten.

Ich denke, es war für viele Leute die schlimmste Nacht, die sie je erlebt haben. Für die Menschen draußen im Schneesturm war die Situation unheimlich belastend. Jeder hat bis zur Erschöpfung gearbeitet. Bei uns im Gemeindeamt war es eine andere Erschöpfung. Die Koordination und die Tausenden Anrufe, die zu beantworten waren, das war sehr anstrengend. Trotzdem mussten wir uns auch Freiräume schaffen, um Entscheidungen treffen zu können. Wir mussten immer wieder bewerten, ob die Suchmannschaften draußen bleiben konnten. Wir mussten recherchieren, nach wie vielen Menschen gesucht wurde. Wer war wo? Waren die Leute draußen? Waren sie in den Hotels geblieben?

Gegen 18 Uhr habe ich von den ersten Toten gehört. ›Die Mama, die ham's gefunden‹, hat ein Galtürer, der Franz, gesagt. Das war ein schwieriger Moment, weil der Tod auf einmal so nahe war. Gegen 21 Uhr haben wir eine erste Zahl von möglichen Opfern gehabt. Am Abend sind wir davon ausgegangen, dass 38 Menschen noch zu suchen sind. Dann konnte eine bis dahin vermisste Familie ausfindig gemacht werden, und so haben wir zumindest ab Mittwoch in der Früh gewusst, dass 31 Menschen von der Lawine verschüttet worden sind.

Die Nacht hindurch waren wir alleine. Jeder hat an seiner Stelle versucht, sein Bestes zu geben. In der Früh waren wir froh, als wir die ersten Hubschrauber knattern hörten. Die ersten Lawinensuchzüge trafen ein, und wir konnten die Hilfskräfte austauschen.

Heute erzählen mir sehr viele Galtürer, dass sie bis zur Erschöpfung gearbeitet haben und froh waren, kurz nach Hause gehen zu können. Aber keiner konnte schlafen oder Ruhe finden. Die Eindrücke waren einfach zu stark und die Unsicherheit zu groß. Man

hat ein bisserl geruht und ist dann wieder zum Lawinenkegel gegangen, um zu helfen.

Wir haben bis zum Samstag gehofft, dass wir noch jemanden
lebend aus den Schneemassen befreien können. Das war nicht der
Fall. Den letzten Lebenden haben die Bergungskräfte gegen sieben
Uhr abends am 23. Februar aus dem Schnee befreit. Drei Stunden
nach dem Lawinenabgang.

Das ganze Dorf hat in etwa ein Jahr gebraucht, bis das Lawinen-
ereignis halbwegs verarbeitet war. Es gab in diesem ersten Jahr
kein Gespräch, das nicht bei der Lawine geendet hätte. Aber gerade
diese ständige Auseinandersetzung hatte auch etwas Befreiendes.
Gerade bei solchen Ereignissen ist einem bewusst, was es bedeutet, Verantwortung zu tragen. Man überlegte: Hat man etwas
übersehen? Warum ist es passiert? Es gibt ja auch ein Gutachten
vom Eidgenössischen Schnee- und Lawinenforschungsinstitut, das
die Staatsanwaltschaft in Auftrag gegeben hat. Es wurde festgestellt, dass die Lawine zu 99 Prozent nicht vorhersehbar war. Die
Mitglieder der Lawinenkommission wussten, dass viel Schnee liegt
und die Situation sehr gefährlich ist. Aus der Tatsache, dass wir extrem kleinräumig gesperrt und Häuser evakuiert haben, sieht jeder,
dass uns die Gefahr absolut bewusst war. Nur an eines haben wir
in Galtür einfach nicht geglaubt, nämlich dass eine Lawine in diesen
Bereich vordringen kann. Der Ortsteil galt als gefahrenfrei und war
auch in unseren Gefahrenzonenplänen als sicher vermerkt. Wenn
ich für ein Haus oder für einen Weiler eine Gefahr erkannt hätte, so
hätte ich bei diesen Niederschlagsmengen die Evakuierung veranlasst. Wir haben in jenen Bereichen, die wir als gefährdet erachtet haben, Ausgangssperren verhängt. Die Galtürer galten als vorsichtige
Leute. So vorsichtig, wie wir früher waren, werden wir auch zukünf-
tig sein. Die Schwierigkeit des Jahres 1999 war, dass Instrumente,
die heute selbstverständlich sind, noch nicht zur Verfügung standen.
Die Lawinensimulation war damals noch in den Kinderschuhen.
Wettermessstationen gab es nur vereinzelt. Es gab keine Zusammenarbeit mit den Nachbarstaaten, keinen Datenaustausch. Das

ist heute sehr hilfreich, um Gefahrensituationen einzuschätzen. Hundertprozentige Sicherheit wird es nie geben. Die Bewohner von Galtür haben aber dank der großartigen Unterstützung, die sie tirol- und österreichweit erfahren haben, unheimlich viel in die Sicherheit investiert.«

Die Lawine vom »Sonnberg« wird keinen Schaden mehr anrichten. Nach der Katastrophe von Galtür wurde in wenigen Monaten eine 340 Meter lange, mächtige Steinmauer errichtet. Hunderte Tonnen Stahl wurden verbaut. Ein Ort trotzt der Natur. Der gigantische Wall soll selbst außergewöhnlichen Schneemengen standhalten. Galtür ist ein kleiner Fremdenverkehrsort am Ende des Tiroler Paznauntals. Das vorwiegend von Walsern bewohnte Bergdorf lebt von der beeindruckenden Landschaft am Fuße der Silvretta und vom »weißen Gold«.

Im Februar 1999 führte eine ungewöhnliche Wetterlage zu massiven Niederschlägen. Es fiel sechsmal so viel Schnee wie in einem durchschnittlichen Jahr. Rund drei Meter. Der Schwerpunkt des Niederschlags konzentrierte sich auf die hochalpinen Bezirke des Tiroler Oberlands. Zum Schneefall kam heftiger Sturm. Höchste Lawinenwarnstufe. Gesperrte Straßen. Ganze Täler waren abgeschnitten.

Bürgermeister Anton Mattle erlebte die weiße Pracht als tödliche Bedrohung. Es war Schnee in einer anderen Dimension. Die Urlauber konnten längst nicht mehr Skifahren. Doch die Stimmung blieb gut, das Wetterchaos wurde als Abenteuer erlebt. In den Hotels fehlte es an nichts. Als für wenige Stunden der Schneesturm nachließ, konnten sogar die Straßensperren aufgehoben werden. Am Wochenende war Urlauberschichtwechsel angesagt. Tausende wollten die Skiorte verlassen, Tausende wollten in die Täler hinein. Die örtlichen Lawinenkommissionen standen unter enormem Druck und sperrten die Straßen ins Paznauntal nach wenigen Stunden. Das Risiko war zu groß. Mitfluggelegenheiten waren begehrte Mangelware. In Galtür bemühte sich der Fremdenverkehrsverein, die Gäste bei guter Laune zu halten. Für den späteren Nachmittag des 23. Februar wurde ein Juxrennen im Ortszentrum organisiert. Die Urlauber fuhren auf Fassdauben im dichten Schneetreiben. Hunderte Menschen waren im Freien.

Kurz nach 16 Uhr alarmierte ein Funkspruch von Alpinpolizist Alfons Walser die Behörden in Landeck »Es ist eine riesige Lawine abgegangen.« Vom »Sonnberg« waren 300.000 Tonnen Schnee tausend Meter tief ins Tal gedonnert. Die Schnee und Staubwalze erreichte eine Geschwindigkeit von mehr als 200 Kilometern. Der Luftdruck verdichtete die Atmosphäre, ließ es dunkel werden, kurz war ein mächtiges Rauschen zu hören. Die Lawine stürmte in einer Breite von 400 Metern über den Bach und über die Straße, teilte sich und raste auf der anderen Talseite den Hang hinauf. Sie hatte noch immer so viel Kraft, dass sie den Ortsteil Winkl begrub, Häuser wegfegte und 31 Menschen tötete.

Der Hilferuf des Alpinpolizisten erreichte die Kaserne in Landeck. Hier waren wegen der außergewöhnlichen Schneefälle schon seit Tagen Hubschrauber und Einsatzkräfte von Polizei und Bundesheer in Bereitschaft gehalten worden. Doch die 43 Kilometer lange Strecke ins Paznauntal blieb unpassierbar. An vielen Stellen waren Lawinen abgegangen. Niemand konnte ins Tal. Die Hubschrauber mussten wegen des Sturms am Boden bleiben. Galtür blieb die erste Nacht auf sich alleine gestellt. Am frühen Morgen hatte der Sturm ein wenig nachgelassen. Die Sicht war besser. Bergrettung, Alpingendarmen und Soldaten starteten zum Flug nach Galtür. Erste Evakuierungen. Die Bundesheerhubschrauber brachten Verletzte, Angehörige und geschockte Urlauber aus dem Paznauntal. Doch die Katastrophe hielt nur kurz den Atem an. Im Weiler Valzur zwischen Ischgl und Galtür starben weitere sieben Menschen. Sie hatten sich aus ihren gefährdeten Häusern in Sicherheit bringen wollen. Sie waren sich der tödlichen Gefahr bewusst.

Der Alpinpolizist Stefan Jungmann flog mit dem Hubschrauberpiloten Walter Strolz ins Tal. Beide sollten die Bewohner von

Valzur ausfliegen. Sie kamen zu spät. Die Schneemassen hatten auch in Valzur Häuser und sieben Menschen begraben. Walter Strolz setzte den Polizisten am Lawinenkegel ab. Er startete in der Nacht und bei heftigem Schneesturm nach Galtür. Er wollte Helfer holen und ein verletztes Kind mitnehmen. Der Flug wurde ihm beinahe zum Verhängnis. Der Helikopter konnte nur wenige Meter über dem Boden fliegen, so schlecht war die Sicht. Eine Lawine erfasste beinahe das Fluggerät. In letzter Sekunde konnte Strolz seinen Hubschrauber hochziehen, ins Weiße, ins Ungewisse. Walter Strolz schafft es zurück nach Galtür. Das Kind wurde ärztlich versorgt und gerettet.

In Galtür wurde weiter gesucht. Schon die zweite Nacht. Endlich klarte es auf. Die Schrecken der Schneemassen verwandelten sich im Sonnenlicht zum Wintertraum. 36 Stunden nach der Lawinenkatastrophe konnte die Evakuierung der eingeschlossenen Gäste aus dem Paznauntal beginnen. Mehr als 3000 Flüge absolvierten die Heereshelikopter. Hubschrauber aus den USA, aus Deutschland und aus Frankreich unterstützten die Österreicher. Für die amerikanischen Black-Hawk-Hubschrauber wurde die Inntal-Autobahn zum Landeplatz. Jahre später würde das Bundesheer Helikopter dieses Typs kaufen. Galtür lieferte dafür die politische Begründung.

»Ich fand die Inszenierung lächerlich.«

Elisabeth Gehrer musste am 4. Februar 2000 durch unterirdische Verbindungsgänge in die Hofburg zur Angelobung der schwarzblauen Regierung gehen und erlebte unerwartete Aggression.

Über Wien strahlt die Wintersonne, aber es ist bitterkalt. Langsam und etwas nachdenklich gehe ich über den Minoritenplatz. Heute wird die erste schwarz-blaue Regierung angelobt. Gegen alle Widerstände hat Wolfgang Schüssel die Koalition mit der »Haider-FPÖ« durchgesetzt. Die Öffentlichkeit, oder zumindest der lautere Teil davon, ist empört. Die Medien können sich gar nicht mehr beruhigen. Auch Bundespräsident Thomas Klestil hat keinen Zweifel daran gelassen, dass ihm diese Regierung nicht passt. Und doch wird heute Mittag unsere Angelobung stattfinden. Dieser Tag ist der Abschluss eines sehr langwierigen Prozesses. Wir haben vier Monate verhandelt. Es war eine Zeit der Unsicherheit und der Ungewissheit. Immer wieder standen andere Möglichkeiten im Raum. Als es hieß, die SPÖ und Viktor Klima werden eine Minderheitsregierung bilden, hat Wolfgang Schüssel alle Minister anrufen lassen: »Räumt sofort eure Büros.« Wir haben tatsächlich die Schreibtischladen geräumt, sind praktisch in leeren Zimmern gesessen und haben auf unsere Nachfolger gewartet. Aber es ist dann niemand gekommen. Es war ein viermonatiges Hin- und Her, ein Wechselbad der Gefühle.

Früher gab es angeblich geheime Gänge unter dem Minoritenplatz vom Palais Starhemberg zum Ballhausplatz. Der Hausmeister im Unterrichtsministerium hat mir einmal erzählt, die Gänge seien mittlerweile mit Akten voll geräumt worden und unpassierbar. Ein älterer Herr im Trachtenanzug geht geradewegs auf mich zu, bleibt vor mir stehen und mustert mich mit abschätzigem Blick. Unvermittelt beginnt er zu schreien: »Dass man es wagt, eine solche Regierung

zu bilden!« Ich bin so perplex über die unerwartete Aggression, dass ich nicht weiß, was ich antworten soll. Der distinguierte Herr nutzt die Gelegenheit, seiner Meinung Ausdruck zu verleihen: »Pfui, pfui!«, hallt es über den Platz. Ich fühle mich von Menschen, die ich überhaupt nicht kenne, bedroht.

»Widerstand, Widerstand«, skandiert die Menge, als ob es gälte, ein Terrorregime zu stürzen. Ich stehe an einem Fenster des Minister-ratssaals und starre auf den abgeriegelten Ballhausplatz hinunter. Die Demonstranten stehen auf der Seite des Volksgartens und des Heldenplatzes. Absperrgitter und ein Kordon der Polizei halten sie vom Kanzleramt und dem Eingang zur Präsidentschaftskanzlei fern. Die Wiener Polizei hat den Platz allerdings nur unzureichend abgesichert. Vereinzelt fliegen Wurfgeschoße, Flaschen, Eier und Farbbeutel. Sie platzen am grauen Asphalt: Farbflecken. Rosa, ausgerechnet.

Ein paar Journalisten und einige Kamerateams bewegen sich am Ballhausplatz. Sie müssen den Wurfgegenständen ausweichen. Was würde passieren, wenn wir an den Demonstranten vorbei zur Hofburg marschieren? Es sind vielleicht zwei oder drei Tausend, aber sie verwandeln den sonst eher beschaulichen Platz vorm Volksgarten in einen Hexenkessel. Pfeifkonzerte. Und immer wieder Sprechchöre. »1938 Gründe gegen Haider«, schreien sie gerade.

Wir fahren ins zweite Kellergeschoß des Kanzleramtes. Von dort sollen wir durch einen Gang in die Hofburg gelangen. Die Polizei hat uns dringend zu dieser ungewöhnlichen Maßnahme geraten. Sie fürchtet gewaltsame Ausschreitungen. Wolfgang Schüssel war ebenfalls verunsichert und hat eingewilligt. Eine längere Diskussio-nen oder gar eine Abwägung, wie das kommentiert werden wird, hat es nicht gegeben. Es ist eine Frage der Vernunft.

Es ist still in der braun getäfelten Liftkabine, von Festtagsstimmung keine Spur. Die Lifttüre öffnet sich. Der Gang bietet wenig Platz für eine ganze Regierungsmannschaft. Er ist vielleicht drei Meter breit und zwei Meter hoch. Brauner Linoleumboden, Neonlampen an der Decke. Die Luft ist stickig, Staub liegt am Boden.

Wir passieren eine Glastüre. »Ballhausplatz 1, Hofburg, Werks-
küche«, *lese ich etwas verwundert. Die Beamten des Kanzleramts
benutzen diese Gänge, um trockenen Fußes zur Kantine zu gelangen. Normalerweise grüßen einander die Kanzleikräfte hier unten mit* »Mahlzeit«. *Heute sind wir allein. Wolfgang Schüssel geht
voraus. Er hat sich als zuständiger Ressortchef für Bundesbauten
seinerzeit durch die bis zu fünf Stockwerke in die Tiefe reichen-
den Kellergewölbe der Hofburg führen lassen. In den Tagen vor der
Angelobung hat Schüssel den diskreten Weg zum Bundespräsidenten
mehrfach benützt. Er kennt sich aus, die Damen und Herren vom
Protokoll sowieso. Die einstige kaiserliche Residenz ist mit dem
Kanzleramt, dem Heldentor und dem Innenministerium unterirdisch
verbunden, aus Sicherheitsgründen.*

Links und rechts befinden sich Türen. »Zeitungsbroschürenlager
links« *und* »Aktenlager WiSt rechts« *steht darauf. Einige Betonstufen
abwärts, dann stehen wir in einem Gewölbe, zwei Stockwerke unterhalb des Straßenniveaus. Von hier aus führt eine gesicherte Türe
in den Leopoldinischen Trakt der Hofburg, zum Sitz des Bundespräsidenten. Es ist eine Geheimtüre, die sich hinter Natursteinen
verbirgt. Mit leichtem Quietschen öffnet sich die Pforte und gibt den
Blick auf einen weiteren Gang frei. Am Ende ist ein Lift, der uns in
den zweiten Stock der Hofburg bringen wird.*

*Wir durchqueren die hellen Prunkräume auf dem roten Teppich.
Die hohe Doppelflügeltür zum Maria-Theresien-Zimmer wird geöffnet.* »Der Herr Bundespräsident erwartet sie jetzt«, *sagt der Proto-
kollchef förmlich. Es ist 12.30 Uhr.*

Die langjährige Unterrichtsministerin Elisabeth Gehrer beschreibt
die Angelobung der ÖVP-FPÖ-Regierung im Februar 2000 und warum sie über das Verhalten von Bundespräsident Thomas Klestil
empört war.

»Hinter einer dicken roten Kordel standen die Journalisten und dutzende Kameraleute. Das ehemalige Schlafzimmer der Kaiserin war

von Scheinwerfern hell erleuchtet. Der ORF übertrug die Bilder live in die Haushalte. Am nächsten Tag hat mir meine Pressesekretärin Heide Glück gesagt, dass knapp 300.000 Menschen zugesehen haben. Am Abend bei der Rede des Bundespräsidenten und einer Sondersendung der ›Zeit im Bild‹ waren es mehr als eine Million. In 26 Minuten war alles vorbei. Thomas Klestil hatte die Miene eines steinernen Gastes aufgesetzt, wie in Marmor gehauen. Sein Händedruck war kalt. Dabei kannte der Bundespräsident alle gut, war mit den meisten ÖVP-Ministern ›per Du‹. Ich habe mich geärgert, weil ich seine Inszenierung lächerlich fand. Nach der Angelobung gab es Mineralwasser. Normalerweise servieren Mitarbeiter des Bundespräsidenten Sekt. Man musste es hinnehmen, wie vieles andere auch. Das Schlimmste war aber der Gesichtsausdruck von Thomas Klestil. Da war keine Freude sichtbar. Ich erinnere mich an die Stimmung bei meiner ersten Angelobung: Was für ein Unterschied.«

Der 4. Februar 2000 markierte einen Wendepunkt in der jüngeren österreichischen Geschichte. Das erste Mal seit 1945 wurde eine Koalition der christdemokratischen ÖVP mit der populistischen Rechtspartei FPÖ angelobt. Nach dreißig Jahren ohne Unterbrechung mussten die Sozialdemokraten das Kanzleramt räumen. Dieser Machtwechsel wurde von vielen in Österreich als Tabubruch erlebt. Dementsprechend waren die Reaktionen. Erstmals war die FPÖ unter ihrem Führer Jörg Haider zur zweitstärksten politischen Partei aufgestiegen. Die ÖVP zahlte für die ungeliebte rot-schwarze Koalition, die seit 1986 regiert hatte, einen hohen Preis. Von damals 42 Prozent der Stimmen war die Volkspartei von Wahl zu Wahl schwächer geworden. Im Oktober 1999 rutschte die ÖVP auf den dritten Platz. Jörg Haiders Freiheitliche hatten 519 Stimmen mehr erhalten als die Regierungspartei ÖVP. Für diesen Fall hatte ÖVP-Chef Wolfgang Schüssel in einem dramatischen Fernsehauftritt drei Wochen vor der Wahl den Gang in die Opposition angekündigt.

Schüssel hatte mit seiner Ansage hoch gepokert, verloren und doch gewonnen. Ohne die durch die Oppositionsankündigung ausgelöste Dramatisierung hätte die Volkspartei deutlich mehr verloren, wäre abgeschlagen Dritter geworden. Elisabeth Gehrer hält die neuerliche Festlegung am Wahlabend rückblickend für falsch: »Nach der Wahl hat mich Wolfgang Schüssel zu den Medien hinausgeschickt. Ich habe dann unsere Position bekräftigt. Wir sind Dritte, also gehen wir in die Opposition. Damals hab ich auch gelernt, man sollte keine voreiligen Festlegungen treffen, denn erstens kommt es anders und zweitens als man denkt. Und das ist dann immer dumm.«

ÖVP und FPÖ hatten exakt denselben Prozentsatz erreicht: 26,91 Prozent und 52 Mandate. Die Kanzlerpartei SPÖ wurde vom Wähler noch schwerer abgestraft. SPÖ-Kanzler Viktor Klima verlor sechs Mandate und fast fünf Prozentpunkte der Stimmen. Mit dieser Wahl war das politische Gefüge der Zweiten Republik erschüttert.

Bei den Koalitionsverhandlungen dominierte ein Begriff: Wende. Doch wer sollte mit wem diese Wende durchführen, und in welche Richtung würde eine Koalition segeln? Die Sondierungsgespräche der ersten Wochen dienten in erster Linie dazu, die Blockaden aufzuweichen und der ÖVP die Aufnahme von Regierungsverhandlungen Gesichts wahrend zu ermöglichen. Jede Partei redete mit jeder, freilich in unterschiedlicher Intensität. Das Abtasten und Schattenboxen dauerte bis zu den Weihnachtsfeiertagen. Der Druck der Öffentlichkeit hatte massiv zugenommen, besonders Wolfgang Schüssel wurde in Kommentaren von »Cato« und »von besonderer Seite« (beide Hans Dichand) in der »Kronen Zeitung« unter Druck gesetzt. Die »Großkoalitionäre« fürchteten eine ÖVP-FPÖ-Koalition. Sie sollte verhindert werden. Der ÖVP-Chef ging davon aus, dass eine Neuauflage der gerade abgewählten großen Koalition ohne eine echte Neuorientierung zum Scheitern verurteilt war. Bei Neuwahlen wäre Jörg Haider wohl zur Nummer 1 geworden.

Was in den Wochen zwischen Weihnachten und Mitte Jänner passiert ist, wird je nach politischem Standort glaubhaft höchst unterschiedlich interpretiert. Faktum ist: Die ÖVP und ihr Obmann Schüssel wussten, dass Jörg Haider zu einer schwarz-blauen

Koalition bereit war und auf die Funktion des Bundeskanzlers verzichten würde. In die Regierung Schüssel wird nicht er selbst, sondern Susanne Riess-Passer eintreten.

In der Woche vom 10. bis 18. Jänner wurde zwischen den SPÖ- und ÖVP-Teams intensiv verhandelt. Zahlreiche Themen und Verhandlungspapiere konnten abgehakt werden, doch von einem Durchbruch wollte keiner reden. Am Schluss blieben zwei große Brocken auf dem Weg liegen. Die Frage der Pensionsreform, also einer Anhebung des Frühpensionsalters und die Verteilung der Ministerposten. In der SPÖ bemühte sich Parteivorsitzender Klima in der Präsidiumssitzung am 16. Jänner den Widerstand der Gewerkschaftsfraktion gegen die Pensionsreform aufzulösen. Es gelang einen »Formelkompromiss« zu finden. Die »ablehnende Haltung der Gewerkschaften zu den Vorschlägen der Begrenzung des Aktivitäts- und Pensionsaufwandes soll in weiterführenden Gesprächen aufgelöst werden«. Die SPÖ stimmte diesem Satz einstimmig zu. Für ÖVP-Chef Schüssel war das hingegen der »Casus belli«. Er forderte ultimativ die Unterschrift des SPÖ-Fraktionschef in der Gewerkschaft, Rudolf Nürnberger, unter dem ausgehandelten Pakt. Die ÖVP wollte den Gewerkschaften keinen Millimeter Spielraum zugestehen. Nürnberger wollte nicht unterschreiben, weil er und seine Gewerkschaftsfunktionäre das Verhandlungsergebnis nicht mittragen konnten. Der zusätzliche ÖVP-Wunsch nach einer Ablöse von Finanzminister Rudolf Edlinger – angeblich hatte Schüssel das mit Viktor Klima schon paktiert – ließ die Stimmung unter den SPÖ-Spitzenfunktionären kippen. Knapp nach drei Uhr früh beendete das SPÖ-Präsidium die Verhandlungen. Noch-Kanzler Viktor Klima informierte Bundespräsident Thomas Klestil. Dieser unternahm einen letzten Versuch, Klima mit der Bildung einer Minderheitsregierung zu beauftragen. Zu spät, zu dilettantisch. Schüssel und Haider handelten jetzt rasch. Binnen Tagen stand das Regierungsprogramm der ersten ÖVP/FPÖ-Koalition. Am 4. Februar wurde die Regierung angelobt. Turbulente Zeiten folgten.

EU-Sanktionen

»Kinder, wir kämpfen. Also, das kann es doch nicht sein.«

Benita Ferrero-Waldner erklärt, warum sie ihr Lächeln als Strategie gegen die Sanktionen der »EU-14« eiskalt durchgezogen hat und warum ein spanischer Staatssekretär fast gefeuert worden wäre, weil er die österreichische Ministerin umarmt hatte.

Wir wollen positive Zeichen setzen, Stimmung für Österreich machen. Seit den Sanktionen der EU ist das leider notwendig. Aber wir geben uns nicht geschlagen, ziehen uns nicht in den Schmollwinkel zurück. Wir tun etwas dagegen, und wenn es das Verteilen von Süßigkeiten ist. Eine ganze Gruppe junger Leute, die »Friends of Austria«, sind eigens zum EU-Gipfel ins portugiesische Feira gereist. Es sind Studenten aus Ländern der Europäischen Union. Johannes Peterlik, mein Pressesekretär im Außenministerium, hat die Aktion organisiert. Wir machen einfach eine Parallelaktion zum Gipfel. Ich habe mich extra einige Minuten von den offiziellen Terminen weggeschlichen, um die Torten zu verteilen: Sachertorte und Linzer Torte. Die Menschen nehmen sie mit sichtlicher Freude entgegen und verspeisen sie genüsslich. Endlich andere Bilder für die Fotografen und TV-Kamerateams als die üblichen langweiligen Gipfelszenen. Endlich positive Bilder über uns Österreicher.

Die damalige Außenministerin erzählt von der österreichischen Charmeoffensive als Antwort auf die Sanktionen der »EU-14«:

»Ich erinnere mich auch noch sehr gut an den Rat der Außenminister, an dem ich das erste Mal in neuer Funktion teilgenommen habe. Es war der 14. Februar 2000. Ich wusste ja schon, die anderen würden mir nicht die Hand geben, sie würden nicht persönlich mit mir re-

285

den, und so habe ich mir überlegt, was wir tun können. Meine Leute im Außenministerium waren äußerst besorgt. Da habe ich gesagt: ›Wisst ihr was, Kinder, ich nehme einfach zwei schwere Dinge in die Hand, in die eine Hand meinen Aktenkoffer und in die zweite Hand einen Aktenstoß, da kann mir gar niemand die Hand geben.‹ Und so ›bewaffnet‹ bin ich dann in den Saal marschiert. Wissen Sie, was passiert ist? Der Saal war plötzlich sehr leer. Die Außenminister der anderen Staaten hatten ebensolche Angst, sich falsch zu verhalten. Es war lächerlich.

Der Anfang war natürlich sehr hart. Ich habe für diesen 14. Februar in Brüssel eine Strategie entwickelt. Wir gaben nach der Sitzung der Außenminister eine Pressekonferenz. Dort verlas ich einen kurzen Text auf Deutsch und sagte den Journalisten, sie könnten auch auf Englisch, Französisch, Spanisch und Italienisch fragen. Ich habe noch nie so ein Mediengewitter erlebt, außer vielleicht bei meiner Bundespräsidentenkandidatur. Ich habe einfach in diesen Sprachen auf die Fragen der Journalisten geantwortet. Damit war der Vorwurf der Fremdenfeindlichkeit ad absurdum geführt. Mit der Zeit interessierten sie sich für mich. Ich war die einzige Außenministerin, die mit einem Ausländer verheiratet war, mit einem Spanier. Also Ausländerfeindlichkeit? Was sollte das. Ich habe auch private Dinge einfließen lassen, das hat sehr geholfen.

Ich bekam eine gewisse Routine. Es wurden immer wieder die gleichen Fragen gestellt und die gleichen Vorwürfe erhoben. Teilweise hatte ich es auch mit wirklich inkompetenten, schlecht vorbereiteten, persönlich argumentierenden Redakteuren zu tun. Manche hätte ich am liebsten anspringen wollen. Aber das durfte ich nicht, also habe ich gelächelt und ruhig meine Argumente vorgebracht. Das war ein wichtiger Punkt meiner eigenen Strategie, die im Endeffekt auch aufgegangen ist.

Ich hatte nicht erwartet, dass die ›14‹ gegen Österreich irgendetwas unternehmen würden. Ich war ja fünf Jahre Staatssekretärin und habe den damaligen Außenminister Wolfgang Schüssel oft vertreten. Ich kannte daher die anderen EU-Kollegen, und sie kannten mich. Das für mich eigentlich Schockierende war, dass sie plötzlich mit der Person, mit der sie fünf Jahre sehr gut zusammengearbeitet hatten, nicht mehr kommunizieren wollten. Ich empfand das als unglaublich lächerlich.

Die EU-Kollegen sprachen mich beispielsweise nicht mehr mit dem Vornamen an, wie das unter den Außenministern üblich war. Das Du-Wort ist ja bei den Ratssitzungen eine Selbstverständlichkeit. Normalerweise sagten sie ›Benita‹ zu mir oder ›Georgios‹ zum Griechen Papandreou oder ›Robin‹ zum Briten Cook. Offiziell vermieden alle mir gegenüber das Du-Wort. Wenn ich in der offiziellen Sitzung etwas sagen wollte, sagte der portugiesische Außenminister da Gama, der den Vorsitz führte, statt meines Vornamens nur ›Austria‹. Das war absurd. Aber wir haben das überstanden. Das hat mir wirklich innere Kraft gegeben. Auch in meinem Ministerium war mein Motto: ›Kinder, wir kämpfen. Also, das kann es doch nicht sein.‹

Wenn ich privat über die Lage nachdachte, kamen mir schon Zweifel, was passieren würde, sollten wir es nicht schaffen. In solchen Situationen hat mir mein Mann immer sehr geholfen: ›Dann gehen wir eben wieder. Mehr kann dir ja hoffentlich nicht passieren.‹ Das hat mich gestärkt.

Hinter den Kulissen gab es doch einige Freunde. Aber vor den Objektiven der Kameras waren alle um Distanz bemüht. Der damalige spanische Staatssekretär, Ramón de Miguel, war ein echter Freund und ist es bis heute geblieben. Er umarmte mich einfach, das ist die typische spanische Begrüßung. Unser Fotograf hat das aufgenommen. Ich gebe zu, wir haben das ein wenig unfair ausgenützt und das Bild veröffentlicht. Spaniens Ministerpräsident Aznar hätte den Staatssekretär deshalb beinahe aus der Regierung geworfen. Gerettet hat ihn nur die Erklärung: ›Ich bin ein Kavalier, der seine Freundin begrüßt.‹ Damit kam er in Spanien durch.

Es gab viele solcher Vorfälle. Das Lächeln war natürlich Teil meiner Strategie. Es sollte das charmante Gesicht Österreichs gezeigt werden und nicht das negative. Außerdem bin ich ein fröhlicher Mensch. Die Medien haben das oft kritisiert, obwohl es einfach meine Natur ist.

Der Belgier Louis Michel war einer der Hardliner, wobei ich seine Gründe im Nachhinein durchaus verstehe. Er musste als kleines Kind in einem Konzentrationslager aufwachsen. Deshalb hat er die Dinge besonders sensibel bewertet. Mit Michel hatte ich in der letzten Phase vor der Aufhebung der Sanktionen den größten Streit, den ich je in meinem Leben hatte. Ich hatte nur meine damalige Kabinettschefin an meiner Seite, er einen Mitarbeiter. Wir haben uns wirklich angebrüllt. Es ging um die Frage, was Demokratie sei, wie weit sie gehe. Er hatte die große Besorgnis, dass wir xenophob wären, dass in Österreich die Ausländerfeindlichkeit sehr stark und die Demokratie nicht wirklich gefestigt wäre. Da musste ich natürlich heftig widersprechen. Das Gespräch hat sich aufgeschaukelt. Ich habe in meinem Leben keine Diskussion gehabt, die so heftig war. Irgendwie war das aber ein reinigendes Gewitter. Danach respektierte er mich. Er war eigentlich ein sehr ordentlicher Kollege. Seinen Spruch ›Fahrt nicht Ski in Österreich‹, den er einige Zeit zuvor von sich gegeben hatte, haben ihm viele angekreidet. Er kam später nach Österreich zu Besuch und hat sich entschuldigt. Das fand ich toll. Es waren wenige, die die Größe hatten, sich nachher zu entschuldigen. Einer davon war der portugiesische Ratspräsident Guterrez. Es war in Genf auf einer internationalen Konferenz. Da kam er in der Pause auf mich zu und entschuldigte sich. ›Ja, es tut mir leid.‹ Es war zwar nicht öffentlich, aber immerhin, er hat es getan. Viele andere hatten diese Größe nicht. Mein Verhältnis zum deutschen Außenminister Joschka Fischer war sehr schwierig. Bei einer OSZE-Konferenz in Kroatien saß er neben mir und sagte: ›Das werdet ihr nicht durchhalten.‹ Erst seit der gemeinsamen Eröffnung der österreichischen Botschaft in Berlin haben wir wieder ein ordentliches Verhältnis.

Ich wusste, die Sanktionen waren eine lächerlich dumme Entscheidung und wenn ich gegen sie vorgehen wollte, musste ich es mit Ruhe und Beharrlichkeit tun. Es gab ja eine Gruppe von

Außenministern, die mit den Sanktionen nicht glücklich waren. Italiens Lamberto Dini war anfangs der Einzige, der Österreich wohlgesonnen war. Der Klügste war Robin Cook, der damalige britische Außenminister. Er spürte bald, dass das nicht funktionieren konnte. Ich hatte natürlich mit den Kollegen telefonisch Kontakt. Das war schwierig, aber es war möglich. Sie haben mir die Telefonate nicht verweigert. Nur die Holländer waren hart. Sie sagten: ›Jetzt haben wir die Entscheidung getroffen, jetzt bleiben wir dabei.‹ Andere haben hingegen zugehört. Nach einiger Zeit gab es eine gewisse innere Bewegung.

Wir wollten unbedingt aus dieser Situation wieder herauskommen. Die ›EU-14‹ hatten ja keine ›Exit-Strategie‹. Beim informellen Außenministertreffen auf den Azoren sprach ich das Sanktionsthema an. Einige Kollegen antworteten. Das war der Durchbruch. Genau das wollte ich erreichen, eine Diskussion, die in den ersten Monaten verweigert worden war. Insgesamt hat diese Debatte vielleicht eine Viertelstunde gedauert. Vorher hatten wir das Thema Sanktionen nicht berührt und bilateral konnten wir auch nicht miteinander darüber sprechen. Damit konnte ich endlich ein Loch in die Mauer des Schweigens schlagen. Das haben manche als das ›Azorenhoch‹ bezeichnet. Dort ist auch das berühmte Foto mit der Zipfelmütze entstanden. Außenminister Gama stammt von den Azoren, daher fand dieses informelle Außenministertreffen auf der Atlantikinsel statt. Weil es dort meist sehr windig ist, tragen die Azoreaner diese gestrickten Zipfelmützen. Die Portugiesen hatten die Idee, dass jeder Außenminister fürs Gruppenfoto so eine Mütze aufsetzen sollte. Ich muss ehrlich sagen, ich habe sie gehasst. Ich hatte sie lange in der Hand, ich wollte sie eigentlich nicht aufsetzen. Ich fand es furchtbar, wie wir ausgesehen haben.«

Das Gewitter kündigte sich mit einer ersten kleinen Wolke an. Am 26. Jänner tagte der Nationalrat im Haus am Ring. SPÖ und ÖVP waren formal noch Partner einer Koalitionsregierung, die Atmosphäre hatte allerdings schon umgeschlagen. Während dieser Sitzung erregte eine APA-Meldung keine besondere Aufmerksamkeit. Der CDU-Abgeordnete Hermann-Josef Arentz warnte die ÖVP vor Verhandlungen mit Jörg Haider. Der Christdemokrat vom linken Parteiflügel forderte die Parteifreunde in Wien auf, diesem »Mummenschanz ein schnelles Ende zu bereiten«. Weder Herr Arentz noch die »Neue Osnabrücker Zeitung«, in der die Wortmeldung des deutschen Abgeordneten gedruckt wurde, waren geeignet, die Alarmglocken in Wien läuten zu lassen. Die Meldung, wonach der französische Ministerpräsident Lionel Jospin die Koalitionsgespräche der ÖVP mit der FPÖ mit »großer Beunruhigung« verfolge, wurde erstens nicht geglaubt und zweitens in der Rubrik, »Pflichtmeldung eines französischen Sozialisten«, abgelegt. Am gleichen Tag begann in Stockholm eine internationale »Holocaust-Konferenz« zu der SPÖ-Nationalratspräsident Heinz Fischer anreisen wollte, wegen der Parlamentssitzung in Wien aber dann doch absagte. Bundeskanzler Viktor Klima hingegen stieg gegen Mittag in einen gecharterten Privatjet und flog nach Stockholm. Im schwarzen Lederaktenkoffer hatte er eine Rede, die eigentlich Heinz Fischer vorbereitet hatte, und die nun Klima in Stockholm verlas.

Nach Verhängung der »Maßnahmen« der damals vierzehn anderen EU-Staaten gegen Österreich wurde diese Tagung zum Auslöser der Sanktionen stilisiert. SPÖ-Chef Klima habe in Stockholm europäische Politiker angestiftet, um im letzten Moment die schwarz-blaue Koalition zu torpedieren. Heinz Fischer geht in seinem Buch »Wendezeiten« auf diese Vorwürfe ein: »Dies ist natürlich völliger Unsinn, aber eines ist schon vorstellbar: Dass diese Holocaust-Konferenz insgesamt bei manchen Teilnehmern bestimmte Sensibilitäten verstärkt hat.« Wolfgang Schüssel sieht die Sache in Nuancen anders: »Was er (Klima) dort seinen großteils sozialdemokratischen Regierungskollegen aus Europa über die Vorgänge in Österreich erzählt, bestärkt diese in ihrer Haltung, dass man gegen diese Schüssel-Haider-Regierung in Wien etwas unternehmen müsse.«

Am Abend des 26. Jänner trafen sich die sozialdemokratischen Regierungschefs nach dem offiziellen Teil der Holocaust-Konferenz im kleinen Rahmen. Viktor Klima sollte erzählen, was in Wien tatsächlich vorging. Er klammerte sich an die Hoffnung einer von ihm geführten Minderheitsregierung. Der Gesprächston war besorgt, das Wissen der europäischen Regierungschefs über die österreichische Innenpolitik blieb bescheiden. Es kursierte das Gerücht, in Wien würden gleichsam die Nazis an die Macht kommen. Der israelische Ministerpräsident Ehud Barak war alarmiert. Er drängte seine Kollegen etwas zu tun. Österreichs Kanzler Viktor Klima war müde, genervt und enttäuscht. Gegen Mitternacht startete der kleine Jet Richtung Wien.

Die Gravitationszentren der weiteren Entscheidungen verlagerten sich in die Wiener Hofburg und in den Elysee-Palast in Paris. Bundespräsident Thomas Klestil telefonierte wiederholt mit seinem französischen Amtskollegen Jacques Chirac. Der bürgerliche Franzose wollte lieber eine Minderheitsregierung der SPÖ als eine Koalition seiner christdemokratischen Freunde mit der FPÖ. Chirac hatte in Frankreich Mühe, die grundsätzliche Ausgrenzung der rechtsextremen »Front National« unter Jean-Marie Le Pen durchzuhalten. Eine Koalition der ÖVP mit der österreichischen Rechten passte ihm nicht ins Konzept. Er stand unter Druck seines sozialistischen Ministerpräsidenten Lionel Jospin und dessen Europaminister Pierre Moscovici. Thomas Klestil lag mit Chirac auf einer Wellenlänge. Er wollte Wolfgang Schüssel verhindern. Im Wiener Außenministerium wurde Klestils Haltung auch auf den Einfluss seiner zweiten Frau Margot Löffler-Klestil zurückgeführt. Die diplomatischen Beziehungen zwischen der Außenamtsbeamtin und der zur Staatssekretärin und später vorgesetzten Ministerin aufgestiegenen Benita Ferrero-Waldner seien bestenfalls korrekt, keinesfalls herzlich. Auf den Gängen des Außenamtes am Ballhausplatz wurde gemunkelt, dass Margot Löffler sich illusionäre Hoffnungen auf den Posten einer Außenministerin in einer neuen rot-schwarzen Koalition machte.

Am 27. Jänner rief der französische Präsident Jacques Chirac ÖVP-Klubobmann Andreas Khol an. Khol kannte Chirac aus früheren Tagen bei der konservativen Internationale (EDU). Die beiden Herren parlierten auf Französisch. Chirac wollte Khol eine Zusammenarbeit mit Haiders FPÖ ausreden. Khol notierte mit grüner Tinte in sein Tagebuch:»Chirac sagt: Eine Regierung mit Haider wird euch teuer zu stehen kommen. Das ist schlimmer als die Waldheim-Affäre«.

Entscheidend wurde das Wochenende. FPÖ-Chef Jörg Haider feierte seinen 50. Geburtstag auf der Gerlitzen oberhalb von Villach. Hunderte Fans kamen. Haider schwebte im Hochgefühl, noch war es kein Machtrausch. Die Stimmung war locker, die Musi spielte auf, und Jörg spuckte große Töne. In einem Fernsehinterview beschimpfte er die belgische Regierung als»korrupt« und spottete über den französischen Präsidenten:»Westentaschen-Napoleon«. Die auf die Alm gereisten Auslandskorrespondenten nahmen Haiders Provokationen ernst und berichten.

Während Haider in der Berghütte auf die Pauke haute, lief ein erster Textentwurf über Maßnahmen gegen die österreichische Regierung über das geheime Kommunikationsnetzwerk der EU. Die Außenminister wurden bewusst umgangen. Zögernde Regierungschefs wurden unter Hinweis, alle anderen hätten schon zugestimmt und außerdem hätten wichtige österreichische Politiker um diese europäische Aktion gebeten, ins Boot geholt. Die Fäden zog Michael Steiner. Er war der außenpolitische Berater des deutschen SPD-Kanzlers Gerhard Schröder. Der Karrierediplomat musste ein Jahr später seinen einflussreichen Posten räumen, weil er bei einem Zwischenstopp in Moskau, das deutsche Flugpersonal als»Arschlöcher« beschimpfte. Die Affäre machte ihn für Kanzler Schröder unhaltbar.

Haider hatte sich von den Strapazen seines Geburtstagsfests schnell erholt. Am Montag, dem 31. Jänner, saßen zwei Männer im diskreten Restaurant des Wiener Hotels Sacher. Wolfgang Schüssel und Jörg Haider wollten personelle Details der geplanten

Koalition besprechen. Beide waren nicht sehr hungrig. Nach einer Fritattensuppe ließ sich der Kanzler in spe nur Salat servieren. Das Essen wurde durch das Läuten von Schüssels Mobiltelefon gestört. Der Anrufer war Portugals Außenminister Jaime da Gama. Als Ratsvorsitzender der Europäischen Union warnte der Sozialdemokrat den österreichischen Amtskollegen. Es könnte zu Sanktionen der »EU-14« gegen Österreich kommen. Gama kannte Schüssel gut und beteuerte, die ganze Aktion gehe nicht auf eine Initiative der Portugiesen zurück, aber die Präsidentschaft stehe unter großem Druck, etwas gegen die Haider-Koalition zu tun. Das Telefongespräch wurde durchaus emotional geführt. Jörg Haider war Ohrenzeuge. Schüssel reagierte gereizt und empört: »Im ganzen EU-Recht gibt es nicht die geringste rechtliche Basis für solche Aktionen.« Gama versprach, die Sache noch einmal zu diskutieren. Vorerst sollten die Sanktionspläne geheim bleiben.

Doch wieder passierte eine Panne, eine Ungeschicklichkeit, ein Missverständnis? Schon am gleichen Tag meldete die APA »Sanktionen gegen Österreich.« In Brüssel wurde als Erklärung für die Veröffentlichung behauptet, dass dies auf Wunsch von Bundespräsident Thomas Klestil erfolgt sei. Dieser dementierte wütend. Die EU habe ihm zugemutet, dass er die Maßnahmen verkünde, er habe sich aber geweigert. Schon bevor die Sanktionen überhaupt in Kraft traten, wollte keiner damit identifiziert werden. Auch Monate später wird sich niemand mehr daran erinnern wollen, wer eigentlich die Idee zu dieser einmaligen Vorgangsweise hatte.

Schüssel saß am frühen Abend des 31. Jänner mit seinen engsten Mitarbeitern im Nobel-Italiener »La Ninfea«, keine hundert Meter vom Ballhausplatz und der Hofburg entfernt. Es schneite. Schüssel verließ das Lokal und telefonierte mit dem portugiesischen Außenminister. Dieser setzte Schüssel in Kenntnis, dass die »EU-14« tatsächlich Sanktionen gegen Österreich verhängen würden. Schüssel war empört. Er fixierte die schwarz-blaue Koalition. In der ÖVP stimmten nun auch die Landesparteichefs für den Pakt mit Haider.

»Das Schicksal war zu manchen sehr hart.«

Der Salzburger Franz Lang hat die Ermittlungen beim Brand der Standseilbahn in Kaprun geleitet. Die Katastrophe mit 155 Opfern hat auch ihn verändert.

Das Telefon läutet. Es ist zehn Minuten nach neun Uhr früh. Etwas unwillig melde ich mich. Ich bin in dieser Nacht erst gegen zwei Uhr von einer Geburtstagsfeier nach Hause gekommen. Ich habe einen Freundeskreis, in dem jeder zwei oder drei Instrumente spielt. Gestern habe ich Bassgeige gespielt. Es ist ordentlich gefeiert worden.

»Die Standseilbahn in Kaprun brennt. Wir haben bis Wien schon alles alarmiert, es ist alles unterwegs nach Kaprun. Bitte komm rein und schau, dass du die Sache koordinierst«, sagt die Stimme am Telefon. Mit einem Schlag bin ich hellwach. Minuten später verlasse ich das Haus und gehe zum schwarzen Ford Fiesta, dem Auto meiner Frau. Der 11. November 2000 ist ein wunderschöner Tag. Es hat im Herbst bisher kaum Niederschlag gegeben. Die Berge sind vollkommen schneefrei. Daher hat sich heute Morgen alles im Umkreis von hundert Kilometern zum Gletscherskigebiet nach Kaprun bewegt.

Während der Fahrt gehen mir tausend Gedanken durch den Kopf. Wo ist der Brand ausgebrochen? Hoffentlich unten beim Einstieg oder oben beim Ausstieg. Ein Feuer im Tunnel selbst wäre eine unvorstellbare Katastrophe. Nein, beruhige ich mich selbst, das kann nicht sein. Es wird sich um einen kleinen technischen Brand handeln.

Jedenfalls muss ermittelt werden, es könnte Verletzte geben. Ich weiß, dass ich knapp 25 Minuten nach Kaprun brauchen wer-

de. Mein Handy läutet. Informationen aus der Einsatzzentrale in Salzburg. Sie sind erschreckend.

Endlich erreiche ich Kaprun. Erster Eindruck: Chaos. Einsatzfahrzeuge drängen zur Seilbahn, Urlauber drängen hinaus. Ein langer Stau hat sich gebildet. Kurz entschlossen lasse ich den Fiesta am Straßenrand stehen. Ich kontaktiere einen Kollegen, der mich wenig später mit seinem Motorrad zur Seilbahn bringt. Erste Gespräche mit Einsatzkräften. Der Verstand sagt uns: Da sind wahrscheinlich 180 Menschen gestorben. Das Herz hofft immer noch. Keiner von uns kann sich an einen ähnlichen Fall erinnern, selbst die erfahrenen Feuerwehr- und Bergrettungsleute nicht. Unfassbar. Trotzdem wagt es niemand auszusprechen: Hören wir auf zu hoffen, es gibt wahrscheinlich wenig zu retten.

Gendarmerie-Einsatzleiter Franz Lang berichtet über den schwersten Einsatz seines Lebens:

»Die Gewissheit, dass es nichts mehr zu retten gab, hat sich erst nach einigen Stunden entwickelt. Dann haben wir begonnen, den Einsatz zu organisieren. Wir hatten kein vergleichbares Ereignis, an dem wir uns anhalten konnten, vielleicht noch den Tauerntunnelbrand zwei Jahre zuvor, bei dem es zwölf Tote gab. Aber das hier war drei Dimensionen größer. Wir konnten die Auswirkungen zunächst gar nicht abschätzen, weder die politische Dimension noch das ungeheure Medieninteresse. Wir mussten von Stunde zu Stunde viel lernen.

Das größte Problem war die Kommunikation. Das Mobiltelefonnetz ist zusammengebrochen. Nichts ging mehr. Es wurden dann von der Telekom die Netzkapazitäten verzehnfacht, aber während der ersten drei Stunden gab es kein Netz. Anfangs hat noch jede Einsatzorganisation auf eigene Faust gehandelt. In der Standseilbahn-Talstation haben wir eine erste Einsatzbesprechung abgehalten. Das Wichtigste war zunächst, den ganzen Hubschraubereinsatz zu ordnen. Von allen möglichen Unternehmen und Orga-

nisationen sind Helikopter hergeflogen. Alle haben begonnen Verletzte abzutransportieren.

Es gab zwölf Überlebende. Wir sind später bei den Ermittlungen draufgekommen, dass es ein enormer Beitrag eines gütigen Schicksals war, dass diese Menschen überlebt haben. Sie haben die Fenster auf der eigentlich falschen Seite aufgeschlagen, dort, wo nur eine glatte, nasse Wand war. Sie sind zwischen Zug und Felswand im Tunnel herausgestürzt und unter die Zuggarnitur gerutscht. Von dieser Position konnten sie das winzige Loch, das Ende des Tunnels, unter sich sehen und sind dann in die richtige Richtung gestolpert.

Der Instinkt hat die anderen 153 Menschen auf die Rettungsstiege getrieben und sie dann in Todesangst bergauf rennen lassen, weg vom Feuer. Das am weitesten oben gefundene Opfer war ein junger japanischer Bursche. Er hat es 72 Meter geschafft, bevor er gestorben ist. Das Feuer hat sich unglaublich schnell entwickelt. Offenbar haben dort Dinge gebrannt, die man nie für brennbar gehalten hätte. Es ist de facto der ganze Zugaufbau abgebrannt, nur die stabilen Stahlelemente des Fahrgestells sind übrig geblieben. Durch den Kamineffekt hat es eine enorm schnelle Rauchentwicklung gegeben. Die Hitzewalze ist mit bis zu 160 Kilometern pro Stunde Richtung Bergstation gerast und hat auch dort drei Menschen getötet. Die Gerichtsmediziner fanden heraus, dass jeder innerhalb einer Minute durch das Einatmen der Gase das Bewusstsein verloren hatte. Das wussten wir damals in der Talstation natürlich noch nicht, aber mir war schon nach einer Stunde klar, dass es keine Chance mehr auf Rettung gab. Da kam der erste Mann der Bergrettung Kaprun, der sich mit schwerem Atemschutz durch den Tunnel zur Unglücksstelle durchgekämpft hatte, zurück. Es war ihm vor lauter Emotion kaum möglich zu erzählen, was er gesehen, oder besser, was er gefühlt hatte. ›Es ist schrecklich. Es gibt nichts mehr zu retten‹, waren seine Worte. Er war ein extrem erfahrener und mutiger Mann, aber diese eine Stunde im Tunnel brachte ihn an die physische und psychische Leistungsgrenze. Er musste ja zehntau-

send Stufen bergab gehen. Von unten war es mit dem schweren Atemschutzgerät unmöglich hinaufzugehen.

Zuerst fürchteten wir noch, dass das Zugseil reißen und der ›Gletscherdrache‹ runterkommen könnte. Die Zuggarnitur hielt jedoch, weil sie in der Schmelzmasse und den verbogenen Schienen wie festgekeilt stecken blieb.

Wir flogen weitere Teams mit Helikoptern auf eine Zwischenstation. Das Problem war, dass während der ersten vier Tage ein enormer Föhnsturm tobte. Die Hubschrauber sind immer wieder in Windlöcher abgesackt und mussten dann erneut versuchen am Berg mit einer Kufe anzudocken und die Helfer auszuladen. Dann ging es etwa 700 Meter durch einen Querstollen rein in den Tunnel. Und dann etwa 5.000 Stufen runter zur Garnitur. Und dann wieder 5.000 Stufen bis zur Talstation. Ich bin im Laufe des Tages selbst in den Tunnel gegangen, um mir die Einsatzbedingungen anzusehen.

Wir hatten am Anfang mit ganz anderen Dingen zu kämpfen, als mit den eigenen Emotionen. Der Tunnel war relativ steil, es war aufgrund des Brandes zu einem Felssturz und dadurch zu einem Wassereinbruch gekommen. Es gab keinen Strom, kein Licht, keine Funkverständigung im Tunnel. Das musste alles aufgebaut werden. Man konnte sich nur mit Sicherung bewegen, sonst wäre man abgerutscht und abgestürzt. In den ersten zwölf Stunden gab es im Tunnel giftige Rauchreste. Es war notwendig, mit Atemschutz zu arbeiten. Ich glaube nicht, dass es in Österreich jemals solche Einsatzbedingungen gegeben hat. Wir sind davon ausgegangen, dass es ungefähr 170 Tote gab. Brandleichen erkennt man nicht als menschliche Überreste. Das sind schlichtweg schwarze Klumpen. Die größte Schwierigkeit in den darauffolgenden Tagen war es, die Opfer von der übrigen Schmelzmasse zu trennen. Da musste teilweise mit dem Skalpell gearbeitet werden. Alle waren verbrannt, auch die, die aus der Garnitur geflüchtet waren. Das Feuer hatte eine Temperatur von 1.000 Grad erreicht.

Das Härteste waren die Besprechungen vor der ersten Pressekonferenz. Von den Einsatzkräften waren sehr starke Eindrücke da.

Es konnten schon erste Schlussfolgerungen gezogen werden, aber es mussten die verschiedensten Interessen abgewogen werden. Es waren rund 150 Kamerateams im Turnsaal der Hauptschule und etwa 700 akkreditierte Journalisten. Es ist hin- und hergegangen, zum Teil auch auf Englisch. Wir haben natürlich aufpassen müssen, was wir sagen. Wir haben von Stunde zu Stunde gelernt, dass wir nach außen offen kommunizieren müssen, um die Stimmung nicht ins Aggressive abgleiten zu lassen. Die Journalisten wollten sofort wissen, wie viele Opfer es gegeben hat. Aber es war ganz anders als bei einem Flugzeugabsturz. Wir hatten keine Passagierliste. Wir wussten nur, im Umkreis von Kaprun waren etwa 5.000 Skifahrer. Zweieinhalbtausend waren schon auf dem Berg. Wir brauchten drei Tage, um halbwegs herauszufinden, wie viele Verunglückte es wirklich waren. Es hat sich dann herausgestellt, dass die Opfer aus sieben Ländern kamen. Es waren Japaner, Amerikaner, Tschechen, Slowenen, Niederländer, viele Deutsche und Österreicher. Unter den Opfern waren auch sehr viele Kinder. Das war besonders schmerzhaft. Dabei haben uns Menschen immer wieder unglaubliche Geschichten erzählt, warum jemand in die Unglücksgarnitur gekommen ist, oder eben gerade nicht. Es hat mehrere Schülergruppen gegeben, bei denen ein Teil in den Zug hereingekommen ist, ein anderer Teil aber warten musste. Der Lehrer ist ausgestiegen und ist so dem Feuer entkommen. Es sind Familien in unterschiedlichen Garnituren hinaufgefahren. Die einen hatten Glück, die anderen keines. Das Schicksal war zu manchen sehr hart und zu manchen sehr gnädig.

Diese Tage in Kaprun haben mein Leben und meine Einstellung verändert. Ich habe gelernt, dass man sein Leben nicht rational in der Hand hat, selbst wenn man glaubt, ein kühler Denker zu sein. Es spielen immer sehr viele Zufälle eine Rolle. Nach einem solchen Erlebnis ist man kein reiner Vernunftmensch mehr, auch wenn man – wie ich – eine große Distanz zu spirituellen Dingen hat.

Habe ich Angst? Jedes Mal wenn ich in einer U-Bahn fahre, ob das in Wien, London, Paris oder New York ist, denke ich an Kaprun.

Ich schaue mir die Wände an: Sind sie tapeziert, sind sie gestrichen, mit Plastik verkleidet? Mir fällt das auf. Meine Sensibilität für solche technischen Sachen hat sich gesteigert. Wenn es einmal brennt, ist kein Material ungefährlich.«

»In Kaprun gibt es derzeit einen Feuerwehrgroßeinsatz. Eine Garnitur der Gletscherbahn aufs Kitzsteinhorn ist offenbar im Tunnel in Brand geraten.« So vergleichsweise verhalten begannen in »Radio Wien« am 11. November 2000 die Elf-Uhr-Nachrichten. Zu diesem Zeitpunkt war das schwerste und opferreichste Unglück auf österreichischem Boden in der jüngeren Geschichte bereits vorbei.

Vier Stunden nach Brandbeginn war das wahre Ausmaß der Tragödie noch immer nicht bekannt. Die Mittags-»Zeit im Bild« des ORF meldete: »In der Gletscherbahn zum Kitzsteinhorn hat sich heute Vormittag ein schweres Unglück ereignet. Eine Garnitur der Bahn – voll besetzt mit Skifahrern – blieb nach einem technischen Defekt im Tunnel stecken und geriet in Brand. Drei Tote und einige Verletzte sind bisher geborgen worden. Die Rettungsmannschaften kämpfen um das Leben der noch Eingeschlossenen – mindestens achtzig dürften noch in der Bahn sein.« Erst um 13.19 Uhr wurde das volle Ausmaß der Katastrophe bekannt. Salzburgs Landeshauptmann Franz Schausberger gab in einer Pressekonferenz die Zahl der Opfer mit 170 Personen an. Die Austria Presse Agentur setzte eine »Vorrang-Meldung« ab: »Megakatastrophe«.

Was im Tunnel passiert war, ließ sich rasch ermitteln. Die »Gletschergams« fuhr um 9.02 Uhr in den Tunnel ein. Nach wenigen Minuten Fahrt und etwa 530 Metern Fahrstrecke blieb der Zug ruckartig stehen. Der Zugführer an der Spitze des Schrägaufzugs funkte zur Bergstation: »Warum habt ihr abgeschaltet?« – »Ich habe von dir ein HALT bekommen.« Der letzte Funkspruch aus dem Tunnel drückt Panik aus: »Tut was, wir ersticken …« In der unbesetzten Zugführerkabine am Ende des Zuges war ein Brand ausgebrochen. Die zwanzig Fahrgäste auf der hintersten Plattform sahen das Feuer, versuchten die Plexiglasscheiben mit den Skistöcken und Skiern einzuschlagen. Mit größter Kraftanstrengung gelang es. Ein paar schafften es ins Freie, stolperten talwärts, konnten sich retten. Dieter Huber aus Vilseck in Bayern hatte die Scheiben zertrümmert. Er versuchte vor dem Feuer zu flüchten, nach oben. In den Tod.

Der Brand war in einem oder durch (das wird Jahre später die entscheidende Frage in den Gerichtsverfahren) einen Heizlüfter der Marke »Fakir Hobby« ausgelöst worden. Die für den Einbau in Fahrzeugen nicht zugelassene Heizung hatte stark brennbares Hydrauliköl in Brand gesetzt. Das Öl spritzte mit hohem Druck aus den geborstenen Leitungen. Die Flammen breiteten sich explosionsartig aus.

Im Gerichtsverfahren gegen sechzehn Angeklagte der Kapruner Bergbahnen und der Herstellerfirma der Gletscherbahn, dem TÜV und dem Verkehrsministerium spielten Sachverständige eine entscheidende Rolle. Richter Manfred Seiss sprach vier Jahre nach der Katastrophe alle sechzehn Angeklagten frei. Niemandem war zweifelsfrei eine Schuld nachzuweisen. In der Urteilsbegründung sagte der Richter: »Da hat Gott für einige Minuten im Tunnel das Licht ausgemacht.« Die Staatsanwaltschaft berief gegen den Freispruch von acht Angeklagten. Doch auch das Oberlandesgericht Linz bestätigte die Freisprüche. Ehe das Urteil gefällt werden konnte, kam es zu heftigen Auseinandersetzungen zwischen den Opferanwälten, der heimischen Justiz und den Sachverständigen. Der ursprünglich vom Salzburger Untersuchungsrichter eingesetzte Experte Anton Muhr hatte entnervt den Prozess quittiert. Muhr fühlte sich bei seiner Aufklärungsarbeit behindert und hielt dem psychischen Druck während des Prozesses nicht stand. Seine Untersuchungen dienten einigen Opfern und ihren Anwälten als Beleg für eine groß angelegte Vertuschung der österreichischen Behörden. Aufgrund einer Anzeige der Kapruner Gletscherbahnen gegen die deutsche Erzeugerfirma des Heizlüfters »Fakir« kam es in Baden-Württemberg zu einer indirekten Neuauflage des Prozesses. Die deutschen Sachverständigen widerlegten die Untersuchungsergebnisse der

Österreicher. Nicht der Heizlüfter habe einen Konstruktionsmangel gehabt, eine nachträgliche Manipulation an dem Gerät habe den Brand erst ermöglicht. Zugelassen war der »Fakir Hobby TLB« nur für Wohnräume und Bäder.

Es kam zu Anzeigen gegen die österreichischen Sachverständigen und zu einem weiteren Prozess. Sie wurden im Jahr 2009 von einem Linzer Gericht vom Vorwurf der Falschaussage, der Bestechlichkeit und des Amtsmissbrauchs freigesprochen. Auch die angestrebte Wiederaufnahme des Prozesses gegen die sechzehn Erstangeklagten scheiterte. Nach siebeneinhalb Jahren schlossen Opferanwälte und die Kapruner Gletscherbahngesellschaft einen Vergleich. Den 451 Angehörigen der Opfer wurden 13,9 Millionen Euro ausbezahlt. Major Franz Lang wurde vom damaligen Innenminister Ernst Strasser aus Salzburg ins Wiener Innenministerium geholt und organisierte dort die Zusammenlegung von Polizei und Gendarmerie zu einem Wachkörper. Mit dem Ergebnis seiner Arbeit ist er zufrieden: »Es gab für uns zwei Prioritäten: Alle Opfer zu bergen und zu identifizieren und die Brandursache zu klären. Beides ist uns gelungen. Wer direkt, indirekt, bedingt für diese technische Konstellation, für diese Einbauten verantwortlich war, das konnte laut Strafprozess nicht an einer bestimmten Person festgemacht werden. Wir haben die Fakten erhoben. Die Schuldfrage muss immer ein Gericht entscheiden. Für einen Kriminalpolizisten ist das ein akzeptables Ergebnis.« Für viele Angehörige der Opfer blieb der Tod ihrer Liebsten jedoch ungesühnt.

Der Tod von Jörg Haider

»Dieses bitterliche Weinen werde ich nie vergessen.«

Der ehemalige »Antenne Kärnten«-Reporter Arne Willrich über das letzte Interview mit Jörg Haider vor dessen Unfalltod.

Vielleicht sollte ich für heute Schluss machen. Im Großen und Ganzen ist die Geschichte ja im Kasten. Die Präsentation von Egon Rutters Societymagazin »Blitzlichtrevue« in der Nobeldisco »Le Cabaret« in Velden. Meine Programmchefin von »Antenne Kärnten« hat den Abend moderiert und mich gefragt, ob ich mitkommen will. Es soll eine launige Radioreportage über Kärntens High Society werden. Besonders prickelnd wird mein Beitrag nicht sein, denn der Landeshauptmann ist nicht gekommen und der Unterhaltungswert der anwesenden Prominenz bleibt eher bescheiden. Schade. Brauche ich sonst noch jemanden? Mein Blick schweift über die Gäste im Foyer. Plötzlich geht die Türe auf. Der Landeshauptmann genießt seinen Auftritt. Er ist spät dran, wie so oft. Mit ein paar Schritten ist er bei mir. Er hat mein gelbes »Antenne Kärnten«-Mikro sofort gesehen. »Servas«, grüßt der Landeshauptmann. Lässig wie immer. Dem Anlass entsprechend ist auch seine Kleidung leger: rosa-weiß-gestreiftes Hemd ohne Krawatte, helles Sakko, Jeans. Er trägt einen Kärnten-Anstecker am Revers. Der traditionelle Kärntneranzug ist zu Hause geblieben. Der 10. Oktober, der Landesfeiertag, ist ja auch schon fast vorbei.

»Brauchst was?« Haider weiß genau, was Journalisten von ihm wollen, per Du ist er ohnehin mit fast jedem. »Herr Landeshauptmann, die Prominenz, wenn sie fotografiert wird, dann lächeln sie alle. Ich würde gerne ein Foto mit Ihnen machen. Sie haben drei Möglichkeiten: Sie lächeln wie immer oder sind mutig und schauen grimmig oder schneiden eine Grimasse. Sind Sie mutig?« – »Na«,

feixt der Landeshauptmann, »wenn ich dich ansehen muss, kann ich nur ernst schauen.« Haider, der Medienprofi. Innerhalb von Sekunden weiß er, wie er eine flapsige Antwort geben und trotzdem freundlich schauen kann. »Jeder Mensch hat Talente. Welches Talent hätten Sie gerne, das Sie nicht haben?« – »Ich habe eigentlich alle Talente, das ist ja das Problem«, kommt es prompt zurück. Wir plaudern noch ein bisschen über Prominente und ihr Geld, dann stelle ich zum Abschluss eine ziemlich banale Frage. Vielleicht kann ich sie einmal für eine andere Geschichte brauchen. »Herr Landeshauptmann, was haben Sie im Kühlschrank?« – »Kärntner Milch, Weißwein, Hauswürstel, Speck und Käse«, zählt er auf. Nachsatz: »Und gestern hab ich einen Apfelstrudel bekommen, in Alu verpackt. Den hat mir meine Nachbarin gebacken.«

Dann stürzen sich andere Gäste auf Jörg Haider. Sie wollen ihn begrüßen, ihm die Hand schütteln, mit ihm plaudern. Der Veranstalter Egon Rutter ist glücklich, dass ihn der Landeshauptmann doch noch mit seiner Anwesenheit beehrt. Stolz lässt er zahlreiche Fotos schießen. Kurz vor Mitternacht mache ich mich auf den Heimweg. Der Landeshauptmann ist schon gegangen.

Das Festnetztelefon läutet, schrill und durchdringend. Seltsam, wundere ich mich im Halbschlaf, da hat schon lange keiner mehr angerufen. Die meisten Telefonate kommen übers Handy. Etwas benommen nehme ich den Hörer ab. Das Läuten hat mich geweckt. Es muss sehr früh sein, draußen dämmert es. »Arne, der Haider ist tot.« Es ist die Stimme meiner Redaktionskollegin Sabine. Trotzdem kann ich die Nachricht kaum glauben. »Der Haider ist tot? Das ist ein Scherz.«

»Das ist kein Scherz«, sagt Sabine und ich höre an ihrer Stimme, dass es wahr sein muss. »Bitte komm in die Redaktion. Wenn es dir möglich ist, mach auf der Straße ein paar Interviews.«

Wie in Trance lege ich auf. Gehe zum Fernseher, lese Teletext. Seite 100. Da steht es: Landeshauptmann Haider ist tot. Ein Autounfall. Unfassbar. Automatisch ziehe ich mich an, schnappe mein

Aufnahmegerät und verlasse das Haus. Ich gehe Richtung Stadt-zentrum. Was soll ich fragen? Werden die Menschen Interviews für pietätlos halten? Der Weg, für den ich normalerweise drei Minuten brauche, nimmt kein Ende. Für diese Uhrzeit sind ungewöhnlich vie-le Leute unterwegs. Am Samstag ist Markttag in St. Veit, die Bauern bauen ihre Stände auf.

Eine Frau kommt auf mich zu. Ich muss nichts fragen. Sie spricht einfach ins Mikrofon, macht ihrer Trauer Luft. Tränen laufen ihr über die Wangen. Immer mehr Menschen kommen zu mir. Alle sind tief betroffen, viele weinen. Ein Bauer hat gerade seinen Marktstand aufgebaut.»Ich habe den Haider nie gewählt. Politisch war ich nie einer Meinung mit ihm«, erklärt er umständlich. Ich will gerade das Mikro wegstecken, da nimmt er meine Hand.»Aber ich sage Ihnen etwas: Der Jörg war unser Landesvater. Er hat seine Kärntner und sein Kärnten geliebt. Es tut mir sehr leid.« Dann weint der alte Mann.

Radioreporter Arne Willrich lässt die Stunden nach der Todesnach-richt noch einmal vergehen:

»Jetzt ist das schon so lange her, aber wenn ich darüber spreche, dann läuft das ab wie ein Film. Ich habe diese Interviews gemacht. Die Leute haben ihre Gefühle offen gezeigt. Und dann habe ich mich ins Auto gesetzt, und ich sag's, wie es war: Ich hab da Rotz und Wasser geplärrt. Die Umstände haben einfach eine Tragödie aus Haiders Tod gemacht. Die Leute haben immer wieder gesagt: Er war ja noch so jung. Er war unser Landesvater. Manche haben seitenweise Gedichte geschrieben. Ich habe ein paar auf Sendung vorlesen lassen. Dieses bitterliche Weinen werde ich nie verges-sen. Sie haben getrauert, weil sie ›ihren Jörg‹ verloren haben. Es gibt ja den Satz, dass es kaum einen in Kärnten gibt, der nicht Jörg Haiders Hände geschüttelt hat. Dazu kam der tragische Umstand, dass am nächsten Tag der neunzigste Geburtstag seiner Mutter mit der Familie im Bärental gefeiert werden sollte. Ich kam dann mit meinem Rohmaterial in die Redaktion. Die Anspannung war enorm.

Ich weiß noch, als ich mit dem Lift hinaufgefahren bin, habe ich mir gedacht: ›Reiß dich zusammen. Geh da jetzt rein und sei professionell.‹ Es ist eben etwas anderes, wenn irgendein Altpolitiker in den Achtzigern stirbt. Sicher, das ist auch nicht fein. Aber wenn einem jemand erst vor ein paar Stunden ein Interview gegeben hat und dann ist er plötzlich tot, das ist ein Schock. Wir haben uns ja auch gekannt. Jörg Haider ist bei den Medien in Kärnten ein- und ausgegangen. Auch die Kollegen waren persönlich von seinem Tod betroffen.

Rätselhaft ist, warum mein Interview nachträglich verfälscht wurde. Wenn man Stimmen ein bisschen langsamer abspielt oder ein bisschen verzerrt, dann klingt das sehr lallend, das weiß jeder Techniker. Wer das getan hat, weiß ich natürlich nicht. Es hat geheißen, Haider wäre betrunken gewesen. Bei unserem Interview war er es jedenfalls nicht. Ein Journalist beobachtet bei einer Veranstaltung ja auch immer ein bisschen. Im ›Le Cabaret‹ hat Haider nur am Sektglas genippt. Außerdem hätte ich es ja auch bei unserem Interview gemerkt, wenn er betrunken gewesen wäre. Ich habe schon oft betrunkene Politiker interviewt. Man sieht das an den Augen, hört es an der Sprache und riecht natürlich auch ›die Fahne‹. Als ich mit ihm gesprochen habe, war Haider nüchtern. So kannte ich ihn auch.«

Samstag, 11. Oktober 2008, Spiegelsaal. Für zehn Uhr ist eine Pressekonferenz anberaumt. Der Raum ist brechend voll. Sie sind alle gekommen. Politiker, Journalisten, Kameraleute. Fragen sind sichtlich weder erwartet noch erwünscht. Alle Mikrofone sind nach vorne gerichtet. Viele Menschen sind schwarz gekleidet. Auf einem Tisch steht ein Foto von Jörg Haider, ein schwarzes Band ist um den Rahmen gebunden. Daneben eine brennende Kerze. Ich habe einen freien Platz ergattert. Schon der Weg hierher war surreal. Das Amt der Landesregierung ist gesäumt von trauernden Kärntnern. Überall brennende Kerzen, überall Blumen. Trotz der vielen Menschen lastet eine bedrückende Stille über dem Raum.

*Eine junge Kollegin neben mir schnieft schon jetzt bedenklich. Sie
wagt nicht sich zu schnäuzen. Die Stimmung ist seltsam unwirklich. Ist diese unbändige Trauer inszeniert? Hysterie? Oder ist es
echter Schmerz? Ich denke an unser letztes Gespräch. Fast hätte
es nicht stattgefunden. Gestern Abend ist mir etwas passiert, das
in meinen fünf Jahren beim Radio noch nie vorkam. Ich habe mein
Aufnahmekabel nicht gefunden. Ohne Verbindungsstück zwischen
Mikro und Aufnahmegerät geht gar nichts. Ich habe gesucht und
gesucht. Schließlich habe ich das Kabel doch noch gefunden, es
lag unter dem Tisch. Und so habe ich das letzte Interview mit Jörg
Haider gemacht. Ich habe noch im Ohr, wie er über den Apfelstrudel
spricht, auf den er sich freut. Das ist nicht einmal zwölf Stunden her.
Und jetzt beginnt eine Pressekonferenz, von der man nie gedacht
hätte, dass sie stattfinden wird. Alle Augen sind auf Stefan Petzner
gerichtet, der als Erster sprechen wird.*

Der 10. Oktober 2008 war ein anstrengender Tag für Jörg Haider.
Es ist der Kärntner Landesfeiertag. Die traditionelle 10.-Oktober-
Rede am Friedhof Annabichl stand auf dem Programm. Eine Feier
im Landhaushof, eine Lehrlingsauszeichnung und ein Interview
mit Reinhold Dottolo von der »Kleinen Zeitung« folgten. Ab 19
Uhr hatte der Landeshauptmann keine offiziellen Termine mehr.
Er ließ sich von seinem Fahrer Friedl Scharger nach Hause in die
Klagenfurter Lemischgasse bringen und gab ihm frei. Seinem
Pressesprecher Stefan Petzner hatte er angekündigt, nicht zur
Präsentation der neuen »Blitzlichtrevue« in die Diskothek »Le
Cabaret« in Velden zu kommen. Er werde heim ins Bärental fah-
ren. Dort war die gesamte Familie versammelt, um den neun-
zigsten Geburtstag von Jörg Haiders Mutter zu feiern. Doch der
Landeshauptmann änderte seine Pläne und besuchte, sehr zur
Freude des Wirtes Hans Peter Gasser, die Eröffnung des portugie-
sischen Restaurants »Bem Vindo« in der Klagenfurter Innenstadt.
Das bestätigte der Wirt in einem Leserbrief. Im neuen Lokal fand
auch eine Geburtstagsfeier statt. Haider, der bald wieder ging, ver-

sprach, später noch einmal vorbeizuschauen. Um 21.30 Uhr tauchte er in der Veldner Diskothek »Le Cabaret« auf. »Stefan Petzner hat mir zuerst gesagt, der Landeshauptmann kommt heute nicht. Dann war er plötzlich da«, erinnert sich Societyfotograf Egon Rutter. Der »Antenne Kärnten«-Reporter Arne Willrich bekam sein Interview. Der Gastgeber schoss zahlreiche Fotos. Ihre Daten lassen Rückschlüsse auf den umstrittenen Zeitablauf des Abends zu. Laut Egon Rutter wurde das erste Foto sehr bald nach der Ankunft des Landeshauptmannes gemacht. Jörg Haider blieb die meiste Zeit an der Bar im Außenbereich, da es in der Disco selbst für Gespräche zu laut war. Die letzte Aufnahme entstand, so sagt der Fotograf, kurz bevor Jörg Haider die Veranstaltung wieder verließ. Es war um 22 Uhr. Daran erinnert sich Egon Rutter deshalb so genau, weil er eigens zu seinem Auto ging, um nochmals den Fotoapparat zu holen. Jörg Haider und Elisabeth Scheucher, die geschiedene Frau des damaligen Klagenfurter ÖVP-Bürgermeisters Harald Scheucher, unterhielten sich. Rutter vermutete, es ginge um eine BZÖ-Kandidatur der ehemaligen ÖVP-Politikerin, und drückte auf den Auslöser. Es wurde die letzte (offizielle) Aufnahme von Jörg Haider. Um 22.15 Uhr verließ er die Diskothek. Sein Pressesekretär Petzner begleitete ihn zum VW Phaeton. Er stieg ein, um mit dem »Chef« noch etwas zu besprechen, stieg aber wenig später wieder aus dem Wagen. Der Landeshauptmann fuhr weg. Allein. Um 22.26 Uhr läutete Petzners Handy. Jörg Haider fragte: »Was machst du heute noch?« – »Ich bleib noch da!« – »Ich bin am Heimweg«, antwortete Haider. Stefan Petzner hörte an der Verbindung, dass der Landeshauptmann im Auto unterwegs war. Das Gesprächsprotokoll seines Telefons beweist, dass dieser Anruf das letzte Gespräch mit dem Landeshauptmann war. Der weitere Verlauf des Abends wurde Gegenstand wilder Spekulationen und Verschwörungstheorien. Auslöser dafür waren zwei irrtümliche Annahmen: Die Zeitangabe des »Antenne Kärnten«-Interviews mit 23.15 Uhr (immer noch so im Internet präsent) ist falsch. Reporter Arne Willrich und Egon Rutter sagen übereinstimmend, es habe viel früher, kurz nach Jörg Haiders Eintreffen, stattgefunden. Also in etwa um 21.30 Uhr. Noch ein zweiter Umstand unterstützte die Annahme, der Landeshauptmann sei viel länger im »Le Cabaret« gewesen, als er es tatsächlich war: An jenem Abend war nicht nur der Landeshauptmann, sondern auch ein weiterer Gast mit einem schwarzen Phaeton unterwegs. Während Haider in der Garage parkte, stand der zweite schwarze Phaeton lange Zeit völlig vorschriftswidrig direkt vor der Diskothek. »Ich habe mir gedacht, da kann nur der Jörg Haider stehen, und habe deshalb lange geglaubt, er ist noch da«, sagt Gastgeber Egon Rutter. Tatsächlich verließ Jörg Haider die Präsentation schon gegen 22.15 Uhr.

Hans-Peter Gasser, dem zum damaligen Zeitpunkt auch das bei Schwulen beliebte Lokal »Stadtkrämer« gehörte, berichtete in einem Leserbrief, dass Jörg Haider in dieser Nacht auch noch »kurz« seine Bar aufsuchte. Möglicherweise wollte Jörg Haider nochmals ins »Bem Vindo« gehen. Das Restaurant war bereits geschlossen, der einige Gassen entfernte »Stadtkrämer« noch geöffnet. Die Aussagen darüber, wann er in die Bar kam, gehen auseinander. Folgt man den Aussagen, wonach Jörg Haider das »Le Cabaret« um 22.15 Uhr verlassen hat, und geht davon aus, dass er auf direktem Weg nach Klagenfurt gefahren ist, müsste er um circa 22.30 Uhr angekommen sein. Möglicherweise traf er aber auch erst viel später ein. Haider dürfte nach dem Besuch der Zeitschriftenpräsentation im »Le Cabaret« noch in sein Haus in der Lemischgasse gefahren sein. Dafür spricht Jörg Haiders Uhr. Auf den Fotos, die im »Le Cabaret« geknipst wurden, ist eine Rolex an Haiders Handgelenk zu erkennen. Diese Uhr hatte Jörg Haider zum Unfallzeitpunkt nicht getragen, sie wurde später in seiner Uhrenbox im Haus in der Lemischgasse gefunden. Auch der Satz »Ich bin am Heimweg« in Jörg Haiders letztem Telefonat mit Stefan Petzner passt zu dieser Version. Am Heimweg in die Klagenfurter Lemischgasse.

Augenzeugen für den Besuch des Landeshauptmanns im »Stadtkrämer« fehlen. Ein sehr unscharfes Foto kann – muss aber nicht – als Beweis dienen. Am 19. Oktober 2008 schrieb Hans-Peter Gasser an die »Kleine Zeitung«: »Dr. Jörg Haider hat sich nur kurz mit Gästen unterhalten und hat dann das Lokal verlassen. Inwieweit er alkoholisiert war, kann ich nicht beantworten, da er kein Getränk selbst bezahlen musste. Die im Internet aufgetauchten Vorwürfe sind für mich unfassbar. Unser Landeshauptmann hat meine Lokale lediglich anlässlich der Eröffnung meines Restaurants ›Bem Vindo‹ besucht.« Jörg Haiders Weg endete jedenfalls in einer leichten Linkskurve der Rosentaler Bundesstraße im Ortsteil Lambichl um 1.15 Uhr.

Stefan Petzner wurde um zwei Uhr aus dem Schlaf gerissen. Haiders Chauffeur Friedl Schager informierte ihn über den Unfall. Er fuhr geschockt ins LKH Klagenfurt, wo man ihn zum toten Landeshauptmann führte. Kurz darauf begann Petzners Krisenmanagement. Seine erste Sorge war, Jörg Haiders Familie könnte durch die Medien vom Unfall erfahren. Petzner verhängte eine »Nachrichtensperre« und schickte Christine Kogler, die Protokollchefin des Landes, aus, um die traurige Nachricht ins Bärental zu überbringen. Die erste Medienanfrage kam gegen fünf Uhr früh von einem Schweizer Radiosender. Für zehn Uhr wurde eine Pressekonferenz anberaumt.

Generation Österreich

Die Menschen, deren Erlebnisse die Grundlage dieses Buches bilden, gehören zur »Generation Österreich«. Ihre Erfahrungen haben das nationale Selbstverständnis der Österreicher seit 1945 entstehen und wachsen lassen und haben ein »Österreich-Bewusstsein« geformt.

Wir alle wurden, sind und werden durch das gemeinsame Erleben prägender Momente (manchmal ist es auch ein Erleiden) zu einer Gemeinschaft. Die »Generation Österreich« entstand nach dem Zweiten Weltkrieg durch das Erlebnis von Diktatur, Gewalt und Krieg und dem festen Vorsatz: »Nie wieder«. Das Entstehen einer kollektiven Erinnerung formt die »Generation Österreich«, die längst aus mehreren (Alters-)Generationen besteht. Menschen, für die »Österreich« ein Wert an sich war und ist. Es ist nicht nur die erste »Generation Österreich«, sondern vermutlich auch die letzte. Ihre Kinder würden sich vielleicht eher als »Generation Europa« definieren, deren Kinder womöglich als »Generation World Wide Web«. Wer weiß.

Bei einer für dieses Buch gemachten empirischen Untersuchung des OGM-Institutes hat Wolfgang Bachmayer die unterschiedlichen Erinnerungsschichten bloßgelegt. Bei drei Viertel aller Befragten, die jünger als dreißig Jahre sind, ist der Unfalltod von Jörg Haider im Oktober 2008 das Ereignis mit dem stärksten Erinnerungswert. Danach folgen die Katastrophen von Galtür und Kaprun, der »Fall Fritzl« und, als einziges politisches Thema, der EU-Beitritt. Bei der Generation 50+ gilt der Einsturz der Reichsbrücke ex aequo mit Haiders Tod als stärkste Erinnerung. Der Feuerunfall von Niki Lauda, die Volksabstimmung um Zwentendorf und die Besetzung der Hainburger Au folgen knapp danach auf einer Rangliste der prägenden Momente. Kreiskys Wahlsieg 1970 hinterließ weniger Erinnerungsspuren als der Fußballsieg in Córdoba oder die Disqualifikation von Karl Schranz.

Unsere Gesprächspartner selbst haben zur »Generation Österreich« ganz unterschiedliche Assoziationen, überwiegend positive.

Hannes Androsch: »Die Generation Österreich ist eine glückliche. Sie hat zwar noch den Krieg, die Nachkriegszeit, die Besatzung und all die Opfer und Zerstörungen erlebt, aber zunehmend eine Verbesserung. Wer hätte gedacht, dass aus dem zurückgebliebenen Teil der Donaumonarchie, der polarisierenden Zwischenkriegszeit, dem Krieg und den zehn Jahren Nachkriegszeit dieses Österreich entsteht.«

Fritz Molden: »Das sind jene Menschen, die nach dem ›Anschluss‹ an NS-Deutschland 1938 den Glauben an das Land nicht verloren haben. Jene, die es selbstverständlich gefunden haben, etwas zu tun, um Österreich wiederzubekommen.«

Karl Blecha: »Die ›Generation Österreich‹ entstand nach 1945. Es waren die Heimkehrer und die sogenannten ›Trümmerfrauen‹, die begonnen haben das Land aufzubauen. Die wirkliche Sternstunde war, dass dieses Österreich in seiner Gesamtheit erhalten werden konnte, trotz der Besatzung des Westens durch Amerikaner, Briten und Franzosen und des Ostens durch die Rote Armee.«

Ernst Trost: »Österreich war auch eine Chance. Wir sind zuerst von den Alliierten besser behandelt worden als die Deutschen. Das hat in der Politik diese Abgrenzung bewirkt und die meisten Leute haben sich gedacht: Ist wahrscheinlich besser so. Dann hat sich aber ganz von selbst dieses Österreichbewusstsein entwickelt. Österreich war ein ordentlicher Staat mit all seinen Schwächen. Man hat dann auch gesehen, was für ein Glück wir gehabt haben, dass wir da nicht unter den Kommunismus geraten sind.«

Teddy Podgorski: »Die ›Generation Österreich‹ ist für mich jene, die begonnen hat dieses Land ein bisschen aufzubrechen. Es gab ja vorher nichts Erfrischendes, nichts Neues. Und diese Generation hat dafür gesorgt, dass sehr viele aufgewacht sind, erschrocken sind. Wenn man erschrickt, dann wird man ja hellwach.«

Wolfgang Schüssel: »Wir sind in eine Zeit hineingeboren, bei der man wirklich von der Gnade der Geburt sprechen kann. Eigentlich gab es eine ungebrochene Aufwärtsentwicklung; wirtschaftlich, politisch, kulturell. Dafür muss man eine große Dankbarkeit empfinden und sollte sich auch eine gewisse Demut angewöhnen.«

Paul Lendvai: »Was die Lebensqualität betrifft, steht Österreich an der Spitze der europäischen Länder. Dazu hat diese Generation trotz aller Fehler und Schwächen sehr viel beigetragen.«

Karl Schranz: »Diese Generation hat nach 1945 dieses Land zu dem gemacht, was es heute ist. Das haben die Menschen gespürt. Die Österreicher haben ein sensationelles Selbstwertgefühl bekommen. Dazu haben auch die Kunst und der Sport beigetragen. Das hat dem Volk sehr viel gegeben.«

Erika Pluhar: »Aus der Vergangenheitsbewältigung einen Weg in die Gegenwartsbewältigung zu finden, das prägt für mich diese Generation sehr.«

Die Arbeit an diesem Buch war ein Streifzug durch das österreichische Zeitgeschehen der vergangenen 65 Jahre. Die Gespräche waren so unterschiedlich wie das Leben und die Erfahrungen der Zeitzeugen – sachlich oder emotional, spannend oder lustig, intellektuell oder bodenständig. Für alle gilt: Sie waren dabei. Wie wir wurden. Sie haben es erlebt. Was wir sind.

Danke

Bücher sind Geschenke – wenn man eines bekommt, mehr noch, wenn man ein Buch schreiben darf. Bücher entstehen in vielen Stunden Arbeit, sie entstehen aber auch als ein gemeinsames Werk verschiedener kreativer Menschen. In erster Linie gilt unser Dank den 37 Gesprächspartnern, die viele Stunden für spannende Interviews zur Verfügung standen. Sie alle schenken uns Geschichte aus erster Hand. Nicht alle Gespräche konnten freilich ins Buch aufgenommen werden.

Bei Erich Lessing, dem Doyen der österreichischen Fotografie, dürfen wir uns für die großzügige Überlassung seines Fotos von den Staatsvertragsfeierlichkeiten 1955 für das Buchcover bedanken. Es ist eine Auszeichnung für dieses Buch.

Die Fotos unserer Gesprächspartner(innen) wurden von Esther Pruckner gemacht. Sie sind keine Illustrationen, sondern ein eigenständiger Beitrag zu diesem Buch. Esther Pruckner hat überdies mit Präzision die Texte der Interviews zu Papier gebracht. Den Mitarbeiterinnen der edition a danken wir für die professionelle Umsetzung des gesamten Projekts.

Dr. Gerhard Jelinek und Dr. Birgit Mosser-Schuöcker

Literaturverzeichnis

Ernst Trost: Figl von Österreich. Molden 1972.

Susanne Seltenreich: Leopold Figl – ein Österreicher. Metten 1962.

Gerhard Jelinek: Reden, die die Welt veränderten. Ecowin 2009.

Fritz Molden: Fepolinski und Waschlapinski. dtv 1991.

Peter Diem: Die Symbole Österreichs. Kremayr & Scheriau 1995.

Robert Sedlaczek: Mozart war es sicher nicht! Wiener Zeitung extra 2011.

Horst Friedrich Mayer: Lexikon der populären Irrtümer Österreichs. Deuticke 2001

Stefan Karner (Hg.): Österreich ist frei. Beitragsband Schallaburg. Berger 2005

Veit Sorger (Hg.): 100 Jahre Haus der Industrie.Verlag der IV 2011.

Ernst Geiger: Es gibt durchaus noch schöne Morde. Die spannendsten und skurrilsten Kriminalfälle der letzten 25 Jahre. Kremayr & Scheriau 2005.

Walter Blasi: B-Gendarmerie, Waffenlager und Nachrichtendienste. Böhlau 2005.

Manfried Rauchensteiner: Die Entmilitarisierung und Wiederbewaffnung Österreichs 1945 bis 1955. Militärgeschichtliches Forschungsamt 1983.

Heribert Temmel: Peter Lichtner-Hoyer. Militärwissenschaftliches Büro 2002.

Oliver Rathkolb: Die paradoxe Republik. Zsolnay 2005.

Werner Mück (Hg.): Österreich – Das war unser Jahrhundert. Kremayr & Scheriau 1999.

Johannes Kunz: Der Wiener Opernball. Molden 2002.

Christl Schönfeldt: Der Wiener Opernball. Koska 1975.

Sigi Bergmann, Toni Sailer: Sonntagskind. Das Leben eines außergewöhnlichen Sportlers. Seifert 2009.

Emil Brix, Ernst Bruckmüller und Hannes Stekl (Hg.): Memoria Austriae I.Verlag für Politik und Geschichte 2004.

Hans Janitschek: Nur ein Journalist – Hans Dichand. Orac 1992

Hugo Portisch, Sepp Riff: Österreich II. Kremayr & Scheriau 1986.

Dieter Kindermann: Schicksalsmomente, wie Zeitzeugen sie erlebten. Kremmayr & Scheriau 2008.

Hans Rauscher (Hg.): Das Buch Österreich. Christian Brandstätter 2005.

Helmut Andics: 50 Jahre unseres Lebens. Molden 1968.

Hans Dichand: Im Vorhof der Macht. Molden 1996.

Georg Biron: Quasi. Herr Karl. Braumüller 2011.

Robin Cross: John F. Kennedy 1917 - 1963. Der Präsident des amerikanischen Traums. Heyne 1993.

Wiener Zeitung: Samstag, 28. Mai 2011.

Stefan Karner, Barbara Stelzl-Marx u.a. (Hg.): Der Wiener Gipfel 1961. Kennedy – Chruschtschow. StudienVerlag 2011. Der Spiegel 25/1961.

Felix Ermacora: Südtirol und das Vaterland Österreich. Amalthea 1989.

Birgit Mosser Schuöcker, Gerhard Jelinek: Herz. Jesu. Feuernacht. Tyrolia 2011.

Joe Berghold: Österreichische Nationalgeschichte nach 1945. Böhlau 2002

Hans Karl Peterlini: Südtiroler Bombenjahre. Edition Raetia 2005.

Dennison I. Rusinow: Italy's Austrian Heritage. 1969.

Herlinde Molling: So planten wir die Feuernacht. Edition Raetia 2011.

Peter Allmayer-Beck, Thaddäus Podgorski, Herbert Völker: Das Gutruf. Ein Hinterzimmer wird 100. Orac.

Josef Klaus: Macht und Ohmacht in Österreich. Molden 1971

Gerhard Walter: Charly. Stationen eines bewegten Lebens. Echo 2003.

Roman Sandgruber: »Ständestaat« und Wirtschaft. In: Historicum. Zeitschrift für Geschichte 1999.

Mathias Mander: Der Brückenfall. Czernin 2005.

Manfried Rauchensteiner: Die Reichsbrücken-Saga 1945 (Manuskript)

Mitteilungen für Grundbau, Bodenmechanik und Felsbau. Heft 3/1985

Michael Schmolke (Hg.): Der Generalintendant. Böhlau 2000.

Thomas Riegler: Im Fadenkreuz. Österreich und der Nahostterrorismus 1973–1985, Universitätsverlag 2010.

Karl Merkatz: So bin ich. Styria 2005.

Norbert Adam: Österreichs Sportidole. Bohmann-Verlag 1984.

Niki Lauda: Meine Story. Orac 1985.

Paul Lendvai: Mein Österreich. Ecowin 2007.

Paul Lendvai: Auf schwarzen Listen. Kremayr & Scheriau 2004.

Barbara Liegl, Anton Pelinka: Chronos und Ödipus. Der Kreisky-Androsch-Konflikt. Braumüller 2004.

Anton Pelinka, Hubert Sickinger, Karin Stögner: Kreisky. Haider. Bruchlinien österreichischer Identitäten. Braumüller 2008.

Hans Pretterebner: Der Fall Lucona, Politische Briefe Dokumentationen 1987.

Martin Eichtinger, Helmut Wohnout: Alois Mock. Styria 2010.

Andreas Oplatka: Der erste Riss in der Mauer. Zsolnay 2009.

Wolfgang Schüssel, Alexander Purger: Offengelegt. Ecowin 2009.

Heinz Fischer: Wende Zeiten. Kremayr & Scheriau/Orac 2003.

Heinz Fischer: Überzeugungen. Styria 2006.

Andreas Khol, Günther Ofner, Günther Burkert-Dottolo und Stefan Karner (Hg.): Österreichisches Jahrbuch für Politik 2000. Verlag für Geschichte und Politik 2001.

Berndt Ender: Sanktionen. Die Stunde der Patrioten. Jahrbuch für Politik 2000.

Benita Ferrero-Waldner: Kurs setzen in einer veränderten Welt. Holzhausenverlag 2002.

Hans Rauscher: Die Bilder Österreichs. Verlag Christian Brandstätter 2006.

Fritz Molden: Vielgeprüftes Österreich. Amalthea 2007.

Thomas Chorherr: Österreich. Ueberreuter 2011.

Hannes Androsch (Hg.): Österreich. Geschichte. Gegenwart. Zukunft. Verlag Brandstätter 2010.

Klaus Ottomeyer: Jörg Haider. Drava 2009.

Gerhard Wisnewski: Jörg Haider. Unfall. Mord oder Attentat? Kopp-Verlag 2009.

Uwe Sommerguter, Georg Lux, Arno Wiedergut: Jörg Haider. Mensch. Mythos. Medienstar. Carinthia 2008.

http://www.mediamanual.at/mediamanual/themen/pdf/diverse/50_Oehl.pd

http://diepresse.com/unternehmen/geschichte/10768/Die-Jahre-der-Modernisierung

http://www.bka.gv.at/site/5131

http://www.geschichte-oesterreich.com/bundeshymne.html

http://www.udojuergens.de/leben/biografie/

http://www.bild.de/themen/personen/udo-juergens/musik-news-fotos-videos-19653366.bild.html

http://www.ungarn1956.de/site/40208543/default.aspx

http://www.ungarn1956.de/site/40208543/default.aspx

http://www.ungarn1956.de/site/40208538/default.aspx

http://derstandard.at/2615233

http://www.krone.at/Oesterreich/Die_Geschichte_eines_Briefbomben-Terrors-Der_Fall_Franz_Fuchs-Story-13032

http://www.aeiou.at/aeiou.stamp.1995.950113

http://www.ihs.ac.at/publications/pol/pw_23.pdfhttp://www.bmeia.gv.at/aussenministerium/aussenpolitik/europa/europaeische-union/oesterreich-in-der-eu.html

http://www.parlament.gv.at/PAKT/VHG/XX/NRSITZ/NRSITZ_00142/SEITE_0073.html

http://diepresse.com/home/panorama/oesterreich/396776/ http://www.meinbezirk.at/schwechat/leute/gefangen-in-der-tiefe-leopold-abraham-spricht-ueber-die-parallelen-zwischen-lassing-und-san-jose-d18140.html

http://www.spiegel.de/spiegel/print/d-43019111.html

http://www.historisch.apa.at/cms/apa historisch/meldung.html?dossierID=AHD_19720203_AHD0001&deskriptor=DO_OLY72_1&mel

http://diepresse.com/home/sport/sportlegenden/430599/Karl-Schranz_Lichtgestalt-mit-SchattenseitendungsID=6075/1467668/1&source=dossier_meldungen.html

http://www.oeoc.at/museum/main.asp

http://www.omegawatches.com/de/spirit/sports/olympic-timekeeping/
cortina-d-ampezzo-1956

http://www.olympic.org/anton-sailer

http://www.tagesspiegel.de/sport/olympia/olympische-momente-als-toni-sailer-zum-
popstar-wird/1692080.html

http://www.aeiou.at (2004)

http://www.reichsbruecke.net/geschichte.php

http://www.research-racing.de/NikiLauda2.htm

http://de.wikipedia.org/wiki/Niki_Lauda

http://www.zeit.de/2012/19/Rettung-Niki-Lauda

http://www.profil.at/articles/1020/560/269060/
zeitgeschichte-35-jahre-ueberfall-opec-
http://www.faz.net/themenarchiv/2.1084/stars-stories/wm-serie-1978-die-schmach-
von-cordoba-oder-i-wer-narrisch-163285.html

http://www.focus.de/sport/fussball/em2008/aktuell/cordoba-1978-sie-haben-das-
spiel-nie-verkraftet_aid_311323.html

http://www.datum.at/artikel/im-reich-der-purpurnen-ananas

http://www.uibk.ac.at/zeitgeschichte/zis/library/gehler.html

http://www.rabitsch.cc/projects/falco/index.html

http://www.falco.at/index.php?option=com_content&view=article&id=60&Itemid=72

http://www.demokratiezentrum.org/bildstrategien/logos.html?index=18

http://www.dasrotewien.at/page.php?P=11283

http://eppinger.files.wordpress.com/2010/03/die-presse-e28093-die-lucona-story.pdf

http://de.wikipedia.org/wiki/Nationalratswahl_in_Österreich_1986

http://www.causa-jack-unterweger.com/content/